너를
영어1등급으로
만들어주마

수능 50일 전 내가 발견한 비밀

작가소개 & 개정판을 펴내며 …

서림

교육대학교 수학교육과를 졸업했습니다.
교대를 다니면서 막연히 초등교사보다
글을 쓰는 일을 하고 싶다는 생각을 했습니다.

그렇게 진로를 방황하던 대학교 시절,
아르바이트로 하던 영어과외와 수학과외 중
이상하게도 저의 전공과는 다르게 영어 과외의 성과가 너무 좋았습니다.
그래서 모두 까먹기 전에 수업 내용을 그대로 글로 남겨보자고 생각했고,
그렇게 대학교 3학년 때부터 틈틈이 밤새워 써왔던 것이 이 원고입니다.

많은 출판사들의 거절을 당했던 이 원고가
이렇게 세상에 알려지게 될지는 몰랐습니다.
나의 직업이 영어 교사는 아니지만
이렇게 전국에 수많은 제자들이 생기게 되어서 영광입니다.

이 원고를 쓰면서, 또 개정하면서 즐거웠습니다.
이 책은 처음부터 끝까지 나의 영혼을 담아서 썼기 때문입니다.
이 책을 통해 영어를 읽는 당신의 영혼도 즐거워진다면 좋겠습니다.

얼굴 모르는 제자를 위해,
서림 드림.

<서울대 정선생> 정영우 유튜버의 추천사

영어를 어려워하는 수험생들이 유독 많다. 구문독해를 수없이 반복하고 유형 풀이 강의를 아무리 들어도 점수가 쉽게 오르지 않는다. 반면 언어 감각이 뛰어난 사람들은 약간의 지식만으로도 쉽게 고득점을 받아낸다. 그들과 우리의 차이가 무엇일까? 결코 지식적인 차이가 아니다. 영어를 해석하고 이해하는 사고방식을 바꿔야 한다. 부족한 감각은 인위적인 훈련으로 극복해야 한다. 이 책은 당신의 영어 성적을 올려줄 훈련 방법을 체계적으로 설명해 준다. 영어를 한글로 해석하지 않고 영어 그 자체로 받아들이는 방법을 알려주고 문제 풀이를 위한 새로운 접근법을 소개한다. 영어 고수들은 자연스럽게 익혔을 방법들을 우리는 이 책을 통해 배울 수 있다. 구어체의 말투는 1대1로 과외를 받는 느낌을 주고, 저자의 진심 어린 공감에 위로를 받기도 한다. 저자 또한 영어로 힘든 경험이 있기에 가능한 공감이다. 영어를 원래 잘했던 사람들의 조언도 중요하지만, 후천적으로 극복한 사람의 노하우가 더 값진 법이다. 이 책은 영어로 고생하는 수많은 수험생들의 시행착오를 줄여줄 훌륭한 가이드가 될 것이다.

-정영우 드림-

영일만에 쏟아진 후기들!

영일만은 전자책에서 출발하여, 독자들의 좋은 후기와 공감을 얻어 이렇게 종이책으로 출판하게 된 책입니다. 이 책으로 저는 여수, 강원도, 대구, 부산, 제주도까지 멀리 살고 있는 학생들을 가르칠 수 있었습니다. 그리고 이렇게 개정판까지 거듭해서 출판하게 되었습니다.

모두 얼굴도 모르는 저를 영어선생님으로 여기고 진심을 담아 편지해주신 독자분들 덕분입니다. 힘을 주신 독자분들께 진심으로 감사를 전합니다.

※실제 독자분들이 써주신 100% 실제 후기입니다.

정말 이 책이 제가 현역 때 만들어졌다면 하는 생각을 했습니다. 정말 가식이 아니라, 제 인생 영어 교재 만들어 주셔서 감사합니다. 영혼을 담아서 만든 게 느껴지더라고요. 아 그리고~~~ 솔직히 이미지/영혼독해할 때 감탄밖에 안 나왔습니다^^;;

-하*호님

이제는 자신감이 생겼어요. 설명도 정말 꼼꼼하고 치밀하게 잘 되어 있는데가 영혼독해라니… 어휘 자체가 참 황홀합니다. 제가 그토록 답답해하던 독해를 위한 구체적인 방법들이 나와 있어서 정말로 책을 읽다가 입을 틀어막고 감동했습니다. 어떻게 이런 방법을 생각해냈을까 하는 마음에 개인적으로라도 사례를 드리고 싶다는 생각이 들었어요. 진심으로 감사드립니다…

-교대가*님-

늦은 시간이지만 후기를 꼭 적고 싶었어요! 처음에는 추상적으로 느껴졌는데 반복해서 적용해보니 영어를 읽는 관점이 확실히 달라짐을 느꼈습니다.
이 독해법이 언어를 언어답게 이해하는 최고의 방법인 것 같아요.
독해할 때 문제점이 읽을 때 무조건 한국어로 그대로 옮겨 해석하려 해서
이해도 못하고 읽은 부분 또 읽고 읽고…이거였는데 이미지를 떠올리며 읽으니
매우 자연스럽게 흐름도 연결되고 마치 한국어로 한글 문장을 읽어내는 것과 비슷한 느낌이에요!
남들이 다 이 책보고 성적 오를까봐 무서운 책이지만 ㅎㅎ진짜로 감사합니다!

-김*령님-

제가 딱 쌤 같은 상황이여서 너무 소름이 돋았네요. 최근에 제가 독해하는 방식이 옳지 못하다는 사실을 인지하고 어떻게 읽어내야 잘 읽어낼까 고민하고 생각하던 참이었어요… 사실 이미지를 이용해서 하는 게 효과적이라는 것은 전부터 알고 있었지만 어떻게 해야 하는 건지 몰랐거든요…지금 제 수험생활에 한줄기 희망을 붙잡고 있는 느낌이에요. 책 인트로 부분을 보면서 나잖아?? 이런 생각도 들었고 책 읽는 게 너무 재밌네용 영어를 꼭 만점 받아야 되는 상황이라 그대로 열심히 해서 꼭 좋은 결과가 있었으면 해요. 감사합니다!!!

-조*연님-

제가 받는 도움에 비하면 ㅠㅠ 작은 도움이나마 드릴 수 있어 기쁩니당 이런 오타지적마저 괜한 오지랖이 아닌가 싶을 정도로 내용은 정말 더할 나위 없는 책이지만요 ㅎㅎ 주말제외 4-5일 정도 한 것 같은데, 벌써 효과가 슬슬 와요!! 진짜 한글 안거치고 술술 읽히니 지문 읽을 맛나네요 ㅎㅎ재밌어서 영어공부만 하는 게 부작용입니다. 출간 축하드립니다!! 영어가 절대평가라 다행이에요… ㅎ 상대평가였음 이제 많은 수험생들이 보고 성적 오를 생각에 마냥 축하드리진 못했을수도ㅠㅠㅜㅜ 넘 못된 생각이지만요 >< 하지만 절대평가니까요ㅋㅋㅋ 저를 포함해서 쌤 책을 본 모두가 성적 오르길 바랍니당~

-엄*은님-

우리나라 대부분의 시험 과목으로서의 영어 지문들은 정말 난해하고 복잡해서 단어 구문 등을 웬만큼 알고도 정답은 틀리게 되는 경우가 많죠. 저도 그래왔었고 그럴 때마다 지문독해에 대한 체계적 접근이 필요하다는 생각이 절실했었고 와중에 이 책을 만나게 되었습니다. 왜 더디더라도 한 지문 씩 이 책의 요점인 영혼독해를 해야하는지에 대한 논리적 접근과 이 훈련이 실제에서 어떻게 빛을 발하는지까지 정말 놀랍게 와닿았습니다. 많은 영어독해 관련 교재들이 있겠지만 수험생으로서 실질적으로 실전에서 도움을 받고 나아가 영어를 보는 눈, 글을 보는 눈을 키우고 싶다면 이 책을 자신있게 추천합니다.

- whdms77님-

작가님 안녕하세요 저 여수에 산다던 그 학생이 에요! 오늘 제 9평 후기를 알려드리려고요. 결론은 정말 어려웠다에요ㅜㅜ 시험지 풀면서 어찌나 많은 생각이 들던지 ㅋㅋㅋ 그래서 정말 기대도 안했는데 채점해보니 93점이었어요. 다른 과목들 못봐서 우울했는데 영어 땜에 기분이 좋아졌어요. 다 작가님 덕분이에요ㅎ 특히 유형별 스킬이 정말 많은 도움이 됐어요 솔직히 글의 순서나 문장넣기 모두 무슨 소리인지 하나도 이해 안됐는데 순서도 그렇고 문장넣기도 그렇고 작가님이 가르쳐준대로하니까 하나도 안 틀린 것 있죠 솔직히 이번에는 연계체감이 하나도 안 느껴졌는데 그래도 잘볼수 있었던 건 영일만 교재 때문인 것 같아요

-방*지님-

유명한 인강 선생님 커리를 타도 못하던 내가 저자님처럼 할 수 있을까란 생각을 하면서 한번 읽어봤습니다. 처음부터 저랑 똑같은 경험을 하신 내용을 보면서 나도 하면 되겠는데…? 라는 생각을 하며 쭉 읽어나갔습니다. 후회되더라고요. 유명한 인강 사이트 선생님에 투자한 시간이. 처음부터 작가님 책을 만나서 공부했다면 시간을 엄청 아꼈을텐데… 그래도 지금이라도 작가님을 알아서 다행이라고 생각합니다! 이미지 독해는 물론이고 유형편을 들어가면서 정말 도움이 많이 되었다고 생각해요 글을 읽어도 이해가 안가 답을 찍던 저를 이제 추리해가며 답을 찍게 만들어주신 작가님은 제게 그 어떤 선생님보다도 뛰어나신 분입니다… 지금 이 메일을 쓰는 시점이 190페이지 2016학년도 수능 정답률 19% 문제를 풀고 보내는 중입니다. 정답률 70%도 간신히 맞추던 제가 이 문제를 맞추는 것을 보고 진짜 너무 감격스러웠습니다. 끝까지 읽고 수능 본 후에 다시 메일 보낼게요! 만점 성적표 가지고 인증하겠습니다 ㅎㅎ 정말 감사드립니다 작가님!!

-석*원님-

★★★★★ 5
0429**** · 20.06.28. · 신고

한달사용기 엄청난 깨달음이 있었습니다 . 좋은 책 입니다 .

★★★★★ 5   bbaa**** | 2020.05.30
상품주문번호: 20200050578484321
상품명: [★겸선생 굿즈 증겸11] 너를 영어1등급으로 만들어주마

와 ... 진짜 사길 잘했어요 ! 몇 장읽었는데 진짜 큰 도움됐어요 !

문자함 정리하다 이제 보게 되었네요. 지금에서야 감사인사를 보내는 건 조금 늦었을까요? 결과적으로 20년도 당해 수능 1등급 받았습니다. 그것도 아주 안정적인 97점으로요. 소위 영혼독해라는 것을 받아들이고 난 뒤로 영어가 제 강점이 되어서 지금까지 각종 원서를 탐독하며, 프린시피아 독해책을 취미로 공부하는 수준에 이르게 되었네요. 신기한건 글을 읽을 때마다 반응하는 것(정확히는 사고를 개입하여 꾸준히 곱씹어보는 것)이 국어점수도 일취월장하게 올려주었다는 것입니다. 뭐 이 부분은 크게 영향을 주진 않았지만 제 국어독해력 급상승의 시발점이 되었다고 할 수 있으니 영향이 아예 없다고도 할 순 없죠. 여튼 영혼독해를 통해 원어민들의 청킹을 몸에 체화하여 굳이 한국어로 일차적으로 해석을 하지 않고도 웬만한 글들은 영어식 사고로 읽을 수 있게 되었고 해석을 한다한들 굉장히 유동적이고 문맥에 맞게 자연스럽게 할 수 있게 되더군요. 그 초석을 제시해준 데에 대해 한동안 잊고 살았었는데 이제야 감사인사를 보냅니다.

-배*훈님-

수험 영어 공부법 최고의 책. 잘했던 사람의 관점이 아닌 시행착오를 겪을 사람들을 위한 책.

-Do***** 님-

영어교육 필독서입니다. 수험생을 비롯해 성인들에게 유익한 책입니다. 학교, 학원에서 알려주지 않는 영어 팁들이 가득하여 정말 만족스럽게 읽었어요.

-ez**** 님-

여태껏 방황하다가 어제 시험 전날에 이 영상을 보고 뭔가 엄청난 필이 와서 바로 교보 바로드림으로 1등급 만들어주마? 그책 사고 유형 쪼금 빼고 다 읽고 감을 되찾았어요 진짜 너무감사드립니다 오늘 시험 봤는데 세개 밖에 안틀렸어요 하하 진짜 1타시다 제 친구들한테 이책 홍보했습니다 그래서 ㅋㅋㅋㅋ

-sw ********** 님-

진짜 영일만은 영혼독해편이 기본이고, 유형편 들어가는 순간 신세계에요.
전에는 빈칸추론같은거 4~5분 걸려서 맞을까 말까 한 수준이었는데, 이제는 진짜로 2분, 오래 걸려도 3분 안팎으로 무조건 맞춰요. 영일만 사면 무조건 유형편까지 꼼꼼히 읽읍시다

-us***** 님-

정말 이 책을 왜이렇게 늦게 알게됐을까 싶을 정도로 성적상승에 큰 도움을 받았습니다! 이 책으로 공부하기 전에는 영어1등급을 받은적이 없었는데 이 책으로 8달쯤부터 공부한 뒤 정말 책에서 설명해주신대로 꾸준히 매일매일 조금이라도 공부했는데 수능에서 처음으로 1등급을 받았어요.ㅠ 정말 처음에 그냥 홍보인줄 속는 셈치고 샀는데 공부하면 할수록 영어를 어떻게 읽어 야되는지를 터득해 나갈 수 있었습니다! 앞으로 하는 영어 독해에 대한 걱정은 없습니다!!!

-us*********** 님-

작가님의 영상을 보고 이거다 싶어 당장 책을 사고 아이와 읽으며 일단 따라해 보자 싶어 기출교재와 EBS 교재 두권으로 두달 남짓 노력한 결과 4등급이었던 아이가 2등급을 맞아 왔더라구요!! 특히 영혼독해…처음엔 이게 뭘까 될까했는데 아이가 본인 스스로 지문이 머리 속에 그려진다고 얘길 하더라구요… 진심 경험한 엄마로서 감사 말씀 올리려 글 남깁니다~

이제 영어는 1등급이 목표입니다~정말 감사합니다~

-pa******** 님-

책이 아니고 과외라는 글에 구매하게 되었습니다. 1등급은 읽으면서 까먹지 않고 그들은 영어를 영어로 받아들인다고 합니다. 1등급은 질질 끌지 않고 그들은 묻는 부분을 사고한다고 합니다. 어떤 영어책에서 도 볼 수 없었던 구성으로 친절하고 친근하고 명확하게 설명되어 있습니다. 추천적인 1등급의 핵심은 영혼독해법과 유형별 접근법입니다. 영혼독해법은 영어를 영어로 읽고 소통하는 진짜 독해의 과정입니다. 이것이 해결되지 않으면 1등급으로 갈 수 없습니다. 유형별 체화는 영어 시험은 유형이 정해져 있기 때문에 유형별로 날카롭게 사고하는 훈련이 필요합니다. 영어 1등급 만들기 도움이 많이 되었어요.

-이*정 님-

목차

영일만에 쏟아진 후기들! _ 5
프롤로그 나의 이야기 _ 13

1 / 독해편

제1장 '노베이스'의 시작법 _ 18
제2장 영어 독해의 비밀 _ 27
제3장 추상적 지문독해의 비밀 _ 53
제4장 영혼독해 적용 연습 _ 70
제5장 1등급 훈련과정의 비밀 _ 90

2 / 유형편

Reading Skills.1 주제·제목·요지+주장 _ 106
Reading Skills.2 함축의미추론접근법 _ 140
Reading Skills.3 빈칸 추론 _ 162
Reading Skills.4 순서 추론 _ 260
Reading Skills.5 어휘 추론 _ 285
Reading Skills.6 문장 삽입 _ 297
Reading Skills.7 문장 제거 _ 320
Reading Skills.8 요약문 완성 _ 333

에필로그 _ 349

프롤로그, 나의 이야기

"10분 남았으니 마킹 하세요."

나는 손을 떨었다. 나는 아직 장문도 들어가지 못했는데, 나는 아직 '문장 넣기'를 읽고 있는데, 이제 주위에는 시험지를 넘기며 마킹하는 소리가 들린다. 이번에도 실패구나. 마저 읽어보려 하지만 글자고 뭐고 더 이상 눈에 들어오지 않는다. 이 상황에 한글도 안 들어오게 생겼는데 더군다나 영어가 아닌가. 더 이상 내게 흰 것은 종이요, 검은 것은 글자일 뿐이었다. 나는 식은땀을 흘리며 남은 유형을 찍어댔다. 이제 다들 OMR카드를 제출하러 일어서고 의자 끄는 소리, 사람들이 왔다 갔다 하는 그 속에서 나는 컴퓨터용 싸인펜을 들고 '군중 속의 고독'을 느끼곤 했다. 다들 잘하는데 나만 바보가 된 것 같은 기분. 그 속에서 시간이 지났는데도 못 다 푼 문제에 미련을 버리지 못하고 붙들며 나는 생각했다. '왜 이렇게 못났을까.'

나에게 영어 영역은 아픈 손가락이었다. 아무리 노력해도 제자리인 그런 과목. 무언가 근본적인 벽을 체감하는 과목. 도대체 어디서부터 잘못되었을까. 매일 60개씩 단어를 외우고, 부단히 문법도 정복했는데, '끊어 읽기'도 수없이 연습했는데. 그래서 다 된 것 같았는데 언제나 벽에 부딪혔다. 하루에 영어를 몇 시간 공부했든, EBS 지문을 얼마나 많이 외웠든 간에 시험이 시작되고 문제를 풀 때 마다 나는 내가 글을 읽고 있는 것인지 혼자 소설을 쓰고 있는 것인지 알 수 없는 느낌을 받았고 당연히 정답인지 오답인지 모르고 그렇게 속수무책으로 답을 골랐다.

'이제 그만 풀고 제출하라'고, 감독관은 나에게 언제나 그렇게 말했다. 나는 고3 내내 시간 부족에 시달렸다. 나에게 70분이라는 시간은 한글도 아닌 영어를 읽어내기에는 너무나 부족 했고, 나는 컴퓨터용 싸인펜으로 '로또 하듯' 후반부 문항의 답을 골라내야 했다. 그리고 나는 안다. 영어 3등급 이하의 모든 수험생은 이렇게 시험을 치르면서 이런 비참한 기분을 느끼고 있다는 것을.

나는 대학을 졸업한 지금까지도 3이라는 숫자에 무의식적으로 거부감을 갖곤 한다. 3등급, 영어 영역이 이 숫자에 걸려 참으로 오랫동안 더 내려가지도, 올라가지도 않았다. 좋은 대학을 가고 싶었다. 나는 정말 꽤나, 노력 면에서는 남들에게 뒤지지 않을 만큼 열심히 하는 학생이었다. 그런데 영어 영역은 종종 내 앞 길을 가로막았고 시험 때마다 좌절을 넘어 외로움까지 느끼게 했다. 답답한 마음에 1등급을 받는 친구들에게 도대체 어떻게 공부하느냐고 물어보면 그저 단어를 외우고 혼자서 가끔 모의고사를 풀고 틀린 것을 채점한단다. 혹은 유명한 누구 강의를 듣는단다. 하지만 그런 건 나도 모두 해보았던 것이다. 나도 유명 강사의 강의란 강의는 모두 들었고, 그들이 하라는 대로 따라해 보았단 말이다. 하지만 그들은 가르쳐주지 않았다.

결국 나는 재수를 했고, 미친 듯이 영어를 '팠다.' 공부했다는 표현으로는 적절하지 않은 것 같다. 대학을 가기 위한 수단이기 이전에, 나는 영어 자체에 대한 오기가 생겼다. 나는 그렇게 오랫동안 느껴졌던, 단순 노력으로는 극복할 수 없었던 영어의 '근본적인 벽'은 과연 무엇인가 정말로 알고 싶었다. 스무 살의 나는 독방에서, 마치 학자가 된 양 끈질긴 연구에 매달렸다. 그리고 그 해 가을, 마침내 수능 영어라는 것에 대해 감히 완벽한 해답을 얻어냈다.

수능 전날 정말로 영어영역이 기다려지던 게 아직 기억이 난다. '영어, 오기만 해봐라, 내가 풀어주마.' 이런 마음이었다. 준비가 완벽하게 된 것을 직감했기 때문이다. 입시의 성공으로 끝나기에는 아쉬울 만큼 내게 이것은 단순한 수능 공부가 아니었다. 나는 수능도 수능이지만 영어 자체, 그러니까 언어로서의 영어에서 답을 찾았고, 내가 받아낸 1등급은, 원래 본능적으로 1등급을 받는 학생들, 또는 지식의 충전만으로도 자연스럽게 1등급이 나오는 학생들은 절대로 모르는 '후천적인 1등급'이기 때문이다.

그렇게 여러 우여곡절 끝에 교대에 들어갔다. 그리고 여느 대학생들처럼 용돈을 벌기위해 과외를 시작했고, 마침 내 공부법을 적용시키기에 적절한 몇몇의 학생(단어도 열심히 외우고 문장도 곧잘 끊어 읽고 노력하는데 3-4등급의 벽을 넘지 못하는)들을 만났다. 나는 내 공부법을 그대로 적용해서 가르쳐보았다. 사실 별 생각 없이 가르쳤는데 아이들은 내가 놀랄정도로 나의 공부법에 경이로움을 표했다. 그리고 성과는 놀라웠다. 6월에 낮은 3등급을 받은 학생이 두 달 수업 후 수능에서 만점을 받았다. 과외생 중에 2달 만에 4등급에서 높은 2등급(절대평가 1등급)을 받아내는 것은 정말 흔한 일이었고, 단 한 번의 전화수업만으로 공부법만 배운 학생도 기특하게도 큰 성과를 내었다. 나를 믿고 전화수업으로만 7개월을 함께해준 학생은 이번에 그렇게 영어로 최저를 맞추어 서강대학교에 입학한다.

　사실 대학 입학 후 나는 한참동안 이 지긋지긋한 입시에 관해 다시 생각하고 싶지 않았다. 과외도 그저 용돈벌이가 목적이었다. 그러나 대학 4학년을 올라가던 겨울, 삼수 끝에 이화여대에 들어가는 한 번의 전화수업을 받았던 학생에게, '얼굴을 본 어떤 선생님보다 감사하다'는 말을 들었을 때, 나는 결심했다. 이 방법을 알려야겠다고 말이다. 그렇게 예전의 나처럼 영어 때문에 너무나 좌절하고 있는, 영어 3-4등급의 늪에 빠져 고생하는 더 많은 이들에게 해답을 알려주고자 이 책을 만들었다.

　나는 특출나게 영어 자체를 잘하는 사람이 아니다. 유학 다녀온 적도 없고, 딱히 스펙이 필요하지 않은 교대를 다니면서 공인 영어성적을 따려고 노력한 적도 없다. 그러나 그렇기에 자신이 있다. 나처럼 영어를 못하는 그 어떤 누구에게도 공감해줄 자신, 그리고 누구라도 2달 만에 '영어 1등급'을 만들어줄 자신 말이다. 누구는 그렇게 해서 오르고, 똑같이 공부한 누구는 오르지 않는 그런 것이 아닌 진짜 해답을 나는 알고 있다.

　미리 말하지만 내가 쓰는 하나의 단어 표현은 그 시절 내가 모든 에너지를 쏟아 몰입하여 연구한 끝에 깨달은 영감이다. 어느 것 하나 당연하게 여기지 말고 곱씹으면서 내가 제시하는 단계를 따라와 주기를 바란다. 나는 대한민국에서 유명한 여러 수능 영어 강사들의 이론을 능가하리라 감히 자부한다. 다시 말하지만 그들은 가르쳐주지 않는다. 그들의 대부분은 원래 영어를 잘하는 사람 부류에 속하기 때문에 후천적으로 1등급을 받는 일이 얼마나 '인위적인' 훈련 과정을 거쳐야 하는지 알지 못한다. 그들의 강의를 듣고 성적이 오른 학생은 분명히 있다. 하지만, 그들은 그 학생이 공부를 하면서 머리에서 어떤 일이 일어난 것인지 분명하게 알려주지 못한다. 그들은 그저 영어에 대해 많은 것을 알려주면서 영어지문에 대해 설명하고 있다. '이게 왜 답이냐면~'하고 말이다. 그들의 설명을 들으면 이해가 된다. 하지만 그것을 '혼자서는' 생각해낼 능력이 안 되는 경우가 더 많다는 것과, 그리고 영어영역, 그 외로운 시험시간에는 본인 혼자서 그렇게 잘 해석할 힘이 없다는 것을 나는 안다. 왜냐하면 그렇게 모범생이었던 내가 그렇게 유명한 강사들의 강의를 듣고, 그렇게 열심히 했는데 결국은 한참동안 3등급의 굴레에 빠졌으니 말이다. 1타 강사들은 자신을 따라오라고 했지만 결코 나를 책임져주지 않았다.

그러니까 3-4등급의 굴레에 빠졌다면, 수능 영어에 있어서는 재수 학원 선생님말도 믿지 말고, 학교 선생님 말도 믿지 말고 내 말을 따라주기를 바란다. 시기별로 어떻게 어떤 교재로 어느 공부를 해야 하는지, 그리고 어떻게 영어를 받아들여야 하는지 모든 것에 대하여 알려줄 것이다. 지금 당신이 몇 등급인지는 상관없다. 적어도 이 책을 골라서 읽고 있는 사람이라면 분명 영어영역 시간에 나와 같은 상처를 받았거나, 영어 공부법에 대해 확실한 해답을 얻고자 하는 사람일 것이다. 그렇다면 단 2개월만이라도 나에게 의지해서 내가 하라는 대로 따라 와 주길 바란다. 만만하고 쉬운 길은 아니다. 다만 아무도 알려주지 않는, 만년 3-4등급이 1등급이 되는 유일한 길이다.

혹시 당신은
자신이 '노베이스'라고 생각하는가?

절망할 필요 없다.
아직 노력을 해보지 않는
'순수한 상태'일 뿐이다.

당신에게 필요한 건 일단 단순 노력이다.
그 단순 노력을 어떻게 가장 빨리
해치울 수 있는지 알려주겠다.

제1장
'노베이스'의 시작법

1. 어휘

1. "처음부터 끝까지"

단어만 열심히 외워도 3등급이 나올 확률이 매우 높다. 그런데 답답해 죽겠다. 4-5등급 이하의 학생들은 너무 단어를 안 외워온다. 의지박약이 사실 너무 많다. 이 책을 읽는 독자들은 이 부류에 속하지 않을 것이라 믿는다. 기본적인 수능 단어를 모르는데 내가 가르쳐주는 독해 방법이 무슨 소용이란 말인가?

그렇다면 어떻게 단어를 외울 것인가? 나는 당신에게 **'처음부터 끝까지'**라는 말을 전해주고 싶다. 당신은 어느 단어장이든 '처음부터 끝까지' 외워본 적이 있는가? 매일 두 장, 세 장씩 외우는 것이 수 십일이 되어 손때가 묻어 너덜너덜해질 때까지, 단어책에 친절하게 제시된 Day 1부터 Day 50까지 간 적이 있는가? 그렇지 않은 학생이 더 많다는 것을 나는 안다. 보통 한 Day 7부터는 책이 깨끗하다. 또, 한 권만 있으면 되는데, 능률 보카니, 뜯어먹는 영단어니, 어휘끝이니 하는 유명한 어휘집은 집에 여러 권 있다. 내가 첫째로 제시하는 것은 하루에 Day2개씩 한두 달만 어휘책 한 권을 독파해보는 것이다. 독파라는 것은 처음부터 끝까지 2번은 돌렸다는 이야기이다.

그럼 어떤 책을 고르면 될까? 수능 수준의 어휘를 다룬 책이라면 사실 베이스를 만드는 데 어떤 책이든 상관없다. 왜냐하면 '수능 완벽 대비!'라고 써 있지만, 사실 수능을 완벽하게 커버해주는 어휘책은 없기 때문이다. 1000개 단어를 외워도 어차피 1001번째 단어가 나오니까. 단어책을 외울 때 우리의 목표는 그저 기본기를 만드는 것이다.

그렇다. 기본기를 만드는 데는 '수능용'이라고 써진 어떤 책이든 상관이 없다. 집에 있는가?(아마 있겠지!) 그렇다면 그 책으로 정해라. 하지만 그 책이 영 정이 가지 않아서 새로 살 것이라면 팁을 주겠다. 바로 **너무 두껍지 않고 매일 가지고 다닐 만한 조금 작은 책**이다. 서점에서 잘나가는 어휘집들을 보면 '읽기만 해도 암기가 된다'며 여러 가지 요령들을 써놓느라고 굉장히 두껍다. 하지만 사실 문제는 '읽기만 해도 암기가 되지는' 않는다는 것이다. 두꺼워서 의욕과 휴대성만 떨어진다. 대부분의 학생들이, 심지어 잘하는 학생들도 너무 두꺼운 어휘책을 끝까지 보지 못하는 경우가 많다. 나 역시도 사놓고서 앞쪽만 열심히 보고 뒤쪽은 손도 대지 못한 단어장이 많았다. 그래서 새로 살 것이라면 그냥 내가 오래 보아도 질리지 않을 디자인의, 좀 만만하게 작은 어휘 기본서를 고르길 바란다. 그래야 '처음부터 끝까지' 볼 수 있다. 노베이스라면 어휘 기본서를 꼭 하나 끝내야 한다. 그리고 수능 어휘의 60%이상을 모르겠다면 자이스토리(실전편) 앞에 부록으로 붙어있는 기출어휘집 같은 것을 반복해서 외울 것을 추천한다. 기출어휘부터 외우는 것이 빠르기 때문이다.

어휘책이 준비되었는가? 너무 완벽하게 스펠링까지 외워야 한다는 부담은 갖지 마라. 수능은 지필평가가 아니니, 영어를 보고 뜻을 알 수 있는 수준으로 외우면 된다. 그럼 이제 하루 60개, 정말로 자신을 한번 시험해보자. 자존심을 걸고 한번 도전해보길 바란다. '처음부터 끝까지 X2번'이다. 그대 정말로 '너덜너덜해진' 어휘책 한 권 없이 1등급을 바라는가?

2. 무슨 수를 써서라도 외워라.

나는 대부분의 학생들이 너무도 요령 없이 시간을 낭비하며 외우고 있다는 것을 잘 안다. 특히 단어장 밑에 반복해서 그 단어를 쓰면서 외우는 학생도 많이 보았다. 그러나 당신도 알고 있지 않은가? 그런 식으로 외워봤자 다 증발된다!

이들에게 꼭 이야기해주고 싶은 것은 바로 어떻게든, **'무슨 수를 쓰더라도' 단어가 외워지도록 스스로 단어 강의를 해보라는 것이다.** 영어 단어를 외우는 방법에는 여러 가지가 있다. 발음으로 외우든, 'danger-단거-단 것은 위험해' 같은 이상한 이야기를 지어서 외우든, 어원이 나와있는 교재를 참고하여 어원으로 외우든, 예문을 보고 외우든 어떻게든 스스로에게 충격을 주거나 납득을 시켜서 외워보라.

한 때 나는 「compensate-보상하다」 이 단어가 너무도 안 외워져서 고민을 한 적이 있다. 고민하다 나는 이렇게 꾀를 내기로 했다. co-는 '같이'라는 뜻을 갖고 있는 어원인 것을 생각했다. 그리고 pen, 중학생 시절 짝꿍이 나의 필통에서 몰래 펜을 가져가서 장난을 쳐서 짝에게 폭언(?)을 퍼붓던 기억을 이용했다. '같이(co) 쓰는 펜(pen)이 아니니까 보상해!' 이렇게 외우기로 했다! 이것을 스스로 선생님이 설명하듯이 나에게 설명하고 납득시켰다. 이것이 바로 '무슨 수를 써서라도 외우는' 사람의 자세이다.

정말 말도 안되고 우습지만, 한 가지 분명한 건 그 이후로 저 단어를 절대로 까먹지 않았다는 것이다. 나는 이 말을 듣고 매일 단어테스트에서 반의 반도 못 맞추던 학생이 계속해서 만점을 받는 것도 보았다. 한 단어를 외우더라도 최대한 기억에 남을 수 있도록 정성을 들여라!

3. 외울 때 발음과 함께 이미지를 떠올리는 훈련을 하라.

위에서 말했듯, 영어 단어를 외울 때는 외우는 여러 가지 방법 중 무엇이든 좋으니 어떻게든 본인에게 기억에 남도록 외워라. 하지만 단어를 보고 어떤 생각도 나지 않을 때 가장 빠르고 좋은 방법은 발음으로 외우는 것이다.

글자를 보고 뜻을 알 수 있으면 된다고 해서 머릿속으로 단어의 모양을 '사진 찍듯' 외우는 학생들이 있다. 이런 학생의 특징은 쓸데없이 비슷한 단어를 지나치게 혼동한다는 점이다. 예를 들면 produce랑 process같은 것을 계속해서 헷갈리는 학생이 바로 그런 경우다. 프로 '듀스', 프로 '쎄쓰'. 이렇게 발음으로 그 느낌을 연상한 것이 아니라, 생김새를 익히는 방식으로 외우기에 온갖 비슷하게 생긴 단어는 다 헷갈리는 것이다. 그리고 이 경우 '보면 아는' 단어도 듣기평가에서는 못 알아듣게 된다.

단어를 외울 때는 기본적으로 발음으로 읽고 그 뜻을 연상할 수 있어야 한다는 것을 명심하라! 예문, 어원, 이야기 등 어떤 것을 외우는 도구로 사용하든, 발음으로 읽으며 외우는 것이 전제되어야 한다는 것이다. **발음에는 실제로 그 단어의 이미지가 들어 있다. 그렇게 느껴지지 않는다면 인위적으로 그렇게 연상하라.** '아이스크림'을 외우며 차가운 아이스크림을 생각하는 것처럼 말이다. 'spit-뱉다'를 외울 때는 뱉은 시늉이라도 하면서 spit을 외워라!

🗨 한 권을 독파했다면 이제 단어장이다

이렇게 한 권을 독파하였는가? 그렇다면 이제 당신은 노베이스가 아니다. 이제는 그 너덜너덜해진 단어장을 더 보지 않아도 좋다! 대신 이제는 ★모르는 **어휘가 나올 때마다 수첩에 적고 하루의 일정한 시간에 외우면 된다.** 나는 밥을 먹고 나서 산책하는 시간, 설거지하는 시간에 외웠다. 별도의 어휘 시험도 필요 없고 따로 어휘를 공부하는 시간을 낼 필요도 없이 일정한 자투리 시간을 내면 된다. 그리고 수첩을 끝까지 다 채웠으면 앞으로 가서 다시 외우는 것이다. 수능 전 날까지 모르는 어휘가 나올 때 그 수첩 여백에 조금씩 더 채워 넣고 그 수첩만 반복해서 외우면 충분하다. 이 정도의 노력이면 어휘 때문에 문제를 못 푸는 일은 정말로 많이 없다. 3-4등급이던 내 제자들도 어휘력은 나와 크게 차이가 없었다. 다만 이제부터 길러야 할 것은 모르는 어휘가 나왔을 때 당황하지 않고 그냥 무시하거나, 문맥으로 대충 짐작해버리는 정신력(?)이다. 그것은 앞으로 제시하는 독해 훈련을 하며 많이 길러질 것이다.

비슷하게 생겨서 헷갈리는 단어에 대한 대비가 반드시 필요하다.

곧 느끼겠지만 좀 아는 것이 생긴 이후엔 비슷하고 혼동되는 어휘가 괴롭히는 순간이 온다. complement와 compliment 같은 것들이다. 만나는 학생이 10명이면 10명, 이런 어휘 때문에 심한 혼동을 느끼고, 아예 다른 뜻의 해석으로 빠져드는 것을 발견하였다. 나도 그랬기에 이런 것이 나올 때 마다!! 정리해두었다. 한번에 정리해도 좋겠지만 앞으로 공부하면서 '헉 완전 비슷하게 생겼네' 할 때마다 반드시 적어두어야 한다. 분명 탄탄한 어휘력을 갖추는 데 아주 크게 도움이 될 것이다.

2. 어법(1개월)

수능에서 나오는 문법을 어법이라고 한다. 해석과 문법 규칙 둘 다 중요하다는 의미이다. 그런데 어법 문제는 수능에서 딱 1개가 나온다. 꼭 맞혀야 할까? 그렇다. 당연히 맞혀야 한다! 하지만 생각해보라. 어법 한 문제를 맞히기 위해 우리가 공부해야 할 문법 지식의 양을. 우리는 노력의 낭비 없이 1등급으로 갈 것이다. 이제 전략을 잘 세워야 한다.

🗨 시작은 문법이다

'어느 정도 문법은 알겠는데 해석이 잘 안돼요.' 하는 학생은 어법 강의를 새로 들을 필요가 없다. 독해로 넘어가라. 하지만 당신이 만일 5등급 이하의 학생이고 문법을 제대로 배운 적이 한 번도 없다고 치자. 그렇다면 어법을 한번은 공부해야 한다. 이 경우, 문법을 '꾸준한 공부'가 아니라 한 번의 '마스터'작업을 하는 것이 필요하다. 그러려면 아예 기간을 잡고 빡세게 어법 공부를 집중해서 끝내야 한다. 이미 알고 있겠지만 문법이 영어 독해의 출발이다. 수능에 나오는 어법 한 문제를 맞히기 위해서이기도 하지만 그 이전에 일단 우리말과 어순이 전혀 다른 영어 문장을 구조적으로 알아들을 수 있으려면 정제된 어법 지식이 반드시 필요하다. 어법 전체가 한번은 체계적으로 머릿속에 정리되어야 한다.

🗨 어법은 무조건 인터넷 강의를 추천한다

어법을 혼자서 공부하는 것은 좋지 않다. 혼자서는 이해하는 데 불필요한 시간이 많이 낭비되고 계속 산발적인 지식에 머무르게 된다. 지식의 어디까지를 외워야하는 지도 분명하지 않아서 더욱 힘들다. 어법은 인강을 듣자. 강의 횟수가 많거나 심화적인 어법 강의 말고, 기본을 제대로 전달해주는 인강 하나를 골라 '완강'해보라. 인터넷 강의의 완강률은 30퍼센트도 안된다고 한다. 일단 '단순 노력'으로 이 30퍼센트 안에 드는 것이 목표다. 어법 강의를 완강한 이후엔 반드시 영어 실력이 한 단계 업그레이드 되게 되어있다.

3. 구문독해(2주)

어법이 되었다면 구문독해, 문장의 구조를 분석하는 연습을 할 차례다. 어법 강의 하나를 잘 들으며 배우고 나면 분명 <끊어 읽기>가 훨씬 수월해졌을 것이다.

'구문독해'는 <천일문>같은 구문 교재로 구문 유형과 해석 요령 등을 익히는 것이다. 여태까지 정말 '노베이스'였다면 해석이 조금 더 익숙해질 수 있도록 이 구문 연습을 조금 더 해보자. 이 구문 독해도 인강의 도움을 받는 것이 빠르다. EBS든 사설 인강이든 상관없다. 고1-2학년이라면 완강해라. 하지만 고3/N수생은 시간이 많지 않다. 그냥 어느 정도 '감이 잡힐 때까지'만 강사의 도움을 받고, 혼자서 독학하는 것도 좋다. 어법을 완강했다면 구문 분석 능력은 많이 갖춰졌을 것이므로 구문 강의에 많은 시간을 들일 필요는 없다. 다들 구문을 중요한 것처럼 가르친다. 하지만 내가 1등급이 나왔을 때도 구문 책을 보아도, 까먹은 구문투성이었다. 그런 지엽적인 구문 종류를 일일이 외워봤자 써먹지도 못한다. 모든 구문을 알아야 해석할 수 있다는 것은 착각이다! 부디 지식의 양으로 승부하는 영어 공부에서 해방되길 바란다.

그러니까 이제 어법을 끝냈으니 한 2주 정도만 잡고 랜덤하게 일반적인 구문으로, 주어 찾고, 동사 찾고, 목적어 찾을 수 있는 무난한 끊어읽기 실력을 갖출 수 있을 때까지 연습을 하는 거다. 물론 이 단계에서 모르는 단어는 그 때 그 때 단어장에 추가해서 외운다.

4. 문제 풀이 (2주)

나는 이제 막 고등학교에 들어가는 학생을 맡으면 가슴이 답답하다. 왜 그럴까? 못해서 그럴까? 그게 아니다. 아직 고1이라 어휘가 약한 것도 있지만, 아직 영어 모의고사를 본 적도, 제대로 수능영어를 공부해본 적도 없는 학생은 내가 제시하는 방법의 소중함을 잘 못 느끼기 때문이다. 나는 그래서 내 수업을 듣기 전에 모의고사라도 몇 번 풀어보길, 혼자서 아무 책이라도 풀어보길 권한다. 반드시 그렇게 하길 바란다.

단어도, 어법도, 끊어 읽기도 충실히 훈련하였다면 그냥 문제를 막 풀어보는 것이 좋다. EBS 수능 특강이나 어느 독해 모의고사 문제집이든 사서 풀어보아라. 시간도 부족하고 어떻게 푸는지도 모르겠지만 아마 아는 단어로, 그때 그때 해석한 문장으로(소설을 쓰는 느낌이긴 하지만) 3-4등급이 나올 것이다. 막 풀어서 채점도 해보고, 왜 틀렸나 생각도 해보고, 모르는 문장을 형광펜을 칠해서 다시 구조 분석도 해보는 거다. 이렇게 공부하다 보면 3등급, 못 해도 4등급은 안착이 된다. 개인마다 시간차는 있겠지만 확실한 건 누구나 3-4등급은 단순노력으로 분명 얻어낼 수 있기 때문이다. 그리고 이제, 뭔가 문제를 푸는데 왠지 혼자서 소설을 쓰고 있는 듯한 애매한 그 느낌, '더 잘할 수는 없을까?'하는 갈증을 느끼게 될 것이다.

"이제 3등급을 넘어가고 싶다!"

이 갈증을 느껴본 학생은 이제 나를 만날 준비가 된 것이다.

혹시 당신도

단어의 조합만으로 해석이 잘 안되는가?
시험 때마다 시간이 부족한가?
긴 문장을 읽다 보면 앞을 까먹는가?

이제 아무도 알려주지 않았던,
'영어를 영어로 받아들이는' 방법을 알려줄 것이다.

독해편

독해를
잘하려면…

제2장
영어 독해의 비밀

1. 수능 두 달 전 입으로 읽는 '영혼독해'를 발견하다.

재수하던 해 9월이었다. 반년간의 유형별 문제 풀이 훈련 끝에 9월 모의고사에서 나는 3등급을 벗어나 2등급을 받았는데, 어쩐지 석연찮은 2등급이었다. 물론 나아진 유형도 많이 있었지만 역시 예전처럼 후반부에는 시간도 부족했고, 찍었고, 많이 틀렸다. 2등급 컷이 꽤 낮아서 겨우 들어갔던, 까딱하면 그냥 3등급이 나올 2등급이었던 것이다. 나는 또 한 번 벽을 느꼈다. 내가 말하는 '벽'이란, 한 차원의 변태(?)를 하지 않으면, 무언가 근본적으로 바뀌지 않으면 더 이상 나아지지 않을 것 같은 그런 느낌을 말한다. 수능까지 남은 시간은 약 50일. '이대로라면' 수능에서 1등급을 못 받을 것이 분명했다. 하지만 이제 어떻게 할 것인가? 턱걸이로 겨우 받은 2등급도 여름동안에 수학만큼이나 영어에 시간을 많이 투자해서 얻은 결과였다. 이제 뭘 더 어쩌란 말인가?

그런데 그 해 9월, 수능이 50일도 채 남지 않은 그때 나는 비로소 그 벽을 넘을 수 있는 답을 얻어냈다. 정말 감사하게도 나에게 찾아온 우연의 기회였다. 나는 그때 답답한 마음에 EBS 지문을 정리해주는 한 유명한 강사의 인강을 신청했다. 그런데 완전 내신식으로 '이 지문은 중요하니 이 부분을 외워두어라' 하는 수업이어서 사실 너무 지루하고 맞지 않았다. 중요한 지문들만 뽑아냈다는데, 여기서 분명히 나올 것이라는데 그냥 안 하기도 뭔가 찝찝했다. 나는 결국 혼자서 교재를 공부하기로 했다. 그 전까지는 많은 문제집들을 사서 전략적으로 풀어대는 유형 풀이에 집중했었는데, 이제 하루에 차분히 7-8지문씩, '지문 공부'를 하기 시작한 것이다.

비싸고 두꺼웠던 그 교재는 한 페이지에 한 지문, 그리고 작은 글씨로 밑에 해설이 쓰여 있는 것이 전부였다. 보통 학생들이 EBS지문을 (수능에 나올 것이라 기대하고) 외울 때 해설을 먼저 읽고 지문의 생김새를 외우는 방식으로 본다. 하지만 왠지 그렇게 가짜 공부를 하기는 싫었다. 나는 영어 지문을 직접 읽으며 이 글의 주제는 무엇인지 또 어디에 빈칸이 뚫릴 것 같은지, 어느 부분이 어휘 문제로 나올 것 같은지, 어느 부분이 문장 삽입으로 나오면 적절할지를 표시하면서 혼자 지문 공부를 했다. 그리고 자칫 지루해질 수 있는 그 과정을 끈기 있게 이어나가기 위해서 나는 '입으로 읽기'를 시작했다. 그리고 시작한지 2-3주 만에 나는 놀라운 변화를 피부로 느꼈다.

2. 영혼독해란?

졸음을 쫓고자 그저 입으로 읽기 시작했지만, 어쨌든 나는 이 글을 해석해서 무슨 말인지 알고 넘어가야 할 것이 아닌가. 이 아까운 시간에 '영혼 없이' 입으로 소리를 내는 것은 어차피 의미가 없었다. 나는 '소리'와 '영혼'의 일치를 시도했다. 간단한 예를 들어 보겠다.

평가원 기출

True understanding inevitably requires a knowledge of context.

보통의 학생들에게 이것을 입으로 읽어보라고 하면 "트루 언더스탠딩 인에비테블리…" 하고 '영혼 없이' 소리를 낸다. 그리고 해석을 해보라고 하면 "진짜 이해는 피할 수 없이 요구한다, 문맥의 지식을." 하고 말하고, 다시 이해하기 위해 한 번 더 머릿속으로 무슨 말인지 생각한다. 이것이 바로 대부분의 3-4등급 학생들이 하고 있는 독해다. 읽고, 다시 읽고, 생각하고. 두세 번을 돌리는데, 이것은 쉬운 예이지만 좀만 더 복잡해지면 해석을 해놓고도 무슨 말인지는 모른다. 심지어 우리말 해설을 보아도 알아듣기 힘든 내용이 바로 수능에 나온다. 시간은 시간대로 들고, 번역을 해놓아도 이해는 안 되는 독해를 한다는 것, 이것이 바로 3-4등급의 맹점이다.

'해석을 잘 못하네. 아직 어법이나 독해 연습이 부족한가 봐' 하며 다시 어법과 끊어 읽기를 연습하고, 주어를 찾고 동사를 찾는 연습을 해보았자 이제 별 소용이 없다. 내가 바로 그 오랜 시간 동안 그렇게 의미 없는 노력을 해왔던 것이다. 나는 계속해서 더 많은 지식을 알려고 했다. 하지만 그것은 고기를 잡는 법을 터득하지 않고 물고기의 종류만 외운 꼴이었다. 3등급인 우리에게 더 이상의 지식은 필요하지 않다는 걸 깨달아야 한다.

이것을 돌파할 수 있었던 것이 바로 내가 시도했던 **'소리(입)'와 '영혼'이 일치하는 독해 훈련이었다.** 나는 입으로 읽음과 동시에 이해를 할 수 있도록 한 문장 한 문장을 집요하게 파고들었다.

이 방식을 설명하기 위해 나는 가장 먼저 이런 이야기를 해준다.

There is an apple.

이 문장을 보고, '사과가 하나 있다'라고 하지 말고, 빨간 사과 하나를 떠올리면 된다고 말이다. 우리는 '사과 하나가 있다'라는 우리말을 보고 "사과 하나가 있다." 이렇게 말하고 다시 의미에 대해 생각하지 않는다. 그저 사과의 존재, 모습, 이미지를 떠올릴 뿐이다. 영어도 이렇게 되어야 한다. 우리에게는 한글로 번역하고 다시 이해할 시간이 없다. 영어 자체의 의미를 가슴으로 받아들여야 한다. 다시 아까와 같은 예를 들어보겠다.

True understanding inevitably requires a knowledge of context.

"트루 언더 스탠딩…" 이라 입으로 말하고 속으로 '진짜 이해는' 이렇게 돌아가는 것이 아니고,

➡ "트루 언더 스탠딩"이라는 발음을 끝냈을 때 이미 '진정으로 이해하는 것'의 이미지를 받아들이고 있어야 한다. 만약 이미지가 아직 잘 안 그려졌다면 천천히 우리말 번역을 시도하는 것이 아니라 다시 발음으로 시도한다.

이미지가 그려졌다면 다음으로 넘어가서 "인에비테블리 리콰이어"
➡ 또다시 영혼 없이 소리만 냈다면 돌아가서 다시 발음해라.

"인에비테블리 리콰이어"라는 발음과 동시에 '필수적으로 요구한다'는 의미를 가슴에 느끼고나서
"어 날리지 오브 컨텍스트." 하고 발음을 끝냈을 때,

'아, 그러니까 진짜 이해를 하려면 문맥적인 의미를 알라고~.' 하는 자신만의 의미 처리가 끝나면 된다. 우리에게 필요한 건 번역이 아니고 의미 처리다!!

번역이 아니라
의미 처리!

지금까지의 〈 영혼독해 기본 법칙 〉을 소개하면 이렇다.

영혼독해 기본 법칙

1. 발음과 동시에 이미지(의미를 마음으로 받아들임)를 떠올릴 것. 입으로 말하는
   중에 머리에서는 그 부분의 의미를 받아들여야 한다. 말을 뱉고 나서 다시
   의미를 생각하는 것은 아무 소용이 없다.

2. 이미지가 한 번에 떠오르지 않는다면, 즉 무슨 말인지 모르겠다면 우리말의
   번역을 빌리지 말고, 한국말을 개입하지 말고 다시 돌아가서 입으로 읽으며
   끝까지 영어로 해결할 것. 나는 한 문장도 허투루 넘어가지 않고 모르겠으
   면 몇 번이고 다시 입으로 읽으며 의미 자체를 받아들이려고 노력했다. 집
   요한 훈련의 과정이 필요하다. 우리의 머릿속엔 영어와 이미지(의미), 이것
   둘 뿐이다. 처음 훈련을 할 때는 시간이 얼마가 들든 간에, 최대한 우리말의
   번역을 자제하고 오직 영어로만 집요하게 물고 늘어져야 한다.

3. 모든 글자의 정확한 번역은 필요가 없다. 자신만이 알아들을 수 있게 한마
   디로 의미를 처리하면 된다. 전체 의미를 나의 언어로, 한마디로 표현하며
   정리한다. 글쓴이가 저 문장을 써서 진정 전하고자 했던 것은 '글을 읽을 때
   는 문맥을 알아야 한다'는 것, 그것 뿐이었다. '진짜 이해는 문맥의 지식을
   피할 수 없이 요구한다.' 같이 어설프고도 완벽한(?) 번역체가 아니다. 토씨
   하나 빠뜨리지 않고 정확하게 우리말로 바꾸고자하는 집착을 버려야 한다.
   이것은 여태 우리가 열심히도 해왔던 억지스러운 번역 독해와는 비교할 수
   도 없는 진짜 독해의 과정이다.

3. 왜 입으로 읽어야 하는가?

 영어를 입으로 읽으며 우리말 번역 없이 영어 자체를 받아들이며 이미지를 떠올리는 작업, 어느 정도 감을 잡았는가? 그렇다면 왜 입으로 읽으라는 것일까?

 입으로 읽으며 영혼과 소리를 조화시키는 훈련이 엄청난 효과가 있다는 것은 나도 우연히 발견한 것이다. 그저 졸음을 쫓고자 입으로 소리를 냈고, 어쨌든 EBS 지문 내용을 알아야하니까 의미를 받아들이면서 읽다보니 그렇게 된 것이다. 하지만 이 훈련은 나를 한 달 반 만에 엄청난 벽을 넘게 해준 일등공신이었다. **내가 가르친 학생들 중 가히 급진적으로 성적이 향상된 학생들은 이렇게 입으로 읽는 훈련을 꼬박꼬박 지킨 학생들이었다.** 이것은 내가 대신 해줄 수 없기에 매일 5지문, 시간 없으면 3지문이라도 훈련을 하라고 항상 이야기했는데, 이것을 지키느냐 안 지키느냐가 3등급짜리를 1등급, 만점으로 만들어주느냐, 문제 풀이에만 신경 쓰다가 어설픈 향상에 그치고 말 것인가를 결정하게 된다. 영어 독해의 벽을 넘느냐, 마느냐는 이 입으로 읽기 훈련에 달려있다고 자신한다.

 그런데 영어교육학에서는 대개 '묵독'이 의미 이해에 효과적이라 말하며 '음독'을 지양하고 있다. 왜일까? 음독을 하다가 의미를 놓친다는 것이다. 그렇다. 나도 동의하는 바이다. 영혼 없이 소리 내어 읽는 것은 아무 의미가 없다. 하지만 내가 말하는 음독은 이런 음독이 아니다. 나와 내 제자들에게 엄청난 점수 향상을 가져온 그 음독은 <u>소리와 영혼의 일치</u>라는 것을 반드시 알아야 한다. 우리말이 아닌 영어의 그 자체를 느끼기 위해 인위적으로 하는 훈련법으로써, 소리를 냄과 동시에 머릿속 그림을 일치시키는 것이다. 그리고 그 학생들을 보면서 나는 이렇게 말하면서 읽는 것이 왜 이렇게 효과적인지에 대해 생각하게 되었다.

 그것은 첫째, 발음을 하면서 동시에 의미를 생각하게 하는 작업이 의미 없는 우리말 번역을 막아주기 때문이었다. 우리말과 어순이 현저하게 다른 영어 문장을, 그때 그때 어려운 단어 뜻을 대응해가며 다시 한번 우리말 어순에 맞게 전체를 다시 조합해서 어설픈 문장을 만드는 것, 이것이 영어 3등급 이하 학생들의 맹점이다. 이 수준을 넘지 못하면 절대로 진정한 독해는 일어나지 않는다. 많은 학생들이 여기서 머물러서 무한히 단순 노력을 반복하는데, 여태까지의 방법으로는 그 벽을 넘을 수 없었던 것이다. 그리고 이 맹점을 '말하며 읽기'가 정확하게 짚어냈다. 이제까지 마치 동굴 벽에 쓰여 진 고대 문자를 돋보기로 한 글자 한 글자 해독하는 수준으로 영어를 바라보다가, 이제 나에게 어떤 말을 거는 '언어'로서 영어를 바라보게 되는 것이다.

둘째, 엄청난 집중력 향상 효과이다. 수능 국어 영역의 지문을 보라. 우리말로 써져있는 글을 보아도, 시간이 없거나 마음이 진정되지 않으면 흰 것은 종이요, 검은 것은 글자가 되어 아무것도 머릿속에 들어오지 않는다. 20년 동안 읽고 쓴 우리 글자도 그런데, 하물며 영어로 된 글에 집중하기란 정말로 쉽지 않다. 하지만 입으로 읽음과 동시에 의미를 떠올리려고 하는 작업은 완전히 새로운 접근으로서, 날이 선 집중 없이는 절대로 할 수 없는 일이다. <u>영어가 영어 자체로 들어오게 하기 위해서 우리는 입으로 읽어야한다. 입만 떠들지 않고 입의 소리에 정신을 맞추기 위해 우리는 모든 정신을 통일하게 된다.</u> 잠깐의 영혼의 유체이탈(?)이라도 있으면 또 다시 같은 부분을 정신을 차리고 읽는다. 친구와 신나게 수다를 떨 때를 생각해보자. 친구와 소통하는 매개체는 언어다. 친구가 어제 있었던 웃겼던 일화를 말해줄 때 우리는 그 장면 하나 하나를 상상하며 이야기를 듣게 될 것이다. 또는 선생님이 기말고사에 낸 문제를 미리 말해주실 때 집중하던 모습을 떠올려보라. 말하면서 읽기를 할 때의 집중력은 마치 이런 상황의 집중력과 같다. 영어에 대한 태도가 완전히 바뀌게 된다.

우리는 그동안 영어를 읽을 때 헛짓을 너무 많이 해왔다. 속으로는 딴 생각을 하면서 눈을 굴리며 읽는 척을 하고 있고, 독해가 아니라 문자 해독을 하고 있었던 것이다. 이것을 완전히 바꾸어 주는 것이 입으로 읽기다. **물론 당연히 수능을 볼 때 시험장에서 영어를 입으로 소리 내어 읽을 수는 없다. 하지만 영어가 모국어가 아닌 우리들은 영어 자체로 의미를 떠올릴 수 있을 때까지 인위적인 훈련이 필요하다.** '우리말의 개입 없이' 영어 자체에 집중할 수 있게 도와주는 그 인위적인 훈련이 바로 소리 내어 읽기인 것이다.

그렇다면 1등급인 아이들도 이렇게 훈련을 해서 잘하게 된 것일까? 인위적으로 훈련을 해서 후천적으로 1등급을 만들었던 나는 원래 1등급인 아이들을 어떻게 1등급이 된 것일까 궁금했었다. 그런데 과외를 하며 가끔 원래 1등급인 아이들을 만났을 때 나는 그 답을 알게 되었다. 그 애들은 원래부터 '자기도 모르게' 글을 읽으며 머리에 그림을 그리고 있었다. 어려서부터 영어를 많이 공부해서 그럴 수도 있고, 그저 본능적으로 영어를 언어로써, 영어 자체로서 받아들이는 것이 자연스럽게 일어나고 있기에, 그 학생들은 아주 인위적인 훈련 없이도 1등급을 받고 있는 것이다. 그들은 자신이 그렇게 잘 하고 있다는 것을 모른다. 머릿속에서 어떤 언어 인지 과정이 일어나고 있는 것인지 본인도 모르고 그냥 좋은 점수를 받는 것이다. 그런 경우 1등급이 아니더라도 일정 부분 학원을 다니고 인강을 듣고 공부하면 1등급으로 올라간다. 하지만 3-4등급의 굴레에 빠진 보통의 학생들은 그 단계로 넘어가기가 정말이지 매우 어렵다. (아마 수능 역사 동안 이 단계를 넘지 못하고 억울하게 노력만 하다가 그냥 3등급으로 대학에 들어간 수십만 명이 존재할 것이다.) 선천적 1등급이 아니라면 아예 영어를 바라보는 방향을 틀어 인위적으로 훈련해주어야 그 다음 세계가 열린다. 그 열쇠가 바로 입으로 읽기다.

★★4. 가장 좋은 도구는 '억양'과 '강세'이다.

내가 정말 강조해주고 싶은 이야기는 이 억양에 대한 부분이다. 재수하던 해 9월 중순, 나는 그렇게 '소리 내어 읽기'에 몰입했다. 분명 처음 시작은 수능에 나올 만한 지문을 익히는 것이 목표였다. 하지만 점차 나는 영어 읽기에 빠져들었다. EBS 지문 암기가 아닌 영어 자체가 정말로 재미있어진 것이다. 수능이 두 달도 채 남지 않은 그 시점에 어떤 조급함도 느끼지 못할 만큼 영어 자체에 빠졌었다. 내가 그렇게 몰입할 수 있었던 것은 내가 영어를 정말 '역동적으로' 읽었기 때문이다.

다들 알다시피 우리나라 사람들이 영어를 읽는 방식은 매우 단조롭다. 나는 졸음을 쫓기 위해 입으로 읽었는데 그런 그렇게 계속 같은 음으로 단조롭게 읽다보니 오히려 더 지루하고 집중이 되지 않았다. 그래서 사용하게 된 것이 억양이다. **그리고 영어 독해라는 것이 억양만으로 정말로 많은 것이 해결된다는 것을 깨달았다.** 내가 이것을 발견한 계기는 바로 쉬는 시간에 보게 된 유튜브 영상이었다. 나는 쉬는 시간 마다 유튜브로 여러 재미있는 영상 같은 것을 보며 휴식하곤 했는데, 그때 우연히 2011년에 평창 동계 올림픽을 유치하여 화제가 되었던 나승연씨의 프레젠테이션 영상을 접했다. 2번의 실패를 딛고 세 번째로 도전하는 평창 올림픽, 우리나라의 올림픽 유치를 위해 수많은 사람들을 설득해야하는 상황. 수백 번 연습했을 그녀의 프레젠테이션에는 영어만 있는 것이 아니라 눈빛, 제스처, 발음, 그리고 쉼표까지 모든 진심이 담겨 있었다. 아직까지 영어를 끙끙대고 읽으며 고군분투하고 있었던 나는 그 장면에서 나는 깊은 영감을 받았고 어떤 힌트를 얻을 수 있었다.

그녀처럼 나도 영어를 좀 더 멋있게 잘 읽고 싶은 마음이 생겼다. 마치 올림픽을 유치를 설득해야하는 간절한 사명을 지닌 사람처럼, 영어를 읽을 때 억양을 싣기 시작한 것이다. 내가 무슨 영어를 잘 알아서 외국인처럼 알맞은 억양으로 읽겠는가. 그저 단어, 문장에서 오는 느낌대로 했을 뿐이다. 나는 영어를 읽을 때 마치 내가 글쓴이가 된 것처럼 의미를 전달하는 '연기'를 시작했고, 영어와 영어 사이의 쉼표마저 간절함이 전해지도록 읽었다. 기계같이 단조로운 읽기에서 벗어나, 진심을 담아 억양까지 살려 읽기 시작하자 그때부터 영어가 훨씬 더 쉽게 내면화되기 시작했다. 억양, 강세, 또는 호흡, 속도의 차이를 주어 역동적으로 읽었더니 박제 되어있던 단어에 생명이 실리는 느낌이었다. 생명을 실어 읽는 것, 이 부분은 내가 영혼독해에서 특별히 강조하는 부분이니 다음 방법들을 잘 따라오길 바란다.

🫐 억양과 강세를 사용하는 방법

다음 문장을 읽어보라.

Our ability to perceive difference is so well developed that we even find differences where none exist.

'차이점을 인식하는 우리의 능력은 너무도 잘 발달되어 있어서, 우리는 심지어 차이가 존재하지 않는 부분에도 차이점을 찾아낸다'는 내용의, 어렵지 않은 문장이다.

그런데 이제 억양을 실어 '의미가 심장에 박히게' 읽어 보는 것이다.

자, 한 호흡으로 받아들일 수 있는 만큼 가져와서 억양을 실어 읽어보자. 문장에서 중요한 의미를 갖는 단어 부분을 강하고 천천히 강조해서 읽고 문장의 큰 뜻을 형성하는데 별로 의미가 없는, 그저 이음새가 되는 부분은 빠르게 흘러가듯이 읽는다. 발음이 나빠도 더 격렬히 굴릴수록 재미있고 좋다. 아무래도 좋으니 지금 여기 강조한 부분을 살려서 의미를 떠올리며 직접 발음해보라.

Our ability to perceive difference(!)
➡ 한 번에 의미가 마음 속으로 안 들어왔으면 의미가 소화될 때까지 다시 입으로 읽는다.

is so well~ developed
➡ 한 번에 의미가 마음속으로 안 들어왔으면 의미가 소화될 때까지 다시 입으로 읽는다.

that we even(!) find differences where none exist.
➡ 한 번에 의미가 마음속으로 안 들어왔으면 의미가 소화될 때까지 다시 입으로 읽는다.

자신만의 의미 처리
: 우리는 무언가에서 차이점을 잘 발견한다!
(없는 차이도 발견할 정도로)

🔌 억양과 강세는 '마음심기'다

어렵지 않은 문장이었지만 영혼을 실어 연기하듯 읽어보았는가? 의미를 가슴에 새겨보았는가? 나는 이 억양과 강세를 이용하는 법을 일컬어 '마음심기'라고 표현하고 싶다. 마음 심기, 지금까지 읽으면 읽는 즉시 눈알만 스치고 흘러가기만 하던 영어의 중요 의미를 붙잡아 내 마음에 심어놓는 작업이다.

영혼독해를 암만 가르쳐주어도 실패하는 케이스들이 있는데 그 중에 하나가 영혼독해를 너무 시원시원하게(?) 하는 나머지, 소리만 크게 내서 읽고, 의미도 크게 크게 잡기만 하는 학생들이다. 영어를 읽으며 무언가 쉽게 쉽게 가려고 할 때 이런 버릇이 잘 든다. 이 버릇이 한 번 들면 쉽게 고쳐지지 않고, 긴요한 해석을 원하는 어려운 문제들은 풀어낼 수가 없다. 특히 최근 기출처럼 다소 답의 근거를 정확히 짚어야 하는 문제를 만나면 그런 근거가 있었는지도 모르고 틀리게 될 것이다.

나는 매년 달라지는 기출 문제를 풀면서도 특별한 트렌드를 별로 느끼지 못한다. 어떤 문제는 오답률이 왜 이렇게 높은지 이해가 되지 않을 때도 많다. 왜 그런줄 아는가? <u>마음을 다해서 읽기 때문이다.</u> 나는 영혼을 실으라고 했다. 당신 마음속에 무언가 쉽게 쉽게 가려고 하는 마음이 있다면, 당장 그만두고 원래 하던 번역식으로 돌아가 다시 갈증을 느끼고 오길 바란다.

영어를 읽으며 시험점수에 대한 욕심을 내려놓고, 영어 문장을 진심으로 느껴보는 경험을 한번이라도 해보았는가? 필자가 과연 어느 단어에 방점을 두고 이야기했는지 느끼는 치열한 눈치 게임을 해보았는가? 영혼독해를 하며 점점 영어를 읽는 '눈치'가 생기고, 문장 속에 살아있는 '뉘앙스'를 느끼기 시작하면 디테일한 근거를 요구하는 빈칸문제도, 함정이 있는 고난도 문장 삽입문제도 쉬워진다. 그 과정을 도와주는 것이 억양과 강세이다.

지금부터 딱 두 달만, 하루에 5지문씩 소리 내어 읽어보자. 소리와 함께 정신을 통일해서 의미를 느껴보자. 처음에는 어렵고 어색하지만 그럼에도 불구하고 밀고 나가야 한다. <u>독서실에서 공부해야 한다고 눈으로, 속으로만 읽지 않기를 바란다.</u>

어느 정도 수준에 도달하면 속으로 읽기가 가능해지지만 이 훈련을 처음에 할 때는 반드시 소리를 내서 읽어야 한다. 아침에 출발하기 전에 집에서 읽고 나가거나, 자기 전에 한 시간 읽는 시간을 마련하는 등 상황을 조절해서 반드시 입으로 읽을 수 있도록 하자. **장담하건대 오늘 하면 내일 달라진 것을 느낄 것이다. 하루하루가 달라진다. 두 달 후에는 다른 사람이 되어 있을 것이다.**

만약 아직 기본 어휘력이 부족하여 한 지문에 모르는 어휘가 너무 많을 수도 있다. 개의치 말고, 모르는 어휘를 미리 찾아놓고 독해를 시작하라. 독해할 때 어휘 걱정을 하지마라. 그저 하루 60개 외우기를 지켜라. 기본 어휘력은 시간이 지나면 해결 되게 되어 있다.

5. 긴 문장을 마음으로 받아들이는 법

지금까지는 짧은 문장의 예로, 간단히 '입과 머리가 일치해야 한다'는 핵심 법칙을 살펴보았다. 그렇다면 이렇게 긴 문장일 때는 어떨까? 이렇게 긴 문장을 읽는 동안에 다 사라져 버릴 것 같은데 어떻게 입과 머리를 일치시킬까?

🗨 '내가 받아들일 수 있을 만큼'의 끊어 읽기

여태까지 '끊어 읽기'를 여러 번 언급하였다. 어느 정도 문법을 아는 학생이라면 일반적인 수준의 끊어 읽기, 즉 주어를 찾고 /를 긋고 동사를 찾고 △를 표시하고 목적어를 찾고 수식어구를 묶어내는 것을 할 수 있을 것이다. 이렇게 문장 구조를 분석하는 훈련은 바로 구문독해의 기초이며, 반드시 일정 수준에 도달할 때까지 부단히 훈련해야 한다. 하지만 그것은 3등급까지 당신을 올려줄 뿐이다. 이제부터 말하는 1등급의 끊어 읽기, 영혼독해를 위한 끊어 읽기란 조금 개념이 다른 것이다.

> Globalization, accessibility to an overwhelming array of product and information, and technological array of products and information, and technological innovation are already rapidly changing the marketplace in significant ways.

제시한 문장은 수능 문제지에 나오면 4줄 반 정도를 차지하는 긴 문장이라고 할 수 있다. 보통 긴 문장이 나오면 많은 학생들이 겁부터 먹고 사고가 마비된다. 그런데 이렇게 긴 문장을 입으로 말하면서, 말하기와 동시에 의미를 상상하는 것은 더욱 버겁게 느껴질 것이다. 그렇기에 우리는 당연히 끊어서 읽어야 한다. 하지만 영혼독해를 위한 끊어 읽기는 주어를 찾아 /를 긋고 동사에 △를 치고 여러 수식어구에 괄호를 넣는 기계적인 구조 나누기가 아니다. 바로 내가 한 호흡에 소화할 수 있는, 즉 한 번에 의미를 받아들일 수 있는 만큼만 /를 긋고 읽고 상상하는 것이다. 긴 문장 속에서 일정부분이 내 속에서 의미가 처리되었으면 그 다음에 또 한 호흡을 읽고 상상하면 된다!

🗨 한 호흡 한 호흡의 그림을 합하면 한 문장의 의미가 완성된다.

　일반적인 끊어 읽기를 통한 긴 문장 읽기를 해본 학생들이라면 누구나 공감할 것이다. 너무 기니까 끊어서 읽는데, **문제는 방금 짧게 끊은 부분을 직독직해 했더라도 그 다음 부분을 읽으면 앞에 애써 해석해놓은 것을 잊어버린다는 것이다.** 겨우 한 문장일 뿐인데 의미가 산만해지고 우리말로 다시 매끄럽게 바꾸는데 시간이 너무나 많이 들며, 어색한 번역체의 말을 스스로도 알아듣기가 힘들다.

　언제까지 그 굴레에서 머물러 있을 것인가? 이제 그 틀을 깨야한다. 한 문장이 의미하는 바는 각각의 단어가 떠도는 엉터리 조합이 아니고 이미지, 그림 한 장이다. 그렇기에 내가 받아들일 수 있는 부분까지 끊어서 그림을 그리고, 다음 조각을 찾아서 그 그림에 연결해서 그림을 조금씩 크게 맞춰가는 작업이다. **영혼 없이 단어만 늘어놓았다면 다음을 읽으면 앞을 금방 잊어 먹게 되지만 한 호흡의 그림을 그려놓았다면**(의미를 내면으로 받아들였다면) 앞부분을 까먹어서 조합을 못 시키는 일은 일어나지 않는다.

　당연히 처음에는 한 호흡에 받아들이는 단어가 몇 개 되지 않는다. 그러나 중요한 것은 한 번에 얼마나 많이 받아들였는지가 아니라, 단 한 단어를 읽고 멈추더라도 확실히 의미를 내면화 하는 것이다. (내면화에 대한 자세한 과정은 뒤에서 안내한다. 지금은 영어 자체 의미를 상상해야한다는 것만 느낌적으로 알아두기 바란다.) 절대 내 마음에 들어오지도 않았는데 긴 문장에 겁을 먹고 넘어가서 '훑어' 읽지 말라는 것이다. 그리고 당연히 숙달이 되면 될수록 한 호흡에 많은 단어가 들어오게 된다. 장담하건데 3등급 기준 2달이면 경지에 오르기에 충분하다. 나는 무려 수능을 한 달 반도 채 못 남겨두고 훈련을 시작한 일이었다.

　이제 그 과정을 상세히 보여주겠다. 과외 수업을 받는다고 생각하고 상세히 몰입해보라.

Globalization, accessibility to an overwhelming array of product and information, and technological array of products and information, and technological innovation are already rapidly changing the marketplace in significant ways.

Globalization

벌써 기계적으로 단어를 번역할 뿐 마음에 의미를 그리는 것이 쉽지 않은 사람이 있을 것이다. 괜찮다. 한 단어라도 좋으니 의미를 상상하고 넘어가자.

➡ 글로벌화? 세계화에 대해 이야기하려나 보다.

　그렇다면 지구본이라도 생각하라!

accessibility to an overwhelming array
➡ 어떤 접근성, 압도하는 느낌

일부러 정확히 번역을 달지 않는 것이다. array, '배열?' 이런 쓸데없는 단어 번역이 들어가서 해석을 못하게 하는 것이다. 의미를 형성하는 데에 별로 쓸모가 없는 단어들을 배제하라. 이렇게 큰 그림, 느낌이면 된다!

주의!
다시 말하지만 입으로 읽어야 한다. 입으로 읽었는데 이미지가 아직 안 떠올랐으면 다시 소리 내서 읽자. 나도 의미를 받아들일 때까지 방금 소리내서 2번을 읽었다. 오직 발음으로, 영어로 처리한다는 것을 잊지 말자.

🗨 앞에서 상상한 내용과 통합!

Globalization, accessibility to an overwhelming array
➡ 아, 세계화가 어떤 압도적인 그런 흐름이라고,

of product and information,
➡ 아, 별 게 아니고 상품이나 정보들의~ 압도적인 흐름이었구나

and technological array of products and information
➡ 또 기술적인 것들~

이미 이미지가 잘 그려지고 있기에 뒤에 **array of products and information**는 반복되는 내용일 뿐 별로 필요가 없다는 느낌이 오는가?
그림이 그려지고 있다면 '흐름상 묻어가는' 설명들은 굳이 시간 들여 번역할 필요가 없다. 그렇기에 긴 문장도 사실 핵심만 놓고 보면 짧다.

technological innovation

➡ 기술적인 혁신. 똑같은 맥락이다.

🗨 앞에서 상상한 내용과 통합!

are already rapidly changing :

➡ 그런 엄~청난 세계화는 빠르게 바꾸는데

(또다시 말하지만 이런 한국말을 하지 말고 영어로, 그저 느낌으로 상상해야 한다)

the marketplace in significant ways.

➡ 시장을 여러 가지 방식으로!

🗨 전체 이미지를 통합!

영어로 읽으며 이미지, 느낌을 느껴보았다면 이제 한국말 한마디로 정리하라. 단, 번역체가 아닌 '나의 언어'로 정리하여 내면화를 완성한다.

Globalization, accessibility to an overwhelming array of product and information, and technological array of products and information, and technological innovation are already rapidly changing the marketplace in significant ways.

이 많은 말들을 언제 다 조합하고 있을텐가?

한 마디로 처리해버리자!

➡ "기술, 정보, 상품들의 엄청난 세계화가 시장을 마구 바꾸고 있다!"

1등급은 정말로 이렇게 읽고 있다.

우리의 최종목표는 ★"아아, 무슨 말인지는 알겠는데, 한국말로 모두 번역해서 말해주기가 너무 귀찮아!!" 하는 그 느낌이다. 영어와 우리말은 어순이 너무 반대라, 우리말로 바꾸는 것이 상당히 번거롭다. 마치, 외국에서 오래 살다온 사람이 말을 할 때 영어가 자꾸 튀어나오는 것처럼, '한국어로 표현하기가 귀찮다.' 이런 느낌이 올 때까지 하는 것이다. 한 번도 생각해본 적 없겠지만 1등급은 정말로 이렇게 영어를 읽고 있다.

처음에는 잘 안 된다. 나도 그랬다. 그러나 당신이 조금만 독하다면 하루만에도 가능한 일이다. 나는 영어 지문 읽기 연습을 하면서 한 문장이 완전히 가슴에 박힐 때까지 읽어져야 넘어갔다. 한 지문에 문장이 10개 있다고 하면 그 10번을 그렇게 했다. 한글로의 억지 번역이 아닌, 영어로서 발음과 동시에 느껴지도록 했고, 한 문장이 의미하는 '큰 뜻', '얘가 좋대, 나쁘대', '그러니까 A는 B가 아니고 C래.' 하는 정말 글쓴이가 전달하고자 하는 큰 의미만 남기고 별로 뜻도 없으면서 거슬리는 '자질구레'한 단어들은 그 의미 속에 그저 맥락적으로 통합시켰다. 이렇게 문장마다 가슴에 새기고(이미지를 그리고) 넘어갔기 때문에 다음 문장이 또 앞에 그림과 연결되어 뒤를 읽다 앞을 까먹는 그 골 때리는 사태를 방지할 수 있었던 것이다. 나는 이것을 의미가 내면화되는 것이라고 말한다. 그래서 사실 흔히 말하는 '이미지 독해'보다는 '내면화 독해', 혹은 '반응 독해', '영혼독해'라고 이름 붙이고 싶다.

★6. 맨손으로 읽어라.

그리고 아주 중요한 이야기를 해주려고 한다. 열이면 열, 백이면 백, 거의 모든 학생들이 영어를 읽는 습관 중 하나가 바로 펜으로 여러 가지 표시를 해대는 것이다. 영어 문제를 풀기 시작하면 보이는 문장마다 밑줄을 긋고, 막 단어마다 동그라미를 치고, /를 긋느라 연필이 바쁘다. 하지만 이 아무것도 아닌 것 같은 행동들이 영어 독해를 막고 있다는 사실을 알아야 한다. 한 번 생각해보라. 자신이 친 그 표시들이 과연 의미 있는 표시였는지 말이다. 그 표시들은 아무 의미도 도움도 되지 않는 불안감의 표시일 뿐이다. 그리고 정말로 위험하게도 문장에서 내면화해야할 중요한 포인트를, 그 표시들 때문에 오히려 놓치고 방향을 잘못 잡게 된다. 재미있는 책에 푹 빠져 읽을 때를 상상해보자. 나에게 영감을 주는 부분에 정성스럽게 형광펜을 칠지언정, 모든 문장에 의식도 없이 밑줄과 동그라미와 /를 남발하지는 않을 것이다. 그것은 불가능에 가깝지 않은가? 글을 읽어야할 뇌가 글 위에서 손을 움직이며 낭비되고 있는 것이다!

이제는 영어도 좋아하는 책을 읽듯 진심으로 푹 빠져 읽어야 한다. 나는 영어 지문에 밑줄이나 / 같은 표시들이 많으면 그것만 보아도 학생이 집중을 안 하고 풀었다는 것을 알 수 있다. 그런 표시들은 '무성의한 풀이'의 증거일 뿐이다. 그런데 아무리 이야기 해줘도 그런 쓸데없는 표시에 대한 습관과 집착은 정말로 버리기가 힘든 듯하다. 하지만 '맨손으로 읽기'를 실천한 학생들은 독해 향상이 정말로 빨랐다. 명심하자. **펜을 내려놓고 읽어야 영어를 정면으로 마주할 수 있다.** 처음에는 어렵고 불안하지만 반드시 지켜야한다. 정말 사소한 조언인 것 같지만 나는 이 이야기에 별표를 열 개쯤 치고 꼭 명심하라고 전해주고 싶다. 이제 영어를 읽을 때 손에서 연필을 내려놓아라. 앞으로 손은 <u>의도적으로만 써야 한다.</u> 무의식적으로 연필을 휘두르지 말고 어렵고 복잡한 문장을 만났을 때 간단히 구조 정리를 도와주는 도구로만 써야 하는 것이다. 사실 그것도 필요가 없다. 모든 것은 당신의 억양, 강세, 호흡, 속도의 조절이 해결해준다. 이것들로 끊어 읽으면 된다!

연필을 내려놓았는가? 이제 영어와 당신 둘 뿐이다. 이제 비로소 의미를 진짜로 받아들이지 않고는 넘어갈 수 없는, 진정한 일대일 대면이 시작될 것이다.

〈2024년 9월 모의평가〉

> Acknowledging the making of artworks does not require a detailed, technical knowledge of, say, how painters mix different kinds of paint, or how an image editing tool works.

※ 빨강색으로 표시한 부분 마음에 심으면서 읽기〉

Acknowledging the making of artworks /

예술작품 제작을 인정하는 것은

does not require /

요구하지 않는다!

a detailed, technical knowledge of

디테일한 기술적인 지식을.

, say, how painters mix different kinds of paint,

말하자면 어떻게 화가가 물감을 섞는지,

or how an image editing tool works.

또는 어떻게 이미지 편집도구가 작동하는지

➡ 예술작품을 인정할 때,
기술, 도구같은 디테일한 것들을 아는 건 중요하지 않다!

맨손으로, 억양과 강세를 이용하여 끊어 읽었는가? 영혼을 실어 연기하듯 입으로 읽어보았는가? 그 의미를 가슴에 새기고 다음 부분으로 넘어갔는가? 통합된 그림이 한 마디로 압축되었는가? 아직 잘 못해도 좋으니 이 한 문장으로 맨손으로, 입으로 반복해서 읽으며 될 때까지 반복해보길 바란다. 아직 모든 영혼독해 방법을 통합하지 않았으니 지금은 일단 이것이 무엇인지 감만 잡아두자!

💬 영혼독해는 '리스닝'과 메커니즘이 같다.

우리가 영어듣기 시간에 영어를 귀로 집중해서 들을 때를 생각해보자. 방송을 잘 듣고 문제를 잘 풀었다. 이때 일일이 한국어 어순을 맞추며 번역했는가? 그렇지 않다. 일일이 방송을 멈추고 문장구조를 끊어 가면서 해석을 반복했는가? 그렇지 않다. 만약 그렇게 한다면, 방금 들은 이야기를 생각하는 순간 다음 이야기가 날아가 버려서 문제를 풀 수가 없을 것이다. 영어듣기 문제를 풀었다면 우리는 영어방송을 '귀'로 들으면서 '원큐'에 무슨 말인지 이해하고, 문제를 푼 것이다.

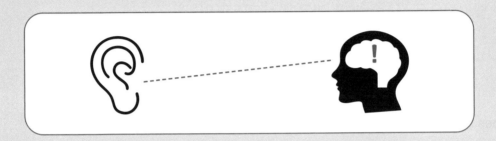

우리가 영어듣기 만점을 받기 위해 평소에 어떻게 노력하는가? 계속해서 영어듣기 녹음파일을 가지고 '원큐에 알아 듣는' 연습을 한다.

영혼독해도 이와 같다. 차이가 있다면 '귀'가 아니라 '눈'으로 하는 것일 뿐이다. 우리가 시간 안에 영어독해 문제를 풀려면 영어문장을 눈으로 읽고, 무슨 말인지 그 의미가 한번에 뇌에 도달해야 하는 것이다.

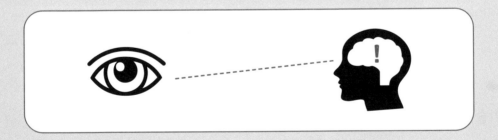

똑같은 문법과 독해 수업을 들었더라도, 누군가는 자신도 모르게 이렇게 읽는 연습을 어렸을 때부터 해온다. 그들은 어려운 문장도 자연스럽게 눈에서 읽고, 의미가 머릿속으로 바로 이어지게 된다. 그들은 조금만 문제풀이 연습을 하면, 시간 안에 읽고 푸는 것이 '그냥' 된다.

하지만 나와 같은 사람들이 있다. 어려서부터 영어읽기에 그닥 큰 흥미를 느끼지 못하고, 단지 내신시험을 위해 주구장창 문법공부만 하면서 스무 살까지 커버린 사람들 말이다. 이런 사람들에게는 눈과 '뇌 사이에 큰 '벽'이 세워지고 만다. 아무리 공부해도 도무지 쉽게 넘어지지 않는 높은 벽 말이다.

그 벽을 넘을 수 있게 도와주는 도구가 바로 '소리'다. 소리를 통해 눈에서 출발한 영어가, '의미덩어리'가 되어 곧장 머릿속으로 도달하도록 도와주어야 하는 것이다. 소리를 통한 인위적인 연습만이 그 벽을 넘을 수 있게 해준다. 이것이 정말 굳이 번거롭더라도 소리를 내서 연습하라고 하는 이유다.

❗ 우리의 최종목표는 '묵음'으로 하는 영혼독해다

> "시험장에서는 소리를 낼 수 없는데 어떻게 하나요?"

내게 이렇게 많이 묻는다. 그렇다. 우리는 시험장에서 소리를 낼 수 없다. 우리의 최종목표는 당연히 소리없이 눈으로만 읽을 수 있는 '묵음 독해'의 경지에 오르는 것이다. 그러나 그것이 되려면 처음에는 반드시 소리로 연습해야 한다.

소리를 통해서 의미가 마음속에 훅 들어오는 경험을 하는 것이 먼저다. 그것이 되고 나면, 묵음으로 '그 감'을 옮기는 것은 어렵지 않다. 뒤쪽의 유형편으로 넘어가서 문제풀이를 할 때는 소리내지 않고 시간 안에 푸는 연습을 시킬 것이다. 이때 영혼독해 감이 묵음으로 자연스럽게 옮겨가게 된다.

당장 오늘부터, 소리를 내는 동시에 의미를 알아듣는 연습을 시작하라.
일단 그 큰 벽을 한 번 넘어보길 바란다.

연습문제

느려도 좋다. 이제 당신이 지금까지 해온 것과는 완전히 다른 방식으로 다음 다섯 문장을 영어의 큰 뜻을 받아들여 '한 마디로 처리'해보자. 읽기 예시는 한 호흡에 받아들일 수 있을 만큼 끊어서 내 맘대로 강세를 두어 읽은 것이다. 나도 나의 언어로 한 마디로 이해가 될 때까지 반복하곤 한다. 영어를 영어로 마음에 받아들이면서 반복한다! 나보다 더 짧게 혹은 더 길게 편할 대로 끊어서 읽으면 된다.

<혼자서 해보기 1>

So, when someone is threatening to go to war, or trying to convince us and mounting a huge public relation campaign to justify it, the news media have a responsibility to question everything.

〈수능〉

[읽기 예시 ; 소리에 영혼을 실어서 읽자]

So, when someone is threatening! to go to war,/ or trying to convince us/ and mounting a huge public relation campaign to justify it,/ the news media have a responsibility!/ to question everything.

단 한마디로 처리

무언가 강요 당하는 상황에서, (그것이 그냥 받아들여지지 않도록) 미디어는 의문을 제기해야 한다.

Some consumers still remain loyal to brand-name drug, perhaps out of fear that the new generic drugs are not actually the same as the drug they have been using for years.

〈교육청〉

[읽기 예시 ; 소리에 영혼을 실어서 읽자]

Some consumers still remain~! / loyal to brand-name drug,/ perhaps out of fear / that the new generic drugs are not actually the same as the drug they have been using for years.

단 한마디로 처리

몇몇 사람들은 새로운 약이 기존 약과 다를까봐 기존 약을 선호한다.

In business organizations, compared with the functional managers who generally analyze what forms a system, project managers focus on combining all of its elements.

〈평가원〉

[읽기 예시 ; 소리에 영혼을 실어서 읽자]

In business organizations,/ compared with 〈the functional managers〉 /who generally analyze what forms a system,/ 〈project managers〉 focus on / combining all of its elements.

단 한마디로 처리

기능 관리자는 구성을 (낱낱이) 분석하고, 프로젝트 관리자는 모두 통합한다.
(둘을 비교하고 있다!)

After making a choice, the decision ultimately changes our estimated plea-
sure, enhancing the expected pleasure from the selected option and de-
creasing the expected pleasure from the rejected option.

<평가원>

[읽기 예시 ; 소리에 영혼을 실어서 읽자]

After making a choice,/ the decision / ultimately~ changes /our estimated
pleasure, / enhancing the expected pleasure / from the selected option! /
〈and〉 decreasing the expected pleasure / from the rejected option.

단 한마디로 처리

선택을 하고 나면, (이미 선택해버렸으니) 선택된 것에 대해 만족하려고 한다.

School physical education programs should offer a balanced variety of activ-
ities that allow young people to develop ability in lifetime activities that are
personally meaningful and enjoyable.

<평가원>

[읽기 예시 ; 소리에 영혼을 실어서 읽자]

School physical education programs should offer/ a balanced variety of activ-
ities/ that allow young people/ to develop ability/ in lifetime activities that are
personally meaningful! and enjoyable!

단 한마디로 처리

학교 체육 교육은 학생에게 개인적으로 평생 의미 있고 즐거울 만한 다양한 활동을 제공
해야 한다!

나도 의미 파악을 위해 천천히 짧게 끊어 읽으며 비교되는 두 가지 상황을 탐색했다.
우리말로 번역하지 않고, 그냥 강세를 주어가며 영어로 몇 번을 반복해서 읽었다! 이
렇게 and로 병렬되어 두 가지 상황을 비교할 때 그 구조를 좀 더 천천히 전체적으로
살펴야 한다. 펜을 내려놓고 억양과 강세로만, 반복해서 끊어 읽어 볼 것!

School physical education ...

Q. 저는 발음기호도 모르고 어떻게 읽는지 모르겠어요. 또 억양 강세로 읽는 것이
   너무 어려운데 어떻게 하나요? ㅠㅠ

분명 당신도 처음엔 이런 생각이 들 것이다. 그러나 나에게 이런 말을 하면 안 된다!
나도 발음기호를 잘 모른다. 모르는 단어가 나올 땐 핸드폰으로 네이버에 검색해서
발음을 들었다. 설마 그게 귀찮고 어렵다고 말할 생각인가?

단어를 외우면서 그때 그때 발음을 익혀야 한다. 그래야 듣기평가도 할 수 있다. 그
리고 더 중요한 건 문장을 읽을 때 아직 정확하게 발음할 수는 없어도, 정말 남이 들
어주기엔 괴로운 발음이라도 용기를 내서 읽어야 한다는 것이다. 내 제자들도 처음
에는 그런 질문을 했다. 읽는 것이 쑥스럽고 어렵다고, 못하겠다고 말이다. 그런데도
막상 첫 발을 떼고 그 시기를 넘고 나면 달라졌다. 하고 나면 하루만에도 달라지는
일이다. 억양과 강세를 외국인처럼 못해도, 틀려도 좋다. 우리는 웅변대회를 준비하
는 것이 아니다. 다만 어휘의 뜻을 느끼고, 내가 필자가 되어 설득하는 마음으로 영
어에 마음을 통일해서 글을 읽는 것과, 여태 해온 것처럼 문법 분석하듯이 읽는 것은
그 흡수력이 완전히 다르다는 것을 깨달았으면 좋겠다.

계속 발음을 못하겠다고 우긴다면 당신은 거기서 끝이다. 미안하지만 나와의 인연도
여기서 끝이 될 것이다. 날 믿고 따라오기로 했다면, 혼자 있는 곳에 가서 첫 발을 떼
라. 어떤 엉터리 발음이어도 좋다. 발음을 모른다고 포기할 일이 아니다!

★
유튜브에서 나승연님의 평창 프레젠테이션을 찾아서 보는 것을 적극적극 추천한
다. 우리가 그렇게 잘 하진 못해도 그런 느낌으로, 그렇게 설득하듯이 읽는 것이
다. 분명 당신도 내가 말하고자 하는 것이 어떤 느낌인지 알 수 있을 것이다.

혹시 당신도

해석을 하고도 무슨 말인지 모르겠는가?

우리말 해석을 보아도 이해할 수 없는가?

이제 우리에게는 아무 문제가 되지 않을 것이다.

독해편

제3장
추상적 지문 독해의 비밀

"선생님, 사과 하나는 쉽잖아요."

학생들은 종종 이렇게 이야기한다. 나는 지금까지 영어를 읽고 영어 자체로, 그 의미의 이미지를 떠올리라고 이야기했다. 'an apple'를 보고 '사과 한 개'라고 번역하지 말고 사과 한 개를 떠올리라고 말이다. 하지만 그렇다. 사과 하나는 쉽다. 그런데 우리가 만나는 추상적인 지문들은 어떻게 하라는 말인가? 그림 자체가 그려질 게 없는 것 같은 말들은 어떻게 하는가?

우리가 사실 최종적으로 추구해야 하는 독해는 '그림 그리기' 이상의 것이라는 것을 깨달아야 한다. 비유하자면 사과 그림 뿐만 아니라 글쓴이가 빨간 사과에 대해 뭘 말하고 싶은지, 그 사과가 맛있다는 건지, 독이 든 사과라는 건지, 그러니까 아침에만 먹으라는 건지, 좀 더 적극적으로 의미를 구성하는 과정이라고 하겠다. 당신이 답답해하는 추상적인 지문? 결론부터 말하면 글을 읽으면서 내 속에 추상적인 것은 없다! 미술의 추상화조차 주제가 있다는 것을 생각해보라. 글은 추상적인 것으로 시작하지만 **당신이 직접, 본인이 알고 있는 구체적인 한마디로 처리하면 그 글은 더 이상 추상적이지 않게 된다.**

앞에서 입으로 읽으면서 여러분은 '뭔가 알 듯 말 듯 하는 느낌'을 받았을 것이다. 이제 그림만 그리는 이미지독해를 넘어서야 한다. 대학 시절 나는 이것이 어떤 과정이었는지에 대해 좀 더 적합한 설명 방법이 없을까, 갈증을 가지고 있었다. 그래서 교육대에서 영어과교육을 배울 때 더욱 관심을 가지고 수업을 들었다. 그러나 해답은 영어과교육이 아닌 국어과교육에 있었다! 나는 국어과교육 수업을 통해서 정말 내 속에서 일어났던 독해 과정에 대해 다시 근본적으로 깨달을 수 있었다. 이제부터 그림그리기 이상의 '영혼독해'에 대해서 더 체계적으로 알려주고자 한다.

1. 글을 대하는 우리의 태도

🫐 우리는 지금까지 글이 아닌 문자로만 대했다!

사실 수능 지문과 여러 문제집에 있는 지문들은 대부분 문제를 만들기 위해 출제자가 자체적으로 쓴 글이 아니고 어딘가 원문의 출처가 있는 글들이다. 다 세상 어딘가에서는 진짜로 정보를 전하기 위해 존재하는 글들인 것이다. 누군가 나에게 무언가에 대해서 질문도 하고, 예도 들고, 다른 말로 몇 번씩 바꿔가며 성심성의껏 설명하고 있는 것이다. 그는 나에게 진심으로 어떤 정보를 전하고 싶고, 또 설득하고 싶어 한다. 그런데 그런 그를 두고 우리는 그가 하는 말의 주어와, 목적어와, 동사를 찾아서 꾸역꾸역 결합시키고 있으니, 애초에 의미 전달이 되겠는가? 심지어 우리는 각종 수식어구와 주어와 목적어와 동사까지 다 찾아 놓고도 본인이 진짜로 읽은 건지, 소설을 쓴 건지도 구분을 못하고 있다. 그러고서 갸우뚱, 느낌이 가는 대로 5개 중에 답을 고른다. 그러고서 말한다.

"둘 중 헷갈렸는데 아깝게 틀렸다!"

🫐 친구가 보낸 편지를 읽듯 읽자

나는 종종 어떤 문제를 틀리고서 다시 풀었는데 알고 보니 처음 풀었을 때 아예 알아듣지 못하고 있었구나, 했던 문제가 아주 많았다. "유형 훈련을 그렇게 열심히 했는데 아직도 문장 넣기를 틀리네?" 하고 틀린 문제를 다시 보면, 거의 대부분의 문제는 '안 읽어서'였다. 수능이 두 달 앞으로 다가왔을 때가 되고서야 내가 습관적으로 글을 그냥 안 읽어서 틀리고 있었다는 것을 깨닫고 나는 충격을 먹었다. 분명 내 손으로 답을 골랐는데 다시 보니 처음 보는 내용이라니! 그 때 나는 오답노트에 이런 말을 참 많이 적었다.

"친구가 나에게 하는 말을 찬찬히 들어주듯이 읽자!"

그렇다. 친구의 재미있는 이야기를 들어주는 태도로 우리는 '글'을 읽어야 한다. 하지만 당연히 우리는 아직 영어로 된 글이 잘 안 읽힌다. 우리는 마음의 준비가 많이 필요하다는 것을 알기 바란다. 당신이 여태까지 얼마만큼 영어를 공부했든, 단어를 얼마나 많이 알든, 우리는 마음의 두려움의 응어리를 풀고 영어를 대해야 한다.

영어는 수학이나 탐구 과목과는 다르게 상당히 심리적인 요인이 많이 작용한다는 것을 아마 당신도 알고 있을 것이다. 내가 마음을 닫으면 순식간에 흰 것은 종이, 검은 것은 글자로 다가오기 십상이다. 하지만 이제 우리는 영어 따위에는 관심 없지만 대학을 가기 위해 답을 맞히려고만 하는 '문제풀이 기계'가 아니라, 궁금하고 설레는 마음으로 글을 읽어야 한다! 답이 2번인지 5번인지 빨리 빨리 풀려고 지문에게 닦달하지만 말고, 마음을 열고 글 자체를 대하면 분명 이전과는 느낌이 다를 것이다. 한 영어 지문은 누군가 나에게 어떤 것을 간절하게 설명하고 있는 편지이다. 친구가 나에게 간절한 편지를 써서 보낸 것이라 생각해보아라. 이제 편지를 받았다. 나에게 도대체 무슨 말을 전하려고 힘들게 편지까지 썼을까? 이제 드디어 우리도 마음을 열고 그의 말을 이해해보려고 한다.

2. 당신에겐 이미 추상적인 말을 이해할 수 있는 능력이 있다.

일단 내가 영어를 가르치면서 더욱 깨달은 것은, '추상적이라서 읽어도 모르겠어요'는 애초에 거짓말이라는 것이다. 한번 확인해보자.

- 거주이전의 자유는 경제 사정에 의해 제한을 받는다.
- 문화 규범은 사람들의 행동방식을 세세하게 규정해 줄 수 있다.
- 심리적인 압박으로 인해서 섭취량이 증가하는 경우가 영양부족으로 인한 과식보다 많다.

위 문장들은 '사과 하나가 있다'처럼 단순히 그림이 그려지는 말이 아니다. 처음부터 끝까지 모든 어휘가 추상적인 단어로 이루어져 있다. 그리고 이 책을 읽는 당신은 적어도 10대 후반 이상일 것이다. 10대 후반 이상인 우리는 아마 저 문장의 의미를 금방 이해했을 것이다.

(저 말이 무슨 말인지 모르겠다면 당신은 이 책을 여기까지 읽지도 못했을 테니) 그렇다면 내가 다시 묻겠다. 첫 번째 문장이 무슨 소리인가요? 당신은 아마 이렇게 답할 것이다.

"돈 때문에 이사를 가고 싶은 곳으로 못 가는 거요"
"제가 서울에 살고 싶은데 지금 돈이 없어서 못 가는 거요"

완벽한 해설이다. 당신이 방금 저 문장을 어떻게 이해했는지 잘 생각해보라. 당신은 이미 추상적인 것을 이해하는 방법을 알고 있다. 영어로 되어 있어 거부했을 뿐.

★★2. 영어 독해는 '소통'으로 완성된다.

국어과교육에서는 이렇게 이야기한다. **'독해는 글과 읽는 이의 배경지식과의 결합이다.'** 지루한 표정으로 국어과 수업을 듣던 나는 이 문장을 보고 정말 모든 갈증이 해소되는 느낌을 받았다. 그렇다. '글'과 읽는 이의 '배경지식'과의 결합! 이것이 재수시절 나에게 일어난 독해의 과정이었다.

이를 설명하기 위해 나는 이런 예시를 자주 든다. 야심한 밤, 한 이성이 당신에게 다른 말도 없이 '자니'라고만 카톡을 보냈다고 생각해보라고 말이다. 당신은 이 경우에 무슨 생각이 드는가?

1. 날 좋아하나? 두근두근
2. 내가 뭐 잘못했나; 아까 처리 할 일이 더 남았나;
3. 어디서 수작이야 xxX!
4. 무슨 심각한 고민이 있나?

위의 반응 중 어떤 반응이든, 확실한 건 당신은 '자니?'의 문자 그대로를 해석하는 반응은 하지 않을 것이라는 거다. 당신은 분명 카톡을 보내온 사람에 따라, 당신의 환경, 사고방식에 따라 무언가를 문자 너머의 뜻을 생각하며 반응하고 소통하고 있다. **이제 이렇게 영어도 똑같이 대해야 한다!**

글의 내용을 이해하는 것은 상대가 하는 말을 나만의 방식으로 정리하는 적극적인 과정, 바로 소통이다! 우리는 글을 이해하는 것이 결코 '문자 필사하기'가 아니라는 것을 알아야한다. 영어를 떠나서 우리는 글을 읽을 때 (눈을 뜨고 글자를 구경한 것이 아니라 정말로 글을 읽었다면), 그가 하는 말을 우리는 머릿속에 똑같이 '베껴 쓰는' 것이 아니라 각자 나름대로의 방식으로 무언가를 알아듣는다. 애초에 어떤 말을 '날 것 그대로' 입력하는 것은 불가능하다. **굳이 비유하자면 머릿속에 존재하는 여러 가지 도구들을 이용해서, 그가 하는 말을 빗질하고, 쓸모없는 부분은 오려내고, 리본으로 묶고, 서랍 어느 칸에 가지런히 정리해놓는 과정이라고 할 수 있다.** 그리고 그렇게 정리하는 방식은 읽는 사람이 어떤 성향의 사람이고, 어떤 경험이 있는지, 어떤 삶을 살았는지에 따라 다르다. 아직은 너무 추상적으로 느껴지겠지만 이 과정이 얼마나 본능적으로 당연하게 일어나는 것인지 살펴보자.

아프리카의 코끼리들은 그들의 눈을 공격하는 벌들 때문에 고통 받는다.

방금 이 문장을 읽어보았는가? 우리가 인식해야 하는 것은 당신이 이것을 우리말로 이렇게 자연스럽게 읽었을 때 분명히 순간적으로 어떤 반응을 했다는 것이다. 나는 순간적으로 광활한 초원에 사는 야생 코끼리들이 벌떼들 때문에 코를 흔들고 큰 귀를 펄럭이는 장면을 상상했다. 누군가는 '코끼리 가죽이 두꺼운데 벌들이 공격할 수가 있나?'하는 생각할 수 있다. 그리고 누군가는 그 코끼리들에게 감정이입을 해서 '윽, 벌에게 눈을 공격받다니, 아프겠다.'하고 반응할 것이다. 또한 누군가는 '아 그 장면, 나도 내셔널 지오그래픽에서 봤지'하고 자신이 아는 것을 결합해서 이해할 수도 있다.

그렇다. 반응하기. 글을 읽고 무언가 반응이 일어났다면 우리에게는 소통이 일어난 것이다. 우리가 글을 읽는 척만 하지 않고 정말로 글을 읽는다면, 글을 읽으면서 우리는 자신도 모르게, 다음과 같은 반응을 하게 된다. (중요하다. 무엇이 있는지 알아두길 바란다!)

1. 글의 내용이나 주장에 공감하기
2. 글의 내용이나 주장에 거부, 반박하기
3. 왜 그럴까? 궁금증 가지기
4. 장면을 머릿속에 그리기
5. 스스로 예시들기
6. 숨겨진 내용 추론하기
7. 사실성, 논리성, 실현 가능성 등을 판단하기
8. 다음 내용을 예상하기 등

정말 그렇다. 당신이 정말로 글을 읽었다면, 아프리카의 코끼리에 대한 한 문장을 읽고도 어떤 사람은 공감을, 어떤 사람은 진짜 가능한지 판단을 하고, 어떤 사람은 다음 내용을 예상하며 읽는다. 인터넷 뉴스기사 하나에도 댓글로 제각각 다른 반응들을 보이는 것을 생각해보라. 언어적 자극은 곧 정보가 뇌에 들어온다는 것이고, 여기에 어떤 식으로든 반응하는 것은 본능에 가깝다. 그러나 당신은 영어로 된 문장에 이렇게 반응한 적이 있는가?

저 8가지 중에서 무엇이든 좋다. 어떤 반응을 보여도 좋으니, 이제는 영어 지문을 읽고 무언가 반응을 해보자. 의도적으로 말이다. 우리말에서는 본능적으로 일어나는 이것이, 영어에는 일어나지 않고 문자에만 머물러 있었다. 그래서 우리는 인위적인 소통 훈련이 필요하다.

"영어 독해는 소통으로 완성된다!"

저 8가지에 추가되는 아주 중요한 소통

★난해한 문장을 보고 자신 있게 '뭔 소리야?!'를 외치는 것!★

마지막으로 우리를 진정으로 해방시켜줄 한 가지 사실을 알려주겠다. 그건 바로 '읽긴 읽었는데 무슨 말이지?' 하는 경우는 항상 생긴다는 것이다. 나 역시도 말이다. 이건 글을 읽으면서 생기는 아주 자연스러운 현상인데, 학생들은 이럴 때 '당황하고 무서워서' 여태까지 공들여 해석해온 것을 다 꼬아버린다. 이제 생각을 바꾸어야 한다. 한 번만 생각을 바꾸어도 지금당장 독해 실력이 크게 바뀐다. 100%!

사실 지문을 쓴 글쓴이도, 무언가 난해한 이야기를 할 때면 그 이야기를 독자가 무슨 말인지 한 문장으로 한 번에 알아듣지 못할 것이라는 것을 스스로 알고 글을 쓴다. 그렇기에 한 문단에 한 문장만 있는 것이 아니라, 그렇게 여러 번 다른 말로 바꾸어서 요지를 설명하는 것이다. 지문의 각 문장들 속엔 말하고자 하는 그 한 가지가 녹아있다! 그렇기에 우리는 이제 문장(구문) 독해가 아니라, '지문 독해'를 해야 하는 것이다. '지문'은 오직 주제 한 가지를 향해가는 문장의 집합이다. 그래서 당장 이 문장이 해결이 안 되었다고 해서 당황할 필요가 전혀 없다. 다른 문장이 도와줄 것이기에!

정확히 알아들을 수 없는 문장은 당연히 있다. 하지만 그 궁금증은 뒤에서 풀어나갈 수 있다. 그렇지 않으면 그 한 문장쯤은 대충의 느낌만 알고 넘어가도 된다. 아예 모르겠으면 그냥 넘어가도 된다. 분명 다른 문장은 똑같은 이야기를 더 쉽게 하고 있을 것이다. 그것을 읽으면 된다.

그런데 일단 잘 모르겠는 말을 하는 문장을 보면 학생들은 기분이 상한다. 내가 뭔가 잘못한 것 같은 기분이 들고, 기분이 상해서 집중을 못하고, 여태까지 읽어온 머릿속 이미지도 날아가 버리며 당연히 시간은 초과된다. 한 문장에서 기분이 상해서 '망한 독해'가 되어버리는 것이다. 그래서 모를 때는 스스로 이런 말을 하는 것이 중요하다.

"뭐라는 겨?"

그렇다. 모를 땐 당당하게 모른다고 하면 된다. 한번 EBS 수능특강의 한 지문의 일부를 살펴보자.

Those who take pride in having made few mistakes usually work for someone who has made many and expects to make more. The skier who never falls down has not challenged himself or herself enough to master the techniques of navigating double black-diamond runs.

Those who take pride in having made few mistakes usually work for someone who has made many and expects to make more.

실수를 거의 하지 않는다는 것에 대해 자랑하는 사람들은 주로 많이 (실수)를 갖고 있는 사람들을 위해 일한다.

이 말을 알아듣겠는가? 그렇지 않다면 아무렇지 않게 이렇게 말하라

"뭐라는 겨?!"

하고 무시하거나, 궁금증을 가지고 다음 문장을 읽으면 된다.
지금 못 알아들은 그 문장, 다음 문장이 도와줄 것이다.

The skier who never falls down has not challenged himself or herself enough to master the techniques of navigating double black-diamond runs.

넘어지지 않는 스키선수는 뭔가 어려운 기술을 마스터할 수 없다~ 이렇게 글쓴이는 구체적으로 친절하게 설명해주고 있다.

'아 그러니까, 실수가 좋은 거라는 거구나. 그래서 아까, 실수 안하는 걸 자랑하는 사람들은 실수 하는 사람들을 위해 일하게 된다는 뜻이, 어쨌든 실수하는 사람들이 더 우위에 있다는 말이었구나!'

이렇게 앞뒤가 결합해서 이해되거나, 귀찮으면 몰랐던 그 문장, 그냥 무시해도 좋다. 여기서 중요한 건 '실수는 좋다는 것'이니까!

읽긴 읽었는데 무슨 소린지 모르겠는가? 더 이상 시간을 지체하지 말고, 혼자서 소설 쓰지 말고 당당하게 모른다고 스스로 인정하라. 그게 제대로 읽은 것이다. 그리고 편안한 마음으로 다음으로 넘어가라. 그 추상적인 문장은 당장 못 알아들었어도, 분명 더 착한 문장이 뒤에서 기다리고 있다!

💬 추상적인 지문, 소통하라!

이제부터 우리는 구문이 아닌 지문으로만 독해할 것이다. 즉, 천일문 같은 구문독해 책으로 한 문장씩 독립적으로 훈련하지 않을 것이라는 이야기다. 그것은 문법과 문장 구조를 익히는 연습을 할 때에나 적합하다. **단언컨대, 3등급 이상의 학생은 구문독해 문제집을 풀며 따로따로 구문을 분석하는 것은 별 도움이 안 된다. 달랑 한 문장가지고는 소통이 어렵기 때문이다.** 이제 우리는 수능문제를 풀기 위한 소통하는 독해 트레이닝을 해야 한다. 하나의 주제를 위해 문장끼리 유기적으로 연결된 지문으로 말이다. 이제 지금까지 배운 모든 것을 통합하여 추상적인 지문을 정면으로 상대해보자.

1. 입으로 읽는다. 입으로 읽음과 동시에 영어로 의미를 받아들이며, 의미가 느껴지지 않으면 다시 입으로 읽으며 시도한다.

2. 긴 문장은 한 호흡으로 받아들일 수 있을 만큼만 끊어서 의미를 그린 후 다음으로 넘어가서 그림 조각을 맞춰간다.

3. 맨 손으로 읽는다. 필요한 부분만 의도적으로 표시를 할 뿐, 아무 의미 없는 밑줄이나 동그라미, / 등을 치지 않도록 한다.

4. 한 문장의 의미를 받아들일 때마다 무언가 반응을 한다. 추론, 상상, 궁금증, 예상, 동조, 반박, 예시 들기 등 어떤 것이든 좋다.

5. 읽어도 이해가 안 될 땐 당당하게 모른다고 인정하라.

자 다음은 수능특강 지문이다. 나와 함께 해보기 전에 다음 지문을 스스로 처음부터 끝까지 한 번 해석해보길 바란다.

지문 살펴보기

Your body is not a vehicle you inhabit; it is a creation of your nonphysical being and therefore reflects your personality characteristics. Facial wrinkles (expression lines) may be an external manifestation of people's automatic reactions—habitually doing the same things and repeatedly making the same choices. An inflexible body can be a physical representation of becoming set in one's ways. Many people become less mentally flexible as they get older, hence the stiffness and loss of physical flexibility experienced by so many older adults. It can happen the other way around as well: if we become more mentally flexible, our physical flexibility can increase. I'm living proof that this is possible. When I was younger, I was quite rigid in my attitudes and physically inflexible as well. Not surprisingly, I disliked stretching exercises. Contrary to what is expected to occur as we age, my physical flexibility has increased considerably, and I now enjoy stretching exercises.

(단, 어휘가 부족한 사람은 모르는 어휘 뜻을 찾은 후 볼 것)

🫐 소통하는 영혼독해의 예시

Your body is not a vehicle you inhabit;

: 당신의 몸은 당신이 사는 vehicle(이동 수단)이 아니다.

➡ **나의 반응) 내가 내 몸에 살지 않는다고? 무슨 말일까? 궁금증↑**

it is a creation of your nonphysical being and therefore reflects your personality characteristics.

: 그것은 당신의 영혼(nonphysical being이니까 아마도 영혼일 듯)의 창조물이며, 따라서 당신의 성품을 반영한다.

➡ **나의 반응) 육체가 나의 영혼, 성품을 반영한다는 말이구나. 맞아.**
(+이것으로 이미 주제는 잡혔다는 느낌이 든다.)
개인적으로 나도 그렇게 생각한 적이 있기에 동조

Facial wrinkles (expression lines) may be an external manifestation of people's automatic reactions—habitually doing the same things and repeatedly making the same choices.

: 얼굴의 주름(표현의 상징)은 자동적인 리액션의 외부적인 표현일 것이다 – 습관적으로 같은 것을 하거나 반복적으로 같은 선택을 하는!

➡ **나의 반응)** 매일 웃어서 또는 습관적으로 같은 표정을 지어서 주름이 생겼다는 것인가?
→ 나의 배경지식과 결합해서 이해!

　　말 자체가 추상적이라 나도 정확한 이해를 보류하고 있다! 괜찮다. 그냥 글의 내용상 내가 알아들을 수 있을 만큼, 관련된 나의 배경지식과 결합하여 '이런 것을 말하는 것인가?' 하고 나대로 이해하면 된다. 뒤에 나오는 문장들이 더 분명한 이해를 도와줄 것이다.

An inflexible body can be a physical representation of becoming set in one's ways.

: 유연하지 못한 몸은 누군가의 방식에 대한 물리적인 표현이다.

➡ **나의 반응)** 응~ 앞에서 몸이 영혼을 반영한다는 것이랑 똑같은 말이네~ 끄덕끄덕

---

becoming set in one's ways, 당신은 아마 이런 것을 참 싫어할 것이다.

나도 그랬다. 참 싫어했다. 저런 말들만 만나면 당황하고 문제를 풀다가도 사고가 멈추곤 했다. 무슨 말을 하는 것도 아니고 안하는 것도 아닌 것 같은 이런 단어의 덩어리들. 쉬운 단어들이 자잘하게 조합된 저런 말들. 나도 여전히 그닥 반갑지는 않다. 하지만 개의치 않는다. 전혀 개의치 않는다. 소리에 진심을 담아 읽는 연습을 하면서 이런 것들이 정말 아무것도 아니라는 것을 깨달았기 때문이다. **become, set, in, one's, way**를 알고 있는가? 그런데 왜 **becoming set in one's ways**를 해석하기를 주저하는가. '그냥 누군가의 방식이 된다', 직역하면 이런 말이 아닌가. 저런 것들은 아무 힘도 없다. 문맥적으로 하고자 하는 큰 의미를 잡았다면 그것에 적당히 끼우면 된다. 앞에서 몸이 영혼을 반영하고, 주름살도 무언가를 반영한다고 했으니 뻣뻣한 몸도 무언가 반영한다는 말이겠거니, 누군가의 어떤 방식을 반영한다는 말이겠거니~ 하면 끝이다!

Many people become less mentally flexible as they get older, hence the stiffness and loss of physical flexibility experienced by so many older adults.

: 많은 사람들은 나이가 들면서 정신적으로 덜 유연해지고, 그러한 stiffness, 육체적인 뻣뻣함이 많은 어른들에게서 보인다.

➡ 나의 반응) 역시 똑같은 내용. 정신이 뻣뻣하니 몸이 뻣뻣한 것~ 끄덕끄덕

It can happen the other way around as well: if we become more mentally flexible, our physical flexibility can increase.

: 이것은 다른 방식으로도 보인다. 만약 정신이 유연하면 몸도 유연해진다. ㅇㅋ!!

 한 단락 당 주제는 하나. 이미 무슨 말인지 잡혔으므로 그 다음부터는 같은 맥락으로 빠르게 쭉쭉 독해가 가능해진다! 지문은 상당히 길었지만 결국 다 똑같은 말의 반복이었다!

I'm living proof that this is possible. When I was younger, I was quite rigid in my attitudes and physically inflexible as well.

: 내가 살아있는 증거이다. 내가 어렸을 때 나는 꽤 엄격(rigid)했고 내 몸도 뻣뻣했다.

Not surprisingly, I disliked stretching exercises.

: 당연히 나는 스트레칭 운동을 싫어했다.

Contrary to what is expected to occur as we age, my physical flexibility has increased considerably, and I now enjoy stretching exercises.

: 반면 나이 들어감에 따라 상당히 유연해졌다.

💬 독해는 이렇게 하는 것이다!

동조하기도 하고, 너 뭐냐고 반감을 갖기도 하고, 내가 알고 있는 것으로 말을 바꾸어서 이해하기도 하고, 다음 내용을 예상하기도 하고 순수한 궁금증 갖기도 하면서, 적극적으로 읽자! 영어 독해는 고대 문자를 해독하는 것이 아니다. 뻣뻣해진 몸과 마음을 풀고 적극적으로 대화하라! 이제 하루 **EBS 5지문**, 이렇게 독해 훈련을 해보자.

이제
영어를 읽는
나의 머릿속을
보여주겠다.

여담과, 당부의 말

이제 구문이 아닌, 지문으로 본격적인 영혼독해 연습에 들어갈 것이다. 한 가지 알아두길 바란다. 영혼독해는 '성과주의'지 '노력주의'가 아니라는 것을 말이다. 가장 중요한 건, '될 때까지' 시도하는 것이다. 나도 모르게 집중하지 않았으면 다시, 옛날처럼 번역을 했으면 다시, 다시, 다시… 한 번이라도 이 지문의 필자가 각 문장으로 무슨 말을 하는지 느껴지는 것, '아아, 알겠다. 그런데 번역하기가 귀찮다!' 이 지경을 경험해보는 것에 초점을 맞춰야 한다. 영혼독해는 절대로 소리를 열심히 내는 것이 아니다.

'그것이 과연 어떤 느낌일까, 나도 경험해보고 싶다' 하는 뜨거운 열망을 가져라. 그냥 읽지 말고 앞의 2장, 3장을 뒤져가며 갖가지 원칙을 살려 읽어라. 선거에서 당선을 위해 연설하듯이 읽어보아라. 배우가 대본을 읽듯 연기하듯이 읽어보아라. 어떻게든 느껴보고 싶다는 갈망없이 소리를 열심히, 아주 열심히 내서 흉내내보았자 결코 아무것도 남지 않을 것이다.

"저는 잘 안되는데요?"
"그렇게 되는 애들이 있고, 안되는 애들이 있는 것 아닌가요?"

이렇게 말하는 학생들에게 한 가지 이야기를 해주고 싶다. 내가 다니던 교대는 '공포의 기계체조'로 유명했다. 물구나무서기를 하지 않으면 졸업을 할 수 없다는 것이다. 나는 그 수업을 듣기 전까지는 그것이 선배들이 후배들을 겁주는 유언비어인줄 알았다. 사람이 어떻게 물구나무를 서냐며 반문하는 나에게 한 학년 선배였던 나의 룸메이트는 이렇게 말했다. "그녀들이 내 눈 앞에서 정말로 물구나무를 섰다!"

결국 그 수업에 들어가고 나서야 나는 그것이 사실이라는 것을 알았다. 물구나무 뿐만이 아니었다. '뜀틀에 뛰어가서 앞구르기 해서 넘기' 같은 내게는 묘기로 느껴지는 것들도 커리큘럼에 포함되어 있었다. "지금은 못할 것이라고 생각하겠지만, 결국 졸업을 못한 사람은 한 명도 없다." 교수님은 소문대로 너무나 단호했다. 몸에 근육이라고는 하나도 없고, 평생 운동이라곤 제대로 해본 적이 없었던 나는 충격에 휩싸였다. 몇몇 동기들은 이 정도 쯤이야 식은 죽 먹기라는 식으로 하루 만에 마스터를 하고 친구들을 돕고 있었다. 나처럼 체육에 젬병이었던 친구들이 한 명 한 명, 물구나무를 설 때마다 간담이 서늘해지고 그렇게 절망스러울 수가 없었다. '눈물이 매트를 적신다'는 선배들의 말은 사실이었다. 4학년이 되어서 남들이 임용공부를 할 때 기계체조를 재수강하고 있는 내 모습이 상상되었다. 다 된다는데 왜 나는 안될까, 도대체 어떻게 하는 걸까. 친구들도 나를 안쓰러워했다. 그렇게 크리스마스가 가까워오도록 나는 혼자 '종강'하지 못하고 체육관에 나갔다. 그리고 대망의 마지막 날, 나는 물구나무를 섰다. 물구나무를 서서 "교수님! 교수님! 저 좀 보세요!"를 외쳤다. 그렇다. 대강대강 학교를 다니고 있었던 나는 철저한 성과주의 교수님 앞에 '성과'로 승복할 수밖에 없었다. 그 기계체조 수업은 나의 나태했던 대학생활과 치열했던 수험생활을 동시에 돌아보게 했다. 그러고 보니 나는 수능에서 어떤 과목도 그냥 하다보니 얻어낸 과목이 없었다. 재능이 부족했던 나는 모든 게 다 '배수진을 치고', '이를 갈고' 했었던 일이었다.

아마 당신에게 이 영혼독해가 물구나무서기 같은 것으로 다가올지도 모르겠다. '누구는 된다는데, 나는 안되네' 그 절망스러운 마음은 이해하나, 무엇을 얻기 위해서는 배수진을 치는 수밖에 없다는 것을 말해주고 싶다. '이것을 넘지 못하면 3등급이다.' 이런 절박한 마음 없이는 사실 시도가 어려운 훈련이다. 만약 절박한 마음이 들지 않는다면, 그냥 책을 접고 있는 대로, 원래 하던 대로 공부를 하길 바란다. 모의고사 모음집으로 공부해도 1등급이 나오던 내 친구처럼, 기존 영어 수업으로도 1등급을 받는 학생이 있으니 본인이 그런 학생이길 바라고 원래대로 돌아가서 공부하라. 그러나 '나는 계속 이렇게 하다간 수능 때 진짜로 3등급밖에 못받겠다'는 생각이 들 때, 그렇게 절박할 때 시도해 보라. 영혼독해에서 만큼은 처음에 같은 수준이라고 할지라도 여유있는 고1,2보다 수능이 100일 남은 고3이 더 유리한 이유다.

때로 '영혼독해'라는 말 때문에 매우 특이한 공부법으로 오해받는다. 그러나 장담한다. 터득하고 나면 이것이 결코 특이한 것이 아니라는 걸 알 수 있을 것이다. 다시 한 번 말하지만 '그들'은 원래 이렇게 읽고 있다. 1등급이 나오려면 1등급의 수준으로 읽어야 한다는 것, 그러나 나 같은 학생들은 후천적으로 교정이 필요하다는 것, 그것이 내가 말하고 싶은 전부이다!

노베이스를 탈출했는가? 3등급을 만들었는가? 이제 열심히 하겠다고 다짐하지 말아라. 성과를 내겠다 다짐하라. 이제 하루 5지문, 영혼독해를 시작하라!

독해편

제4장
영혼독해 적용 연습

이제 EBS 수능특강에 있었던 고난도 추상적 지문으로 나와 함께 훈련하여 체화해보자.

☠ 독서실에서 읽지 마라! 소리를 내는 동시에 의미를 느끼면서 읽어라!

People usually accept more restrictions on their freedom during times of crisis. There is a widespread belief that as long as everybody goes along with the stricter rules then we'll all get through it and we can get back to normal after it's over. That was true during the Depression when the U.S. federal government exploded in size. It was true during World War II, when the people accepted all kinds of rationing and wage and price controls. As a matter of fact, expanding government powers in times of emergencies is so easy and well-accepted that it has been the formula for expansion even in peace-time: Convince the public there is a crisis and then do whatever you want. There has been the "War" on Poverty, the "War" on Drugs, the health insurance "crisis," the "crisis" in education, the housing "crisis," the prescription drugs for seniors "crisis," and more. The latest is the War on Terror. Time will tell, but the expansion of government powers always changes the balance between those who govern and those who are governed.

* rationing: 배급 제도

💬 나는 이렇게 한 호흡마다, 반응한다!

1 | People usually accept more restrictions on their freedom during times of crisis.

사람들은 주로 받아들인다. 더 많은 제한을! 그들의 자유에 대한!	사람들이 자유의 제한을 받아들인다고? 자유는 진짜 중요한 건데, 왜 제한되는 걸 받아들인다고 하는거지? [한 호흡에 받아들일 수 있을 만큼 끊고 해석 받아들이기] [이어질 바로 다음 부분에 대한 궁금증을 올려서 접착 효과 높이기]
위기의 시대에.	아 위기일 때 그렇구나. 위기일 때는 위험하니까 통제에 따라줄 수 있겠군. [스스로 의미 곱씹으며 생각해보기] 어떤 종류의 위기인지 뒷부분을 봐야 알 것 같아.

2 | There is a widespread belief that as long as everybody goes along with the stricter rules then we'll all get through it and we can get back to normal after it's over.

★Important Tip

알다시피 영어는 우리말과 어순이 반대다. 그래서 이렇게 중간중간 해석을 끊고 "그게 뭔데?" 라고 질문을 던지면, 이 질문이 '접착제' 역할을 해주어서 한국인으로서 영어 문장을 이해하기 쉬워진다!

넓게 퍼진 믿음이 있는데	어떤 믿음? [문장길 때 '접착제 질문' 붙이기]
모두가 엄격한 규칙에 동조하는 한 (* as long as~ : ~하는 한)	위에서 말한 '자유 제한'같은 엄격한 규칙을 말하나보다. 규칙을 잘 따라주면~[앞에서 읽은 내용과 최대한 연관지어 읽기]
우리는 모두 그것을 넘길 것이고	우리는 all get through it. '그것'을 지나갈 수 있다고? '위기'를 넘길 수 있다는 말인가 보다. *it 같은 지시 대명사가 뭔지 짚으면서 읽을 것! * 'get through' 같은 구동사에 멈칫하지 말고 당당히 의미를 느껴라! 그냥 '지나가다'의 의미가 아니겠는가! [앞에서 읽은 내용과 최대한 연관지어 읽기]
그리고 그것이 끝나면 평범하게 돌아갈 수 있을 것이라는 믿음.	위기가 끝나면 다시 freedom을 찾을 수 있다고! [앞에서 읽은 내용과 최대한 연관지어 읽기]

어떤 위기인지는 아직 안 나오고, 어쨌든 사람들은 '위기'일 때 '통제'에 따르면 나중에 다시 돌아갈 수 있다는 믿음을 한 번 더 말해주고 있구나.
※이 정도 문장에서 주춤하면 안된다. 앞문장을 부연하는 위치이므로 최대한 먼저 읽은 앞 문장을 끌어와서 연관지어 이해하는 연습을 반복해서 하자!

3 | That was true during the Depression when the U.S. federal government exploded in size.

그것은 사실이었는데	이제 예시가 나오는 구나. [전개상황 판단]
미국 연방정부가 폭발적으로 사이즈가 증가했던 Depression 시기에. (대공황시기에)	대공황 같은 것이 국가 '위기'의 예시군!

4 | It was true during World War II, when the people accepted all kinds of rationing and wage and price controls.

그것은 사실이었는데 2차 세계 대전 때.	2차 세계대전도 예시로 나오는 구나. [전개상황 판단]
사람들은 모든 종류의 배급제와 임금 및 물가 통제를 받아들였다.	전쟁이라는 '위기 상황'이라 배급 제도, 임금 통제, 물가 통제 같은 '자유 제한'을 받아들였군!

※주제 찾기가 목적이라면, 이쯤 되었을 때 이런 생각을 해야 한다. "같은 말을 여러 사례로 계속 부연하고 있네. 이제 주제가 드러난 것 같군. 이 글은 거의 끝난 건가?" 그런데 아직 지문이 반 이상이 남았으므로 글의 무게중심이 이동할 수 있으니 좀 더 읽어 보자. '다음 문장에서도 계속 부연 설명을 할 것인지, 다른 내용이 나올 것인지', 다음 전개를 궁금해하며 읽어 보자.

5 As a matter of fact, expanding government powers in times of emergencies is so easy and well-accepted that it has been the formula for expansion even in peacetime: Convince the public there is a crisis and then do whatever you want.

사실 정부의 권력을 확대하는 것은. 비상시기에.

너무 easy하고 잘 받아들여지기 때문에
(*so~ that- : 너무 ~해서 -하다)

이것은 공식이 되었어. 심지어 평화로울 때도!

: 대중에게 확신시킨다. 위기가 있다고! 그리고 너가 원하는 것을 하는 것이다.

'위기->정부 권력 확대'라는 상황이 너무 쉽게 받아들여지다 보니 공식이 되었다고!
이걸 정치적으로 악용할 수도 있구나!

위기를 조장해서 악용하는 것이군.

글의 무게중심이 '사람들은 위기일 때 통제를 잘 받아들임'에서 '이것이 평화로울 때도 정치적으로 악용된다'로 옮겨지는 듯하다! [★전개 상황 판단하기]

6 There has been the "War" on Poverty, the "War" on Drugs, the health insurance "crisis," the "crisis" in education, the housing "crisis," the prescription drugs for seniors "crisis," and more. The latest is the War on Terror.

가난과의 전쟁, 마약과의 전쟁, 건강보험 위기, 교육의 위기, 주거 위기, 고령자 처방약 위기… 죄다 위기라고 함. 가장 최근 것은 테러와의 전쟁임.

아, 진짜 그러고보니까 요즘 뉴스기사들 생각해보면 다 위기 조장하고 있는 것 같잖아?! [예시 떠올리기]

글이 '위기를 조장하여 사람들을 이용한다'라는 주제로 거의 끝나가고 있군.
[전개상황 판단하기]

7 Time will tell, but the expansion of government powers always changes the balance between those who govern and those who are governed.

시간이 말해주겠지만, 정부의 권력 확장은 언제나 변화시킨다.

정부의 힘이 커진다면 뭐가 변화하는데?

밸런스를. 지배하는 자들과 지배받는 자들 사이의 밸런스를 변화시킨다!

지배하는 사람들, 지배받는 사람들의 균형이 변화된다? 이건 새로운 말이 아니고 '즉 지배하는 사람들이 위기를 조장해서 잘 이용해 먹게 된다'(지배하는 사람들이 쉽도록 밸런스가 기울어짐)는 주제를 이런 말로 마무리하는군. [스스로 주제 정리하며 마무리]

 한 지문을 연습했다. 어떤가? 이렇게 의미를 한 호흡에 받아들일 수 있을 만큼 받아들이고, 스스로 예시도 들고, 다음 전개가 어떻게 될지, 이 문장을 앞 문장과 연관 지어서 이해하면 어떤 의미인지, 계속해서 치밀하게 생각하는 것이 '영혼독해'다. 중간중간 궁금증이라는 접착제를 이용해서 독해가 내 머릿속에 착착 붙게 만드는 것도 잊지 말자. 이제 본격적으로 너 스스로 역동적인 영혼독해를 시작하라!

Q. 입으로 소리 내는 크기는 얼마나 커야 하나요?

크기는 중요하지 않다. 다만 혼자 있는 공간에서 아무도 신경 쓰지 않고 연기 연습하듯 몰입해야 한다. 억지로 크게 할 필요도 작게 할 필요도 없다. 혼자서 온전히 집중할 수 있는 크기면 된다. 굳이 예를 들자면 1대1 수업할 때 선생님의 목소리 크기 정도라고 보면 된다.

의역된 해설에 당신의 해석을
맞추려고 하지 마라!!

처음에는 맞게 가고 있는지 해설지를 참고하는 것이 좋다. 한 문장씩 혼자서 영혼독해 하다가 맞게 가고 있는지 해설지를 참고해서, 해석의 전체 방향이 맞는지 확인하라. 그러면 어느 순간 '그렇군 내가 잘하고 있었어!' 하는 자신감이 생기게 되고, 그 다음부턴 해설지 없이 자신 있게 혼자 할 수 있게 된다.

그러나 종종 지나치게 의역된 해설, 꼭 외워야만 하는 것 같은 숙어처럼 그렇게 좀 오버된 해설이 있다. 그런 것에 신경 쓰지 않는 것이 중요하다. 우리는 지식을 더 채워서 독해를 잘하게 되는 것이 아니다. 공부하며 지식은 당연히 늘지만, 그것이 궁극적인 목표가 아니다. 나는 당신 안에 있는 독해력을 가지고 해석하게 할 것이다. 그러기 위해서는 '있는 그대로' 해석해서 전체 의미를 맞추는 것이 중요하다. 예를 들어, 수능 특강은 'If perfection is state beyond improvement,~' 이 구절을 '완벽이 더 이상 발전할 수 없는 상태라면' 으로 의역하고 있다. 그런데 누가 be-yond를 '할 수 없는' 으로 해석하겠는가? 만약 저것이 숙어라 해도 저런 것들 모두를 외울 수는 없다. 우리는 이것 때문에 스트레스 받을 필요가 전혀 없다. 의역된 의미가 맞다 해도 그건 어차피 우리 능력 밖의 일이다.

독해는 있는 그대로 하는 것이다. 당신이 알고 있는 beyond(~넘어서) 로 밀고 가야한다. '완벽은 개선을 넘어선 상태라면' 으로 해석하면 충분하다. 그리고 말이라는 것은 이런 의미로도 저런 의미로도 쓰인다. 우리가 할 일은 있는 그대로 해석해서, 전체 주제에 맞게 이 문장을 받아들이는 것이다! 그래서 '문장' 독해는 더 이상 의미가 없다는 것이다. 있는 그대로 해석해서, '문단' 독해로 글의 주제에 맞게 문장의 의미를 받아들여야 한다.

☠ 독서실에서 읽지 마라! 입으로, 한국말 개입 없이 읽어라!

The most direct way of undoing the damage caused by social exclusion is to bring the shy, lonely, and alienated back into the embrace of society. Unfortunately, such people tend to be regarded as undesirable interaction partners by those with greater social skills. This is because they are objectively less rewarding to spend time with and because associating with them carries with it a social stigma. What is necessary, therefore, are policies to ensure that social cohesion is maintained within various social institutions, and in society at large. Small-scale programs to get lonely schoolchildren more involved can work exceedingly well. However, finding ways to reverse the increasingly individualistic trend in Western societies is a much taller order. Yet, if we value our collective well-being, we should do something about it; a lack of social integration goes hand in hand with a host of other social pathologies.

🗨 나는 이렇게 한 호흡마다 반응한다!

1 | The most direct way of undoing the damage caused by social exclusion is to bring the shy, lonely, and alienated back into the embrace of society.

사회적인 배제에 의한 상처를 취소하는 가장 직접적인 방법은 (상처를 취소? 치유한다는 거겠군)	–사회적인 배제는 왕따같은 건가? [관련 예시 스스로 들기] –상처 치유법?! 뭔데?! [궁금해하기]

★이 문장의 긴 주어가 한 번에 와 닿지 않는 경우 한국어로 어순과 의미를 맞추기 전에 다시 처음으로 돌아가 입으로, 영어로 읽을 것. 주어가 와닿을 때까지!!

부끄럽고, 외롭고, 격리된 사람들을 다시 사회의 품으로 보내는 것이다.	흠… 사회의 품이라… 어떻게? 부끄럽고 외롭고 격리된 사람들을… 그들이 쉽게 사회에 돌아갈 수 있을까? [궁금해하기 & 나름대로의 반박]

2 | Unfortunately, such people tend to be regarded as undesirable interaction partners by those with greater social skills.

불행하게도, 그런 사람들은 바람직하지 않은 상호작용의 파트너로서 여겨진다.	그렇지… [동조] or ~가 떠오르는 군 [예시 들기]
더 사회적인 기술이 좋은 사람들에 의해	

3 | This is because they are objectively less rewarding to spend time with and because associating with them carries with it a social stigma.

이것은 그 사람들과 함께 보내는 시간이 객관적으로 덜 가치 있고,	ㅠㅠ좀 불쌍하다 그런 사람들 [감정적 동조]
그리고 그들과 어울리는 것이 사회적으로 부정적인 인식을 수반하기 때문이다.	부정적 인식? 왜 저런 애들이랑 다니냐, 이런 건가?? [예시 들기]

★ 틀린 예시도 좋다. 떠오르는 생각 맘껏 예시 들자!

4 | What is necessary, therefore, are policies to ensure that social cohesion is maintained within various social institutions, and in society at large.

그러므로 가장 필수적인 것은 이런~정책이다!	정책?! 여기서 주제 나오겠는데? [주제판단/흥미느낌]

★ 글에 끌려가지 말고 내가 능동적으로 글을 휘어잡는 태도로 임할 것!

다양한 사회 제도와 사회 전반에서 사회적 응집력이 유지되도록 하는 정책!

사과 하나 떠올리는 것은 쉽고 이런 추상적인 말은 어려워서 적용이 안되는가? 그렇지 않다. 추상적인 것은 '단순화' 시키자!

특히 앞에 이미 나온 해석의 흐름과 연결지어서 문장이 말하고자 하는 '큰 의미'만 내 나름대로 뽑아낸다. 이걸 번역해서 어순 맞추고 나서 다시 이해하면 이미 한 문제 푸는데 시간은 벌써 3분이 지나가 있을 것이다.

그냥 이정도로 해석하면 된다. 아~ 그래 그런 불쌍한 사람들이 어울리려면 사회기관이 중요하다고!!

(주제찾기/빈칸추론으로 변형되면 분명 이 부분이 핵심이 될 것이다.)

★ and in society at large. 이런 것 참 싫어할 것이다. 영어는 안다고 하기에도, 모른다고 하기에도 뭐한 저런 추임새 같은 것을 참 많이 넣는다. 절대 절대 이런 것에 얽매이지 말자. 별말 아니다. 그냥 '응 사회에서~'하고 버리자.

5 | Small-scale programs to get lonely schoolchildren more involved can work exceedingly well.

작은 규모의 프로그램 (더 외로운 아이들을 포함시키는)들이	프로그램? 뭐가 있을까… 학급 이벤트 같은 건가? [스스로 예시 생각]
	작은 규모의 프로그램은 인기가 좋다고 [순간 요약]
굉장히 효과가 좋다.	굳이 '작은 규모라고 했네?!' 큰 규모는 안좋다고 하려고? [작은 단어에 반응해보기/예상]

6 However, finding ways to reverse the increasingly individualistic trend in Western societies is a much taller order.

그러나 점점 증가하는 서구사회의 개인주의적인 트랜드에 역행하는(반대로 가는)방법을 찾는 것은	⇒ 쉽게 한마디로 해보자! '개인주의 말고 다함께 가는 방법은'
훨씬 긴(키가 큰?) 순서/주문이다?!	앞에서 '작은 규모의 프로그램은 쉽다'고 한 후 however를 썼으니 "훨씬 더 어려운 일이다!" 정도 된다. [반대말 할 것 예상한 것과 연결]

★ 이게 무슨 말이겠는가?
키가 큰 주문이다. 이렇게 '곧이곧대로 이상하게' 해석하지 말자!

7 Yet, if we value our collective well-being, we should do something about it; a lack of social integration goes hand in hand with a host of other social pathologies.

그러나!	글 마무리 할 지점에서 또 "그러나?!" [글 전개 감독]
만약 우리가 집단적인 웰빙을 중요시 한다면, 그것에 관한 무언가를 해야 한다.	무엇을 해야 할까?! [궁금증]
사회 결속의 부족함은 다른 사회의 병리학적인 측면과 서로 손의 손을 잡고 나아간다.	'그러니까 이렇게 사회의 안 좋은 부분까지 다 포용하자~ 손을 잡고~ 나아가자~ 하는 말이구나' 하면 끝! [주제 떠올리고 마무리]

★ 추상적인 말 억지로 이해하려고 하지말고 영어로 다시 읽어라! 입으로 소리내서 그 대략의 의미가 와닿을 때까지 다시 한번 읽어라!

☠ 독서실에서 읽지 마라! 소리를 내는 동시에 의미를 느끼면서 읽어라!

Modern theories have applied and extended early principles to understand people's behavior when people have the opportunity to interact with others while concealing their personal identity and remaining anonymous. The term deindividuation was coined by Leon Festinger and colleagues in the 1950s to describe situations in which people cannot be individuated or isolated from others. According to Festinger and colleagues, being deindividuated brings about a loss of individuality. They proposed that being deindividuated reduces normal constraints on behavior and people can do things they normally would not do because they are not directly accountable for their actions. They are, in a sense, liberated to do what they like. Festinger and colleagues found support for this idea by demonstrating that participants who were engaged in a group discussion about their parents, while being dressed alike in a dimly lit room, were more likely to make negative comments about their parents than were participants in a control condition. In other words, the deindividuated situation allowed participants to express views that they would normally keep to themselves.

* anonymous: 신원 불명의

🌀 나는 이렇게 한 호흡마다, 반응한다!

1 | Modern theories have applied and extended early principles to understand people's behavior when people have the opportunity to interact with others while concealing their personal identity and remaining anonymous.

현대 이론은 적용하고 확대한다.

'Modern theories have applied and extended early principles to understand people's behavior'
이 부분을 보면, '현대 이론은 초창기 이론을 통해 행동연구를 한다'는 말인데 사실 이건 별 특별한 이야기가 아니고 그냥 그럭저럭 어디에서나 나올 수 있을만한 도입 이야기가 아닌가! 크게 강세를 둘 필요없이 쭉쭉~ 받아들이면서 읽는다. 평범하게 시작한 이 글은 어느 소재에 강조점이 나올까?

사람들이 다른 이들과 상호작용할 기회가 있을 때 어떻게 행동하는지 이해하기 위하여	다른 사람들하고 '어떻게' 상호작용하길래? [아직 문장이 남았으므로 뒷부분 궁금증 유발]
그들의 개인적인 신분을 숨기고! 익명(신원불명)을 유지하면서! * anonymous: 신원 불명의	─아하! '익명'일 때!! 이제 특정한 이야기가 나오기 시작하네. 여기에 강조점을 두자. ─익명일 때 그래서 사람들이 어떻게 행동하려나? 예의없게 행동하려나? [글의 전개 예상하기]

2 | The term deindividuation was coined by Leon Festinger and colleagues in the 1950s to describe situations in which people cannot be individuated or isolated from others.

용어 deindividuation(몰개성화)은 Leon Festinger와 동료들에 의해 1950년대에 만들어졌다	─사람 이름, 연도는 별로 중요하지 않다. ─몰개성화라…. deindividuation란 개인, 개성이 없어지는 것이니까! 앞에서 말한 '익명화'되는 것을 말하는 것 같다! [어려운 말 연관지어 골똘히 생각해보기] ─이 용어가 어떻게/왜 만들어졌는데? [뒷부분 궁금해하기]
'to describe situations' 상황을 묘사하기 위해서!	어떤 상황을 묘사하는데? [그게 뭔데?라고 어순 접착제 붙이기]
사람들이 다른 이들로부터 개인화되거나 분리될 수 없는 그런 상황!	음… 개인화될 수 없고 고립될 수도 없는 상황. 그러니까 다 어울려서 다 똑같아지는 상황인가보군! [어려운 말들 무슨 의미일까 골똘히 생각해보기]

3 According to Festinger and colleagues, being deindividuated brings about a loss of individuality.

Festinger와 동료들에 의하면 몰개성화되는 것은 개성의 상실을 야기한다.	– 응 그렇겠지. [이해하고 동조하기] – 그래서 개성이 없어지면 어떻게 되는데? [다음 전개 질문하기]

4 They proposed that being deindividuated reduces normal constraints on behavior and people can do things they normally would not do because they are not directly accountable for their actions.

그들은 제안한다. 몰개성화되는 것은 줄여준다고. 행동에 대한 일반적인 통제를 줄여준다고!	아, 개인적인 특성이 사라지고 다 똑같은 상황, 익명이 되니까 통제를 줄이고 막 행동하나 봐.
그리고 사람들은 원래 하지 않을 행동을 한다.	익명 뒤에 숨어서 악플을 쓰거나, 범죄를 저지르는 것처럼 책임감 없이 행동하는 사람들을 말하는 것 같군. [나름대로 예시 생각하며 받아들이기]
왜냐면 그들이 직접적으로 행동에 대해 책임이 없기 때문에!	

5 They are, in a sense, liberated to do what they like.

어느 면에서 그 사람들은 자신들이 좋아하는 것을 하도록 해방된 셈이다.	– 책임감 없는 행동을 자유라고 느끼고 해방되었다고 좋게 느끼는 거군. [의미 곱씹으며 이해하기] – 이제 주제 다 나오지 않았을까. 끝난 것 같다. [전개 상황 생각하기]

6| Festinger and colleagues found support for this idea by demonstrating that participants who were engaged in a group discussion about their parents, while being dressed alike in a dimly lit room, were more likely to make negative comments about their parents than were participants in a control condition.

Festinger와 동료들은 이 생각에 대한 증거를 찾았다. [that절 이하]의 이야기를 보여줌으로써.	-거봐 이제 예시 나오고 끝나겠군 [전개 판단하기]
그들의 부모님에 관한 토의에 참여한 참가자들은, 어둑하게 불이 켜진 방에서 비슷하게 옷을 입고 있는 동안	'어둑한 불빛, 비슷한 복장'같은 익명의 상황일 때 나쁜 짓이나 무책임한 짓을 한다는 건가? [문장 읽으면서 뒷부분 예상하기]
그 참가자들은 그들의 부모님에 대해서 더 많이 부정적인 언급을 할 가능성이 높았다. 통제 조건에 있는 참가자들보다.	부모님을 욕한다고. 나의 예상이 맞네. [예상 확인]

*만약 'dimly lit' (어둡게 불켜진) 이라는 단어를 잘 몰랐어도 충분히 유추할 수 있었다. 'dimly lit'이 뭔진 몰라도 '통제 조건이 없는 상황', '익명' 상황의 방을 말하고 있을 거라는 것 정도는 이제까지 읽은 내용으로 봤을 때 충분히 생각할 수 있지 않은가. 이렇게 모르는 단어가 나와도 자신이 할 수 있는 만큼 태연하게 유추하도록 연습할 것! 모르는 단어가 나와도 절대 당황하지 말자!

7 In other words, the deindividuated situation allowed participants to express views that they would normally keep to themselves.

다시 말해서, 몰개성화된 상황은 사람들로 하여금 허락해준다.

- 뭘 허락해준다고?
[문장길 때 접착제 질문 붙이기]

보통 그들 스스로 <u>keep</u>하고 있을 만한(마음 속에 담아두고 있을 만한)생각을 표현하게 허락 해준다!

-익명성 뒤에 숨는 것을 나쁘게만 말하지 않고 좋게 이야기하는 느낌이군.
[글의 뉘앙스 판단]

-어쨌든 이해 완료 [주제 생각하며 마무리]

혼자 읽어보기 4)

☠ 독서실에서 읽지 마라! 입으로, 한국말 개입 없이 읽어라!

Relationships would be a lot easier if people were completely honest in telling one another how they are feeling and what they are thinking. In reality, this happens very rarely so we are left to read between the lines, detect overtones or pick up visual cues from one another's facial expressions or body movements. However, not everyone is aware of how to decode non-verbal communication, and not everyone is emotionally expressive and therefore easy to 'read'. False reading of other people's emotions and the failure to detect incongruity between another person's emotions and his/her behaviour can result in mistaken action and reaction on our part. For example, we may react strongly to our misinterpretations and act defensively to perceived emotional threats that simply do not exist. These are sometimes referred to as 'false negatives'. For example, students may react angrily and aggressively to a peer who 'looked at me funny', or a teacher may feel outrage when a student refuses to make eye contact during a reprimand.

💬 **나는 이렇게 한 호흡마다, 반응한다!**

1 | Relationships would be a lot easier if people were completely honest in telling one another how they are feeling and what they are thinking.

관계들은 더 쉬워질 것이다. 만약 사람들이 완전히 솔직해진다면	맞아. 인간관계에서 서로 숨기는 것이 없으면 더 편하겠지. [공감하기]
서로 어떻게 느끼고 생각하는지 말하는 것에 있어서	★ in 은 꼭 공간 '안에'를 나타내는 것이 아니다! 그냥 자연스럽게 해석! 여기서는 마치 about처럼 쓰였다. 전치사는 이렇게 해석상 자연스럽게 느끼면 그만!

2 | In reality, this happens very rarely so we are left to read between the lines, detect overtones or pick up visual cues from one another's facial expressions or body movements.

실제로, 이것은 거의 일어나지 않는다.	그렇지… 하루에도 수십번 거짓말 한다는 연구 결과도 있었다던데 [★배경지식 연결]
★ 그래서 우리는 left to하게 된다. 행간을 읽거나, overtones(뉘앙스)를 탐지하거나 시각적인 단서를 잡는다.	★ be left to 는 '~에게 맡기다'라는 뜻이다. 알고 있었는가? 나는 몰랐다. overtones의 정확한 뜻도 모른다. 이럴 때 나는 저렇게 영어 그대로 읽는다. "외래어처럼!"
	저것들 몰라도 해석하는데 아무 지장이 없다는 걸 알기에 나는 하나도 주눅 들지 않는다! 그냥 내가 읽을 수 있는 것들과 결합해서 문맥상 '크게' 어떤 의미인지 음미하는 것으로 충분하다.
	'이게 뭐지? 이거 몰라도 뒤에 or 이 있으니까 앞 뒤 비슷한 말이겠지 뭐,'나는 이렇게 생각하고 뒤를 읽는다.
서로의 얼굴 표정이나 몸의 움직임으로부터.	그러니까 사람들이 별로 솔직하지 않으니까 얼굴 표정, 몸의 움직임 같은 다른 단서들을 찾는다는 얘기군! [내용정리]

3 However, not everyone is aware of how to decode non-verbal communication, and not everyone is emotionally expressive and therefore easy to 'read'.

그러나!	역접이 시작되는가? 번뜩! [글 전개 감독]
모든 사람들이 어떻게 비언어적인 소통을 해독하는지 아는 것은 아니다.	맞아. 나같이 둔한 사람들은 그런 거 잘 못해 [동조]
그리고 모든 사람이 감정을 잘 표현하는 것은 아니기 때문에 읽어내기가 쉽지 않다.	-맞아. 내성적인 사람들은 아무 반응도 없을 수 있지 [공감 및 예시들기] -그래서 역접까지 나왔으니 이게 주젠가? [글 전개 감독]

4 False reading of other people's emotions and the failure to detect incongruity between another person's emotions and his/her behaviour can result in mistaken action and reaction on our part.

※ 주어가 길다. 호흡으로 끊어서, 입으로 될 때까지 읽고 받아들여 보자. 누군가의 감정을 잘못 읽어내는 것은, 또 감정과 행동 사이의 incongruity를 감지하는데 실패하는 것은	★'incongruity-불일치'라고 나와있지만 모른다고 가정해보겠다. 큰 의미 해석에 아무 지장이 없다. 아무튼 뭔가 잘못 받아들인다는 의미!
잘못된 행동과 리액션의 결과를 낳는다.	맞아… 사람들 행동을 나 혼자 이상하게 받아들여서 민망했던 적이 있었지. [경험 떠올리기]

5 | For example, we may react strongly to our misinterpretations and act defensively to perceived emotional threats that simply do not exist. These are sometimes referred to as 'false negatives'.

예를 들어	예시가 나오네. 나는 뭔가 solution이 나올 줄 알았는데 그냥 '사람들 행동 해석하기 어렵다'가 주제였나봐~ [주제 생각]
우리는 혼자 잘못 해석해놓고 강하게 반응하거나, 있지도 않은 감정적인 위협을 인지해서 방어적으로 행동하거나 한다. 이것들은 때때로 '부정오류'라고 일컬어진다	그래 사람들의 행동을 잘못 해석해서 혼자 이상하게 반응하는 경우 예시~ (글 전개, 주제 다 파악해서 이제 세세한 해석은 필요 없겠다고 판단)

6 | For example, students may react angrily and aggressively to a peer who 'looked at me funny', or a teacher may feel outrage when a student refuses to make eye contact during a reprimand.

예를 들어	무슨 예시를 또 들어 촌스럽게~ [글 전개 감독]
학생들은 친구들에게 왜 나를 비웃냐며 공격적으로 반응한다.	잘못 반응 예시-학생
또는 교사가 학생이 훈계 중에 눈을 마주치지 않으려 할 때 분개하기도 한다.	잘못 반응 예시-선생 지문 끝~

보았는가?
글을 읽는 나의 머릿속은 이렇다.

나의 사고과정과 같지 않아도 좋다.
당신은 당신만의 배경지식이나
당신만의 사고 스타일이 있을 것이다.
다만 내가 이렇게 자신감 있고, 발랄하게
독해하려고 하고 있다는 것을 느끼길 바란다.
이제 수능특강이든 수능완성이든 펴라.
나처럼 당당하게 독해하라.

독해력은 당신 안에 있다!

제5장
1등급 훈련과정의 비밀

혹시 당신도

닥치는 대로 공부하는가?
EBS를 마구 풀고 있는가?
모의고사집을 사서 무작정 풀고 채점하는가?

만약 당신이 3등급에 고정되어 있는데
계속 그렇게 공부하면 어떻게 되는지 아는가?
정말이지 하나도 안 오른다!
3은 생각보다 더 끈질긴 숫자다.

나는 당신의 훈련 방식을 완전히 뒤집을 것이다.

이제 커리큘럼, 현재 60점 이상을 기준으로 (60점 이하라면 1장에서 소개한 방법대로 1~2개월만 투자해서 일단 60점은 만들어놓고 들어와야 한다.) 당신이 수능 때까지 1등급을 완성하기 위한 단계별 공부법을 알려주고자 한다. 이 커리큘럼은 여태 아무도 알려주지 않은, 1등급으로 가는 가장 빠르고 정확한 단계의 제시라 확신한다. 중구난방으로 공부하지 말고 이 단계를 반드시 따라오길 바란다.

1. 지금부터 2달

영혼독해 훈련 + 유형별 훈련 → 유형 섞기 (Best 하루 2시간 반 ~ 3시간)

60% **영혼독해 트레이닝** 하루 5지문 <EBS>	**40%** **유형별 트레이닝** <기출>

💬 이미지 독해 트레이닝은 EBS 지문으로!

위에서 설명한 방법을 모두 통합해서 이미지 독해, 소통하는 독해를 완성하도록 한다. 기출문제는 문제 풀이에 써야하니 EBS 지문을 하루에 5지문 이상 읽도록 한다. EBS의 지문이 수능에 나와서가 아니라 EBS지문이 다른 문제집보다 월등히 어려워서 공부하기에 좋기 때문이다. EBS지문은 일반적인 어휘책에서 다루어주지 않는 어려운 어휘까지 다루고 있을 뿐만 아니라, 그 추상성과 독해 난이도가 텝스나 토익보다 높은 지문도 많다. 그렇기에 나는 그 공무원영어를 비롯한 어떤 영어시험을 보든 EBS지문이 최상의 독해 훈련 도구라고 생각한다. 부디 시험에 나올 것이라 기대하고 지문을 외울 생각은 버려라. 내가 그랬듯 수능 날 EBS 체감률이 0%일지도 모른다. 정말 그 많은 지문을 외워서 맞추고 싶은가? 아는 지문이 조금이라도 변형되어 나오면 당신은 그냥 덫에 걸리고 만다. 나는 재수 시절 9월 모의고사에서 나온 EBS 지문을 내가 알고 있는 내용으로 풀어서 틀리고 말았다. 평가원에서 지문의 핵심 부분을 교묘하게 변형했기 때문이다. EBS 지문을 외우려고 들면 오히려 독이 된다. 당신은 어떤 지문이 나와도 순수한 시각에서 실력으로 풀 수 있어야 한다.

시중에는 유명한 EBS 족집게 인강과 자료들이 많이 있다. 아마 그것들을 보면 왠지 수능에 나올 것만 같고, 누가 족집게처럼 집어준다니 수능은 코앞인데 갈피를 못 잡는 나에게 '핵이득(?)'이 될 것만 같은 생각이 들 것이다. 나도 그런 것들에 돈을 많이 썼던 수험생이었으니 그 마음을 잘 안다.

하지만 정말이지 1년에 한번뿐인 시험을 운에 맡기지 않기를 바란다. 모든 EBS 지문을 외우는 것은 심한 노력의 낭비이다. 게다가 이제 출제 경향도 EBS는 간접연계를 하는 방향으로 바뀌었기 때문에 더욱 의미가 없어졌다. EBS는 오직 영혼독해의 도구로만 활용하자. 이제 영혼독해와 기출풀이로 진짜 실력을 기를 때이다!

Q. 영혼독해 연습할 때 EBS 문제는 안 푸나요?

EBS 문제 자체는 풀 필요가 없다. 그냥 정답을 미리 표시해버리고 지문 독해에만
이용하길 바란다. 물론 EBS를 풀어서 나쁠 것은 없다. 그러나 우리에게는 이것도
풀고, 저것도 풀 만큼 영어를 공부할 시간이 많지 않다. 문제풀이에서는 기출이 최
우선이고, 우리에게는 풀고 또 풀어야 할 기출문제가 쌓여있다! 기출을 우선적으
로 풀라고 하는 이유는 EBS의 문제는 당연히 기출 문제의 퀄리티를 따라가지 못
하기 때문이다. 지문은 영혼독해를 연습하기에 최적의 지문이나, 문제의 논리는
평가원 기출문제보다 정교하지 못하고 그만큼 난이도 자체가 쉬운 경우가 많다.
그런 문제로 굳이 문제풀이를 연습하는 것보다는, 깔끔하게 영혼독해는 EBS '지
문'으로, 유형별 문제풀이 훈련은 기출문제집으로 하는 것이 좋다!

Q. 기출문제를 풀고 나서 그 지문으로 영혼독해 연습을 해야 하나요?

아니다. 기출문제는 유형 풀이를 연습하는 용도로만 쓴다. 기출문제는 한번 풀고
버릴 것이 아니기 때문에 영혼독해를 해서 모든 지문 내용을 다 알고 있는 것이
좋지 않기 때문이다.

Q. 기출문제를 풀 때는 입으로 영혼독해를 하면서 푸나요?

아니다. 기출문제를 한 문제씩 시간재고 풀 때는 입으로 읽는 것이 아니고 실전에
서 푸는 마인드로 조용하게 풀어야 한다! 그럼 입으로 읽기는 왜 하냐고? 해보면
알겠지만 EBS 지문으로 소리 내어 읽는 영혼독해 훈련했던 그 능력이, 조용하게
읽으며 문제풀이를 할 때에 진정 발휘될 것이다. 따라서 순서도 영혼독해 5지문
하고나서 기출 풀이를 하는 것을 추천한다.

💬 유형별 트레이닝은 '한 유형씩' + '한 문제씩'이다

　처음부터 '주제'를 풀었다가, '빈칸 추론'을 풀었다가, '순서'를 풀었다가 그러면 아무런 효과가 없다. **우리는 한 유형에 관한 심오한 통찰을 얻어내야 한다.** 한 유형씩 '파야'한다. 주제·제목을 2일 잡고 집중 공략하고, 순서를 2일 잡고 공략하는 식으로 한 유형씩 공략하는 계획을 세우기 바란다.

　그냥 푸는 것이 아니다. '오늘 내가 이 유형을 완전히 파헤치리라' 하는 각오로 임해야 한다. 그러므로 기출문제집도 실전연습용으로 전 유형이 통합되어 나온 것 말고 [자이스토리 실전편]처럼 유형별로 된 것을 고르길 바란다. 무엇이든 유형별로 나누어진 기출이면 된다.

　6월에서 3등급을 받았던 남학생을 처음 만났을 때 여태 어떻게 공부했는지를 보았더니 오늘 몇 문제를 쭉 풀고 채점하고, 내일 틀린 문제를 다시 풀고 맞으면 다시 동그라미를 치고, 계속 모르는 문제는 해설을 보고 있었다. 혹시 당신이 그러고 있지 않은가? 그렇게 하면 아무런 효과도 없다. 정말로 책상에 앉아서 영어 공부 대신 2시간씩 핸드폰 게임을 하면서 보내도 영어 성적은 똑같을 것이다.

　많이 들어보았겠지만 '리딩스킬' 즉, 각 유형마다 따라야 하는 접근법이 있다. 하루에 5지문씩 영혼독해 훈련을 한 내공을 바탕으로 문제유형에 맞게 효율적으로 접근해야 한다. 영어공부에는 왕도가 없다고, 그냥 정직하게 독해하라고 말하는 유명강사들을 많이 보았다. 정말 바보 같은 말이다. 유형이 수백 개나 되는 수학도 유형학습을 하는데 완전히 정형화된 영어시험에서 유형별 접근법을 익히지 않은 것은 멍청한 짓이다. 당연히 각 유형에 맞게 원하는 것을 짚어내는 훈련을 해야 한다. 그렇기에 1-3일에 한 유형을 완전히 '파서' 접근법을 체화해야 한다. 유형별 접근법은 뒤에 이어서 나오는 영일만 유형편을 참고하길 바란다.

이 접근법을 적용해가면서, 문제풀이를 하면서 느낀 피드백 노트(오답노트)를 만들어야 한다. 왜 이렇게 풀었지, 이렇게 풀어서 시간이 많이 걸린 것 같아, 왜 이 부분은 훑어 읽었니 하는 이런 말도 적고, 진짜 어려운 문제는 스크랩을 해두어라. 꼭 이 노트를 만들기를 바란다. 이 피드백 노트가 당신만이 가지고 있는 고질적 문제, 수능적 사고의 빈자리를 채워줄 것이다. 노트를 완성하고 나면 정말로 훨씬 정답률이 올라간다.

반드시 1-3일에 ★'단 한 유형'을, '한 문제당 한 채점, 한 피드백'을 해야 한다! 반드시 한 문제당 스톱워치로 1분 30초~ 2분 20초 정도를 잡고 풀어라. 그리고 노트를 옆에 놓고, 한 문제를 풀 때마다 얻은 깨달음을 적는 것이다.

많은 문제를 푸는 것은 중요하지 않다. 한 문제를 풀더라도 질적으로 풀어야 한다.

Q. 기출문제집을 유형별로 한 권 다 풀면 되나요?

나는 절대로 '다 풀어와'라고 하지 않는다. 유형별 접근법 훈련은 내가 그 유형에 대해 자신감이 생길 때까지 푸는 것이다. 완전히 양보다는 질이라는 사실을 명심하라! 예를 들어 10문제든, 20문제든, 40문제든 '내가 이제는 이거 안 틀리겠는데?' '이 유형에 대한 감을 잡았다!' 싶을 때까지 풀면 되는 것이다. 그럼 유형별 피드백을 노트에 정리하고 문제풀이는 중단하면 된다. 그러고 남은 문제는 나중에 또 다시 그 유형을 훈련해야 할 때 더 풀어보아야 하니까 아껴두는 것이다.

💬 영혼독해와 함께 모든 유형에 대한 집중 트레이닝을 2번 돌릴 것

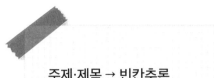

주제·제목 → 빈칸추론
→ 요약문 → 순서 → 문장 삽입
→ 문장 빼기 → 장문
→ 그 외 유형들

주제·제목 → 빈칸추론 → 요약문 → 순서 → 문장 삽입 → 문장 빼기 → 장문 → 그 외 유형들 순서로 진행하기를 추천한다. 이렇게 전체를 한 번 돌리는데 재수생은 1달 정도, 재학생은 2달 정도 걸린다. 보통 자이스토리를 2권 사서 진행했다. 중요한 건 유형별 훈련과 이미지 독해 훈련을 반드시 병행해야 한다는 것이다. 고통스럽지만 그렇게 해야 한다. 영혼독해 훈련을 하면 할수록 유형 훈련이 아주 쉬워질 것이다. 시간도 눈에 띄게 줄어들 것이다. 소통하는 연습을 하다보면 눈치가 빨라져 답이 금방 보이기 때문이다. **공부 시간이 부족한 어느 날, 둘 중 하나만 해야 한다면 영혼독해 훈련을 해야 한다.** 영혼독해 훈련이 병행되지 않으면 아무리 죽어라 유형별 훈련을 해도 결국 모의고사에서는 '해석을 못해서' 무슨 말인지 알아들을 수 없어 속수무책으로 답을 틀리는 상황을 만나게 될 것이다.

💬 유형별 훈련 2독 후 ★유형을 섞어라!

며칠 동안 주제 찾기 훈련만 하다가 문장삽입 문제를 들이대면 당황하기 마련이다. 이제 모든 유형을 언제든지 풀 수 있도록 유형을 섞어서 풀어야 한다. 즉, 제목을 풀다가 갑자기 순서를 들이대도 풀 수 있도록 해야 한다!

영어영역 기출 문제를 프린트해서 그 순서대로 쭉 풀도록 한다.
역시 문제를 풀 때 마다 한 문제에 한 번씩 스톱워치로 시간을 재어야 한다!
(1문제 1분 30초 내외, 두 문제 3분 내외)
*실전형으로 프린트했다고 실전 연습처럼 50분 맞춰놓고 푸는 것이 아니니 주의하라!

중요한 것은 그냥 쭉~푸는 것이 아니라~★ 한 유형마다 10초정도 접근법에 대해 머릿속으로 시뮬레이션하고 풀고, 또 다음 유형이 나왔을 때 다시 접근법을 상기하고, 스스로 응원하면서 한 유형, 한 유형 풀어가야 한다는 것이다. 이렇게 몇 회분을 연습하면 이제 순서를 풀다가도 빈칸을 풀 수 있게 된다!

2. 실전훈련 시작하기

50%	20%	30%
영혼독해 〈EBS 지문〉	실전 훈련 〈사설 모의고사〉 3일에 한번!	유형 훈련 〈기출 문제〉

아직 3등급이 나왔어도 좋다.

점수 만들기는 지금부터다.

※ 일단, 실전 훈련은 사설 기관 모의고사로

절대 시중에 판매하는 실전 봉투 모의고사 아무거나 사지 말 것.

전국적으로 시행되는 사설 모의고사를 풀 것을 추천한다.

종로, 대성, 이투스 사이트에서 모의고사를 다운받거나,

사설 모의고사 모음집을 사도록 한다. 시험지 크기로 프린트 하여 준비하라.

1) 실전모의고사 푸는 주기(3일)와 방법

① 3일에 1회 전체 모의고사를 시간을 맞추어서 연습한다. (시험이 쉬우면 2일에 1회)

② 듣기 파일까지 다운받아서 듣기에서 독해까지 한 번에 푸는 연습을 하는 것이다.

　즉, 듣기 방송을 들으며 듣기를 풀고, 채점하지 않고 바로 독해로 들어간다.

③ 마킹 시간 최소 5분, 넉넉하게 10분을 남기고 다 풀 수 있으면 된다.

*아직 실전 연습이 덜 된 상태라면 수능 전 10월 모의고사 결과가 아직 안 좋을 수 있다. 괜찮으니까 멘탈 나가지 말 것. 10월 모의고사에 큰 의미를 부여하지 말고 실전훈련 작업의 일환으로 이용하라.

2) 3일 중 1일- 실전 훈련 시간 연습

한 문제당 아주 쉬운 문제는 1분, 보통 2분 내외, 일부 어려운 3점짜리 문제는 3분까지 할애한다. 문제 푸는 순서는 빈칸부터 푸는 학생, 장문부터 푸는 학생 등 여러 가지 방식이 있겠고 자신이 가장 편한 방식으로 하라. 나는 시험지를 앞으로 갔다 뒤로 갔다 하는 방법보다는 편안하게 앞에서부터 순서대로 푸는 방식을 추천하는 바이다. 단 한 문제당 마지노선을 지키면서 한다. 이는 감으로 하는 것이 아니다. 매 문제마다, 시계를 보면서 하는 것이다.

(★중요!) 영어 실전 훈련 시 시계 보는 법

① 수능시계는 이렇게 생겼다. 시계를 바로 확인하기 위해서 손목에 차는 것보다 눈 앞에 세워두는 방식을 추천한다.

② 한 문제를 풀러 들어갈 때마다, 초침을 확인한다. 지금 저 시계는 초침이 '4'에 가있다. 그러면 1초동안 속으로 이렇게 말하라.

" 저 바늘이 두 바퀴 돌아서 다시 4에 갈 때까지 풀어야지. 시작! "

③ 문제 푸는 것에 집중하라. <u>단 중간 중간에 (지문 내용을 생각하는 와중에) 눈동자를 살짝 돌려서 시계 초침을 확인하면서 풀어야 한다.</u> 시계 바늘이 두 바퀴 돌아서 4에 가기 전에 풀기로 한다. 조금 부족하다면 두 바퀴 반 돌아서 10에 가기 전까지는, 정말 3점짜리 어려운 문제라면 세바퀴 돌아 다시 4에 가기 전까지는 풀어야 한다.

④ **그리고 명심하라.** 그 안에 안 풀리면 문제번호에 큰 동그라미를 표시하고 과감하게 넘어가라. 이건 목숨처럼 지켜야 한다. 무섭게 냉정해지는 연습을 하라. 이 때 넘어가는 연습을 하지 않고 '답이 3번인가? 5번인가?ㅠㅠ' 하면서 이 한 문제가 너무 맞히고 싶고 아까워서 계속 낭비해버리면 여태까지 공부한 모든 것이 수포로 돌아갈 것이다. 이런 상태면 그 한 문제를 맞힐 확률도 떨어질 뿐더러, 본인이 시간 조절을 잘못했다는 걸 깨닫는 순간 아무것도 눈에 들어오지 않을 것이다.

<u>걱정하지 말고 넘어가라 .어려운 문제는 장문까지 다 풀고와서 고민하면 풀리게 되어있다.</u>

3) 3일 중 2일- 부족한 유형 구멍 메우기 작업

지금부터 하게 될 실전 훈련과 병행된 유형 훈련이 너를 진정 1등급으로 만들어줄 1등 공신이 될 것이다. ★3일에 한번 실전 훈련을 하라고 했다. 하루는 실전 훈련을, 남은 이틀은 유형 훈련을 하는 것이다. 그 실전 훈련에서 틀린 유형을 집중 공략한다. 나는 다 정복한 줄 알았는데 실전 연습에서 틀렸다는 것은 무언가 구멍이 있다는 것이다.

① **여태 풀었던 모든 기출 문제를 모조리 꺼내라.** 지금까지 내가 틀렸던 문제가 이제 나에게 최고 귀한 자료가 된다. 틀렸던 문제를 바탕으로, 정말 초심으로 돌아가 그 유형에 대한 연구를 다시 시작하라! 수능이 1~3주 남은 와중에도 실전훈련을 했더니 뭔가 새롭게 느껴지는 것이 있을 것이다. 다시 유형 풀이 코드를 보충하고 몇 문제에 적용해서 검증하라.

> ex. 빈칸 1, 도표1, 함축의미 1, 순서1, 문장삽입 1, 요약문1 이렇게 6문제를 틀렸다면 =〉 만약 이렇게 틀렸다면 2일 동안 이 6가지 유형에 대한 철저한 보충 훈련을 하는 것이다. 실전 훈련 후 유형 보충을 하면서 각 유형에 대해 내가 미처 챙기지 못한 구멍들이 대폭 잡히게 된다.
>
> *빈칸추론 유형에는 완성은 없다. 빈칸은 수능 직전까지 꾸준히 연마해야 할 뿐이다.

② ★유형별로, '아 이 문제만 풀 수 있으면 이 유형의 모든 문제는 맞추겠다' 싶은 어려운 몇 **문제를 모아서 노트에 오려붙여라.** 방금 이 문제를 통해서 새롭게 깨달은 바를 새로 기록하라. 색깔펜으로 "앞으로 이 문제는(이런 문제는) 이렇게 풀어야 한다!" 라고 크게 피드백을 적어라. 이 작업을 수능 직전까지 반복해서 각 유형마다 맹점의 크기를 최소화시켜서 시험장에 들어가는 것이다.

수능에 진심이라면 누구나 날씨가 추워지는 수능 직전에는 지금까지 했던 것과는 차원과 다른 집중력, 큰 초능력(?) 비슷한 게 생긴다. 이렇게 스스로 10~11월 동안 보충하는 내용이 본인에게 가장 핵심적인 가르침이 될 것이다.

4) 영혼/소통 독해를 지속하라

학생들이 시험이 가까워오면 영혼독해 훈련을 놓으려고 하는데 절대 그러면 안 된다. 우리는 끝까지 여유 있는 마음으로 영혼독해에 푹 빠져 있어야 한다. 만약 막바지에 영혼독해를 놓는다면 실전훈련을 하면 할수록 밑 빠진 독에 물 붓는 느낌이 들게 것이다.

영혼독해는 제대로 하루라도 하면 그 다음날 달라지고, 하면 할수록 생각보다 금방금방 는다. 그리고 반대로 금방 감이 떨어진다. 여태까지 잘 해놓고 감이 떨어진 상태로 시험장에 들어갈 텐가? 수능 직전까지 영혼독해 훈련, 영어 자체를 놓고 소통하는 연습을 놓지 않기 바란다.

3. 시험 직전 3일

① 시험 직전에는 실전연습을 하지 않는다. 대신 작년 수능, 올해 6월, 올해 9월 모의고사를 프린트하라. 그것으로 하루에 하나씩 시뮬레이션을 돌린다. 그냥 푸는 것이 아니다. 지금까지 만들어온 유형 마스터노트를 꺼내서 한 유형씩 수업을 시작하라.

> "자, 주제를 풀 때는 이렇게 푸는 거고, 이런 문제가 있었는데 내가 이래서 틀렸지? 이런 거 주의하고."
> → 주제,제목,요지를 풀고 바로 채점(1문제 당 2분내외 시간 재면서). 평가원의 출제 방식을 느낀다. (D-3에는 작년 수능, D-2에는 올해 6월, D-1에는 올해 9월)
>
> "자, 빈칸추론은 빈칸이 어디에 뚫렸는지 먼저 보아야 해. 빈칸 문장을 읽을 때는~ 지금까지 틀린 문제 중에서 가장 어려웠던 문제는 이래서 어려웠어."
> → 빈칸추론을 풀고 바로 채점(1문제 당 2분내외 시간 재면서). 평가원의 출제방식을 느낀다.(D-3에는 작년 수능, D-2에는 올해 6월, D-1에는 올해 9월)
>
> .
> .
> .
>
> 이렇게 모든 유형의 모든 내용을 복습한다.

② 하루에 한 회차씩 이런 시뮬레이션을 한 후, 지금까지 공부하면서 모아온 어려운 문장들을 적어둔 노트를 펴라. 3일 동안 이 문장들을 왜 못 읽었는지 상기하고, 매끄럽게 읽힐 때까지 반복해서 읽는다.

4. 시험장에서-시험보기 20분~10분 전

노트 내용을 한 번 쭉 총 정리해서 상기한다. 각 유형에서 내가 틀렸던 가장 어려웠던 문제의 해법을 보아라. 또 나에게 가장 어려웠던 지문을 한번 작게 소리내어서 읽어보면서 영혼독해 감을 올려라.

★마지막, 기대감 끌어올리기★

시험 1분 전, 모든 책을 가방에 집어넣고서는 이렇게 스스로에게 말해라.

"오늘은 영어가 잘 읽힐 것 같다. 빨리 영어를 읽고 싶다.
빨리 시험지를 만나고 싶다."

시험 전 한 달 동안 정말 많은 것이 달라질 것이다.

건투를 빈다.

영일만의
Reading Skill

유형편을 시작하며 ...

리딩스킬은 강사들도 연구를 많이 한다. 1타 강사 인강이라면 보통 꽤 좋은 접근법을 알려 준다. 만약 사놓은 리딩스킬 인강이 있다면 들어도 도움이 될 것이다. 하지만 왠지 혼자서는 온전하게 적용이 잘 안 되는 느낌을 받았다. 리딩스킬도 결국 읽어야 적용할 수 있는 것인데, 독해력이 아직 뒷받침 되지 못했고, 그래서 더욱 '이럴 땐 잘 안되잖아?'하는 의문이 들었다. 나는 더 바닥까지 연구하고 싶었고 EBS는 물론 기출문제와 시중에 거의 모든 문제집을 사들 여서 유형별로 분석하기 시작했다. 그리고 그 해 9월 모의고사는 나에게, 모든 것을 집대성하 기에 충분한 피드백을 주었다. 나는 마침내 유형접근법의 바이블 노트를 만들었다. 정말이지 피나는 노력이었고 감히 말하지만 그 누구의 어느 접근법과 비교해도 우월하다 할 만한 접근 법이라고 자부한다.

그러나 리딩스킬은 마법지팡이 같은 것이 아니다. 게임 전술이다. 나는 한 문제를 풀 때마다 마치 게임을 하는 것 같은 느낌을 많이 받았다. 이제 당신도 이 전략들을 사용하여 즐겁게 게 임하듯 훈련을 시작할 것이다. 그리고 당연히 우리의 목표는 '만렙'이다.

이제 중요 유형에 관한 나의 노트를 공개하려고 한다. 2달치 과외를 직접 이렇게 기록하려 니 정말 많은 작업이 필요했다. 나의 수고만큼 당신도 진지하게 읽고 적용해주었으면 좋겠다. 단, 만일 아직 영혼독해 적용연습을 하지 않았다면 1-2주 정도는 영혼독해만 집중적으로 훈련 하고 오는 것을 추천한다. 일단 영어를 영어로 읽을 수 있어야 전술이 먹힌다.

독해력이 장전되었는가? 그럼 게임을 시작해보자!

※ 유형편에는 이런 문제를 실었다

유형편에는 기출 중에서 유형마다 가장 접근법을 배우기에 좋은 문제들, 특히 정답률이 낮은 고난도 문제를 선별해서 실었다. 그리고 이중에서는 최신 기출도 있으나 옛날 기출도 많이 있다. 다른 과목과 다르게 영어는 최신 기출보다 '옛날 기출'(2011~2017학년도~)을 활용하는 것이 실력향상에 크게 도움이 되기 때문이다. 영어가 상대평가이던 시절 말이다. '최상위'를 가려내기 위해 정교하게 만들어진 그 시절 고난도문제를 많이 접해보길 바란다.

 수학은 시기마다 출제 스타일이 존재하지만, 영어는 오직 지문의 논리로 푸는 문제이고 유형까지 거의 그대로이기 때문에 옛날 기출의 가치가 절대 떨어지지 않고, 오히려 실력향상에 큰 도움이 되는 문제가 많다. 이것이 내가 옛날 기출을 포기하지 않고 실은 이유다. 연습할 때도 최신 3~5개년만 풀지 말고 2011년부터 시작되는 예전 기출을 평가원 홈페이지에서 다운받아서 연습해보길 적극 권한다.

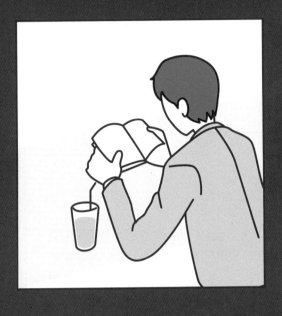

문제풀이

독해

영단어

Reading Skills.1
주제 · 제목 · 요지 + 주장

주제 · 제목 · 요지+주장

먼저 가장 기본이 되는 유형인 요지·주제·제목을 다루고자 한다. 학생들을 만나면 가장 먼저 가르치는 것이 이 유형인데, 올바른 독해 사고의 바탕을 탄탄히 다질 수 있는 유형이기 때문이다.

주제 찾기. 별로 안 어렵다. 그런데 생각해보면 종종 틀려오고 있지 않은가? 게다가 최근에는 빈칸하고 그 자리를 다툴 만큼 고난도 주제 찾기 문제가 등장하고 있다. 아무튼 주제 찾기는 우리의 '고퀄리티' 문제풀이의 시작이다. 난이도와 상관없이 반드시 밀도 있게 훈련해야 한다. 개인적으로 <주제 찾기>가 '리딩스킬의 꽃'이라고 생각한다! <주제 찾기>를 제대로 풀어야 빈칸추론이 가능하고, 이것을 훈련하며 영혼독해의 실력을 근본적으로 늘릴 수 있게 되기 때문이다.

먼저 주제 찾기를 가르치기 전에, 여태까지 이 유형을 어떻게 풀어왔는지 항상 묻는다. 그러면 (신기하게) 다들 이런 식으로 대답한다.

> "먼저 선택지를 보고 감을 잡아요."
> "중요해 보이는 연결사 같은 것을 찾아서 읽어요."
> "맨 마지막을 읽어요."
> "그냥 다 읽어요."

혹시 당신도 이렇게 하고 있는가? 땡, 다 잘못되었다. 그렇게 해서 맞았다면 그냥 운으로 맞은 것이다. 이제 진짜 리딩스킬을 보여주겠다!

1. 주제 찾기의 단계적 접근법

🗨 글의 처음부터 들어간다.

영어는 우리나라 글보다 두괄식이 압도적으로 많다. 절대 중간부터 쿡 찔러서 읽지 않아야한다. 이제 그렇게 혼자 소설을 쓰는, 얄팍한 독해에서 벗어나자. 자신감 있게 첫 문장을 '공들여' 읽어야 한다. 글에 끌려 다니지 않고 내가 휘어잡으려면 처음부분을 잘 읽어라!

🗨 첫 문장을 읽고 , 무엇이든 반응하라!!!!!

첫 문장을 읽고 스스로 이렇게 물어라!

"이 말을 보니까 무슨 생각이 들어?"

이것이 바로 사고력/반응 독해의 출발이다. 어떤 말을 듣거나 읽고서 우리는 그냥 'ㅇㅇ…' 이렇게 받아들이지 않는다. 글을 읽으면서 반드시 나의 머릿속에 있는 어떤 부분과 결합시켜서 받아들이는 것이 본능적으로 일어나게 되어있다.(독해편 42-44P 꼭 다시 참고) 하지만 한국인인 우리는 영어에 대해 사고가 마비되므로, 스스로에게 무슨 생각이 드는지에 대해 '억지로' 물어야 한다. 첫 문장을 읽었다면 다음과 같이 반드시 반응을 보여라!

· 부모들은 칭찬이 아이들을 오만하게 만들까봐 걱정한다.

→ "그러면 사실 그게 아니라 칭찬이 좋다고 말하려고 하는 것 아니야?"(의도 예상)

· 뉴욕에는 많은 문화에서 온 사람들이 살고 있다.

→ "뉴욕에 문화가 여러 가지라 무슨 문제가 있나?"(전개 예상)

· 사람들은 파마를 하면 머릿결이 상한다는 생각을 한다.

→ 내 머리 ㅠㅠ (동조) 그런데 그게 아니라고 말하려나?(전개 예상)

· 소심한 사람들은 대개 위험을 감수하는 것을 꺼려하는 경향이 있다.

→ 나도 소심한데. 좀 그런 것 같기도 하고.(자신의 경험과 연결)

동조든, 의심이든 그냥 상상을 하든, 반드시 무언가 반응해야 한다!

왜 귀찮게 이렇게 반응해야 하냐고?

★ 다음 문장의 흡수력을 높이기 위해서다!!

어떤 반응을 하면, 다음이 궁금해지게 되어있다. 이렇게 궁금한 마음으로 다음을 들어가는 학생은 그냥 영혼 없이 훑어 읽는 학생과 질적으로 다른 독해, 질적으로 다른 문제풀이를 하게 된다. 궁금한 마음은 이렇게 시작한 이 글의 무게중심이, 과연 어디로 이동할 것인지 면밀하게 살펴보게 만들며, 글 자체가 나에게 일종의 **충격 효과**를 주게 만든다. 그리고 이것이 요지를 빨리 캐치하게 만들어준다. 이렇게 첫 문장을 독해하는 우리는 곧 출제자 머리 꼭대기 위로 올라갈 것이다.

이제 알겠는가? 첫 문장은 우리의 자존심이자 기선제압의 대상이다! 궁금한 마음으로 글을 빨아들이듯이, 적극적으로 읽기 위해 첫 문장에 이렇게 공을 들여 반응해야 하는 것이다!

💣 **그렇게 궁금한 마음으로 다음을 읽는다. 그리고 이제 한 문장을 읽을 때마다 우리는 두 개의 자아로 반응해야 한다.**

이건 무슨 말이냐고? 이를 다음과 같이 도식화 해보겠다.

= 영혼독해

글의 내용 자체를 무슨 말인지 상상하고 받아들이며, 자연스럽게 반응하는(궁금,예상,동조,반박 등 배경지식과 결합) 자아

답을 찾기 위해 의도를 판단하는 자아

1. 그래서 주제가 뭐냐고 닦달하기
"네가 이렇게 말하는 걸 보니 주제가 이거?"

2. 더 읽을 건지 말지 결정하기
"아직 확실히 잘 모르겠어. 더 읽어보자."

3.문장마다 그 역할을 판단하기
"이건 예시야/ 이건 도입이야/ 중요한 말은 이거야. 등

즉, 영혼독해의 실력으로 이미지나 의미를, 무슨 말인지를 받아들이며 자연스럽게 반응하고 → 주제를 찾는 입장에서 그 문장의 의도를 매의 눈✦으로 꿰뚫고자 하는 시도가 계속 이어져야 한다. 물론 이것은 앞서 소개한 독해의 반응 속에서 자연스럽게 일어나는 것이고, '반응 독해'를 이어가라는 말과 같다. 하지만 주제를 찾기 위해서 우리는 좀 더 체계적으로 반응할 필요가 있다. 반응을 하는 우리의 자아가 이렇게 2개라고 생각하라! 아무리 해석을 잘해도 의미만 받아들이고 "아 그렇구나~나도 그렇게 생각해 다음은 뭘까? ^.^" 하고만 있으면 안 된다는 말이다! **약간은 삐딱하게 "그래서 뭐, 주제가 뭐야, 하고 싶은 말이 이거야?!" 하며 계속해서 글쓴이가 그 문장을 쓴 의도를 치밀하게 생각하며** ★글의 무게중심이 어디로 가고 있는지 감시해야 한다. 비유하자면 경기에 직접 투입되어 열심히 뛰는 선수도 필요하지만, 동시에 한 발짝 떨어져서 경기 전략을 판단하고 경기 진행을 해설해주는 사람도 있어야 한다는 말이

다. 나의 내면에 말이다! 이것이 완전히 우리의 문제풀이를 질적으로 달라지게 만들 것이다. 이것이 내가 제시하는 사고력 독해, 리딩스킬의 핵심이다!

🔍 이 사고력 독해를 통해 ★'틀이 잡힐 때'까지 읽는다!

당신은 눈치가 빠른 사람인가? 나는 아니다. 나는 상대의 생각을 읽는 능력이 상당히 둔한 편이다. 그러나 글을 읽을 때 만큼은 다르다. 글을 읽을 때 말 그대로 '눈치 빠르게' 속내를 알아채도록 인위적으로 훈련해왔기 때문이다. 글쓴이가 한 마디만 해도 내 머릿속은 빠릿빠릿하게 돌아간다. '그래서 주제가 이거니까 이런 소리를 하는거지?', '그래서 너 이거 얘기하려고 앞에 장황하게 밑밥(?)을 까는거지?' 끊임없이 사고하며 쓰여진 글을 넘어 필자의 생각을 알아맞힌다. 이제부터 진정 영어로 쓰여 있다는 것은 중요하지 않다는 것을 경험하게 될 것이다. 단지 문자가 영어로 쓰여 있을 뿐, <u>주제는 글쓴이와 나와의 눈치게임, 생각 알아맞히기 게임이다!</u>

알다시피 주어진 한 단락의 주제는 단 하나다. 그리고 모든 문장은 그 주제를 향해 달려가고 있다. 주제, 곧 글쓴이의 생각을 눈치 챌 때까지 읽으면 된다. 이제 이정도면 알겠다 싶을 때, 더 읽어봤자 같은 얘기를 반복하며 주제를 뒷받침하는 것 밖에 안 되겠다 싶을 때까지 말이다. 그리고 그 지점은 독자의 사고력 독해 수준에 따라 다르다.

다시 말해 누군가는 글의 두세 줄만 읽고도 '척하면 척' 풀어낼 수 있고, 누군가는 반 정도 읽고, 또 누군가는 3/4정도 읽어서야 글이 말하고자 하는 것을 깨닫게 된다. 반면 아무리 많이 읽어도 아무 반응도 하지 않고, 아무 판단도 하지 않고 문자만 읽었다면 '다 읽어도 주제를 모르겠네ㅜㅜ'하게 될 것이다. 그렇기에 앞에서 반응과 사고를 하며 글을 읽는 것이 중요한 것이다.

그냥 단순 이야기를 전개하는 글인 스토리텔링식의 글 말고는, 모두 다 읽어야만 주제가 나오는 글은 거의 없다! 글의 내용을 더 궁금해 하고, 적극적으로 '그래서 주제가 뭔데?'하는 사고력 독해를 할수록, 읽어야 하는 글의 양은 줄어든다. 나는 처음에 반 이상 읽어야 이 글이 말하고자 하는 것이 무엇인지 추릴 수 있었다. 그런데 점점 그 양이 줄어들었고, 너무 많이(?) 훈련된 지금은 두세 줄만 보고도 틀이 만들어진다.

※만일 스토리텔링(글에 직접 'I'가 등장하거나, 피터가 도서관 갔다가 줄리아를 만났는데 ~어쩌구 하는 식의 이야기 글)이라면 소설책을 읽듯이 모두 읽어야 한다.

💬 틀이 잡혔으면 이제 뒤를 Scanning&Skimming(어휘중심으로 훑어읽기)한다.

틀이 잡혔으면 읽기를 완전히 그만 두는가? 그렇지 않다. 뒤에 내가 미처 보지 못한 'However'와 같은 역접이 있으면 어떻게 할텐가! 우리는 언제나 주도면밀하게 대비해야 한다. 이제 틀이 잡힌 뒤의 글을 어휘 중심으로 훑어 읽어보면서 혹시 역접이 있지는 않나, 내가 잡은 틀대로 가고 있나 확인하라!

(틀이 잡힌 지점)
Scanning
& Skimming

뒷쪽을 훑어보았더니 별로 역접이 없고, 내가 잡은 틀대로 가고 있는 듯하다, 그렇다면 이제 틀이 완성된 것이다. **그럼 이제 네모박스(가상의, 혹은 진짜 그려도 좋다!)에 틀을 굳건히 하자.** 자신이 잡은 주제의 틀을 스스로 여러 번, 또 직설적으로 말해보는 것이다. 예를 들어 이런 식이다.

- 상대방의 호감을 사려면 향기가 나는 것이 중요하다!
- 인기를 얻고 싶다면 좋은 향수를 써라!
- 인간관계에선 시각보다 후각이 중요하다! 등

이렇게 얼마든지 하나의 틀을 스스로 여러 번 각인시킬 수 있을 것이다. 왜 이렇게 하냐고? 이렇게 틀을 굳건히 하지 않으면 당신은 분명 미끼가 있는 매력적인 선택지를 만났을 때 그 유혹에 쉽게 넘어가 버리거나, '혹시…저게 주제인데 내가 잘못 읽은 거 아냐?ㅠ'할 것이기 때문이다.

또, 같은 틀을 놓고 다른 말로 여러 번 말해보는 이유는 이렇게 하지 않으면 본인의 틀이 너무 지엽적으로 정해질 수 있기 때문이다. 우리에게 필요한 것은 지엽적인 딱 한마디가 아니라, 주제의 큰 방향성이니까!

주제 네모박스를 칠 때 중요한 것!

이 단계에서 겁내지 말고 당신의 능력을 믿어라. 갈팡질팡하지 말고, 아무거나 생각나는 것을 말하지 말고 하나의 중심을 말해보라. 곁다리로 사용된 이야기를 다 쓰지 말고, 첫 문장으로부터 시작되어 글이 어떻게 펼쳐졌는지 차분하게 생각해보라. 이 하나의 문단이 말하고자 하는 건 단 하나다! 한 마디만 해보라! 지금은 몇 번 틀려도 좋다. 하루 5지문 영혼독해 연습을 하면서, 또 오답을 피드백하면서 주제 잡는 능력은 빠르게 좋아질 것이다. 어렵다고 생각하지 말고 이 원칙대로 가라!

예를 들어,
강원도는 물도 깨끗하고 공기도 좋고 감자도 맛있고 풍경도 근사하다.
→ 강원도는 좋다!

사과, 배, 딸기, 수박
→ 과일!

학생이 선생님에게 반말을 하고 폭력을 휘둘러서 학교에 문제가 생겨서 어쩌구
→ 교권이 추락했다!

클래식 음악을 들었더니 수학성적은 오르고 국어성적은 그대로였다
→ 클래식은 수학에 좋다! 클래식이 공부에 좋긴 좋은데 항상 좋은 것은 아님

이렇게 가장 직설적으로 하나의 큰 주제를 남기는 것이다!

겁만 먹지 않으면 당신도 할 수 있다.

아무튼, 기출 문제로 직접 적용해보자.

2014학년도 수능

In order to successfully release himself from the control of his parents, a child must be secure in his parents' power, as represented by their loving authority. The more effectively they communicate that authority, the more secure the child feels, and the better able he is to move away from them toward a life of his own. During this lengthy process, whenever he feels threatened, he turns back toward the safety of his parents' love and authority. In other words, it is impossible for a child to successfully release himself unless he knows exactly where his parents stand, both literally and figuratively. That requires, of course, that his parents know where they themselves stand. If they don't know where they stand — if, in other words, they are insecure in their authority — they cannot communicate security to their child, and he cannot move successfully away from them. Under the circumstances, he will become clingy, or disobedient, or both.

① necessity of parental intervention in ensuring children's safety
② roles of parental authority in children's social skills development
③ consequences of offering parental supervision for children's independence
④ requirements for preventing children from being disobedient to their parents
⑤ importance of communicating parental authority to children for their independence

🗨 첫 문장을 공들여 읽고 반응하라!!!

In order to successfully release himself from the control of his parents, a child must be secure in his parents' power, as represented by their loving authority.

: 그의 부모님의 영향으로부터 그를 성공적으로 놓아주기 위해, 아이는 그의 부모님 파워 아래, (사랑의 권위로 대표되는 것으로서) 안전해야 한다.

이런 식으로 반응하라!

> 잉?! 부모로부터 release 해주기 위해서 부모님 파워 아래 있으라고!?!
> 뭔가 상충되는 말 아닌가? 흠. 얌전히 있다가 벗어나라는 것인가
> 다음에 무슨 말을 할지 한번 봐야 알겠다!! (전개에 대한 궁금증 up 시키기)

🗨 그렇게 궁금한 마음으로 다음을 읽는다. 그리고 이제 한 문장을 읽을 때마다 우리는 두 개의 자아로 반응해야 한다.

The more effectively they communicate that authority, the more secure the child feels, and the better able he is to move away from them toward a life of his own.

: 그들이 더 많이 권위와 효과적으로 소통할수록, 아이는 더 안전하다고 느끼고, 그리고 자신만의 삶으로 가기 위해 부모님으로부터 더 잘 떨어질 수 있다.

의미 받아들이는 자아	답을 맞히기 위해 판단하는 자아
내 언어로 좀 더 간단하게 의미 처리 아 그러니까 부모님하고 잘 지내야 오히려 정신이 온전하기 때문에 잘 독립할 수 있다는 것이로군. 맞아. 좋은 이야기군!	글 전개 감독 이미 꽤 중요한 얘기를 한 느낌인데? 이게 주제일 수도 있을 만한 이야기다! 더 읽을 것인지 판단 이 정도 이야기면 틀이 잡힌 것 같다. 이대로 가는지 뒤에 scan하자.

📢 Scanning & Skimming 하여 뒤에 내가 예상한 틀대로 가는지 확인 하라!

> During this lengthy process, whenever he feels threatened, he turns back toward the safety of his parents' love and authority. In other words, it is impossible for a child to successfully release himself unless he knows exactly where his parents stand, both literally and figuratively. That requires, of course, that his parents know where they themselves stand. If they don't know where they stand — if, in other words, they are insecure in their authority — they cannot communicate security to their child, and he cannot move successfully away from them. Under the circumstances, he will become clingy, or disobedient, or both.

➡ 역접은 없고, 그냥 부모와 잘 소통하지 않으면 잘 독립할 수 없다고 계속 그러네. 오케이 오케이

📢 내가 잡은 주제 틀을 네모박스 안에 확고히 한다.

이렇게!

```
- 부모와 잘 소통해야 잘 독립한다.
- 잘 독립하려면 부모 아래에서 안전함을 느끼는 것이 중요하다
- 부모와의 소통의 중요성
- 나중에 잘 떨어지려면 지금 부모와 친하게 지내라!!
```

📢 고퀄리티 선택지 작업!!!

사실 문제를 푸는 것은 틀을 잡는 것이 반, 답을 고르는 것이 반이다. 이 문제의 답을 고르는 것은 어렵지 않지만, 앞으로 고난도 문제와 빈칸추론 유형에서 쓰일 '고퀄리티 선택지 작업'에 대해 미리 알려주겠다. 꼭 기억해둘 것!!!

The Secret of Right Choice

핵심1.

내가 원하는 답을 요구하지 말고, 아닌 것을 지우는 게 빠르다!

고난도 빈칸은 본문보다 선택지가 어려워서 틀리는 것이다. 선택지가 어떻게 어렵냐고? 내 **입맛에 맞는 것이 없어서 어렵다!** 예를 들어, 나는 '믿을 만한 사람을 고르는 것은 신중해야 한다', 이렇게 본문에서 틀을 잡았는데, 정답은 '돌다리도 두드려보고 건너라'같은 비유적인 표현이 나온다든지, '사람을 미리 판단하지 말고 지켜보자'라든지. '사람은 여러 가지 측면을 가지고 있다'라든지, 방향은 대충 같은데 내가 원하는 직설적인 답을 주지 않는 경우가 많다. 그러므로, 애초에 내 입맛에 맞는 것을 기대하지 않는 것이 좋다!

★처음부터 답을 찾으려고 하지 말고 일단 내 틀에 영~아닌 것을 과감히 X표 치자!

핵심2.

선택지를 신중하게 독해하고, 조금이라도 가능성이 있으면 △ 표시를 쳐야 한다!

내가 원하는 답은 어차피 없는 경우가 많으니, 조금이라도 나와 방향성이 같은 것을 이야기하는 선택지에 △를 쳐주사. 이 때 주의해야 할 것은, 알고 보면 △인데 경솔하게 X를 쳐버리면 안 된다는 것이다. 그것은 선택지를 끝까지 해석을 안 해서, 전체의 의미를 무시해서 그렇다. 특히 비유적인 표현이 나오는 선택지도 있을 수 있음을 미리 염두에 둘 것!! 즉, 애초에 방향이 다른 것은 과감히 X표를 쳐버리되, 처음부터 선택지 해석은 정확하게 하라는 것이다.

ex. **내가 잡은 틀** - 매사에 신중하자

선택지 - 돌다리도 두드려보고 건너라 ➡ 음~ 세모!

핵심3.

내가 잡은 틀과 아주 조금이라도 더 가까운 것을 답으로 고른다!

자, 영 아닌 것을 X표 치고, 조금이라도 괜찮은 걸 △표시를 하고 나면 아마 완전한 답은 없고 △가 두 개 나오게 될 것이다. 이제 이 세모 두 개 중에 조금이라도, 1°라도 방향이 더 맞는 것을 판단하면 된다. 이 때 중요한 요령은 세 가지다

세모 △두 개△ 중 정답을 고르는 비밀

Ⅰ. 그것을 판단하는 기준은 그 두 개를 놓고 비교하는 것이 아니다. 내가 잡은 틀과 비교하는 것이다! 내가 잡은 틀은 북동 45°라면, 이 방향하고 누가 단 1˚라도 비슷한지를 비교하는 것이다.

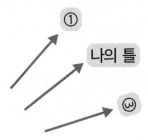

➡ 이 경우, ①번이 답이 되는 것이다.

"③번도 되잖아요?" 라고 하면 안 된다. 우리는 〈가장 답〉을 고르는 것이니까.

Ⅱ. 선택지 문장을 어절 단위로 판단해야 한다. 한 단어씩을 잘 살펴보자.
단 한 단어라도 X라면 그것은 △가 아니라 X가 되는 것이다!!
④ ~가 / ~을 / ~하게 / 어쨌다
   (0)   (0)   (0)   (x)   : 이런 식으로 어절 단위로 판단!

Ⅲ. 매력적인 오답과 어려운 정답의 원리를 잘 숙지하라.
①번과 ③번이 △후보에 올랐다고 치자. 최고난이도의 문제의 선택지는 이렇게 되어있다. 내가 잡은 틀과 비교했을 때,

※ 평가원의 낚시 원리

① 밍숭맹숭. 맞았다 하기도, 틀렸다 하기도 뭐함. ➡ △ 그냥… 세모

③ 완전 맘에 드는 어휘가 존재! 완전 끌려! (동그라미 두 개◎) 그러나! 그 속에 x표 쳐지는 하나의 어휘가 섞여있다.   ◎ ◎ x ➡ 매력적 오답

정답은 누구겠는가? ①번이다. 그러니까 어절 단위의 판단이 중요한 것이다.

자, 이해하였는가? 가볍게 적용해보자.

① necessity of parental intervention in ensuring children's ~~safety~~
➡ 자녀의 안전을 보장하기 위한 부모 개입의 필요성 … 땡 x (독립 얘기 없음)

② roles of parental authority in children's ~~social skills~~ development
➡ 자녀의 사회적 기술 발달을 위한 부모의 역할… 마찬가지. 땡 x

③ consequences of offering parental ~~supervision~~ for children's independence
➡ 자녀의 독립을 위해 부모가 감시하는 것의 결과 – 흠 일단 세모 △

④ requirements for preventing children from being disobedient to their parents
➡ 그들의 부모에게 불복종하지 않도록 하는 것에 대한 요구

　복종하라는 요구?

　–독립 얘기 없음. 땡 x

⑤ importance of communicating parental authority to children for their independence
➡ 그들의 독립을 위해 부모의 권위와 소통하는 것의 중요성

　올 이건 그냥 답이다! O

이 문제는 쉽게 답이 나온다. 어쨌든 앞으로 뒤에 나올 고난도 문제와 빈칸문제를 위해 '고퀄리티 선택지 작업'을 기억해두라! 이렇게 모든 선택지를 어절단위로 판단하고, O X △ 표시를 한 후 △를 추리는 연습을 이어나가야 한다!

그럼 또 한 번 적용해보자.

2017학년도 9월 모의평가 22번 문제. 역대 최고 어렵다고 평가되는 주제 문제 중 하나이다.
(정답률 40%. 이 시험에서 다른 빈칸을 제치고 2위의 오답률에 올랐다.)

2017학년도 9월 모의평가(정답률 40%)

From an evolutionary perspective, fear has contributed to both fostering and limiting change, and to preserving the species. We are programmed to be afraid. It is a survival need, as is stability, which is another force of nature that can limit the capacity to change. Stable patterns are necessary lest we live in chaos; however, they make it difficult to abandon entrenched behaviors, even those that are no longer useful, constructive, or health creating. And fear can keep you from changing when you don't want to risk a step into unknown territory; for example, some people choose not to leave an unfulfilling job or a failing relationship because they fear the unknown more than the known. On the other hand, fear can also motivate change in order to avoid something you're afraid of, such as dying young — as one of your parents might have.

*entrenched : 굳어버린

① fear's negative roles in cases of chaos
② effective strategies for maintaining stability
③ fear and its dual functions in terms of change
④ the necessities of reducing a fear of the unknown
⑤ ways of confronting fear to overcome difficulties in life

🍃 글의 **처음부터** 들어가서, 공들여 읽고 반응하기!!

사실 첫 문장만 '잘'(영혼독해) 읽었어도 훨씬 수월해지는 문제였다.

From an evolutionary perspective, fear has contributed to both fostering and limiting change, and to preserving the species.

: 진화적인 관점에서, 두려움은 공헌한다! 변화를 길러내는 것과, 제한하는 것 둘 다에!! 그리고 종의 보존에 기여했다.

이렇게 첫 문장에 없던 생명도 불어넣어가며 읽느냐, 그냥 '어~ 진화. 관점. 변화. 기여해 버렸다…' 하며 어버버하고 지나쳐버리느냐가 문제풀이의 퀄리티를 좌우한다! 그럼 어떤 반응을 보이면 좋을까? 억지로라도 글의 소재와 전개에 대해 궁금증을 만들어내는 반응을 해보자!

음. 그러니깐 두려움이 변화에 대해 상반되는 두 작용을 하네. 무슨 말일까? (궁금증) 그리고 뭔가 종의 보존에 공헌한다고 하네. 음. 그렇지 두려움이 있어야 위험을 피하니까(배경지식 결합 및 공감) 이것만으로도 꽤 중요한 얘기 같은데 이것이 주제이려나? (앞으로의 전개 궁금해하기)

🍃 그렇게 궁금한 마음으로 다음을 읽는다. 그리고 이제 한 문장을 읽을 때마다 우리는 **두 개의 자아**로 반응해야 한다.

첫 문장을 공들여서 잡아두고, 앞으로 전개가 어떻게 될지 궁금한 마음을 가지고 다음 문장을 흡수해보자.

We are programmed to be afraid. It is a survival need, as is stability, which is another force of nature that can limit the capacity to change.

: 우리는 두려워하게 되어 있다. 이것은 생존적인 필요성이고, 안정성이라고도 할 수 있고, 변화에 대한 능력을 제한하는 것이다.

※ as is stability 같은 것을 어떻게 정확하게 해석할지 고민하지 말고, 일대일 대응식의 독해를 하지 말고, '큰 의미'를 그리는 것에 집중하라!

자, 내 속의 두 개의 자아가 체계적으로 반응하도록 하자!

의미 받아들이는 자아	답을 맞히기 위해 판단하는 자아
내 말로 좀 더 간단하게 의미 처리 두려워하게 되어있고, 변화를 제한하고, 그것은 또 안정성에 관한 것이다.	**글 전개 감독** 근데, 아까 제한(limit)하기도 하고, 길러내기(foster)도 한다며. 이것은 제한하는 측면이고 이따가 foster측면도 나오려나? 아니면 limit를 강조하려고?
동조 반응 그래 맞아, 두려우면 변화하려고 하지 않고, 결국 안정적으로 사는 거지.	**더 읽을 것인지 판단** 좀 더 읽어봐야지.

그 다음 문장도 사고력 독해를 이어가보자.

Stable patterns are necessary lest we live in chaos;

: 우리가 혼돈에 빠질까봐 안정적인 패턴은 필수적이다.

➡ 그래. 이렇게 계속 안정적인 게 중요하다고 말할 거니?

however, they make it difficult to abandon entrenched behaviors, even those that are no longer useful, constructive, or health creating.

: 그러나 그것은 꼭 좋은 게 아니다. 더 이상 뭔가 유용하고, 건강한 생산을 할 수 없게 만든다.

의미 받아들이는 자아	답을 맞히기 위해 판단하는 자아
내 말로 좀 더 간단하게 의미 처리 흠… 이번에는 그게 좋지 않대. 변화를 제한(limit)하는 것이 안정적이기는 하지만 생산적이지는 않대.	글 전개 감독 However가 나와서 limit의 반대인 foster를 이야기하는 게 아니고 limit의 단점을 이야기 하네? 첫 문장에서 foster도 있었는데… 글의 무게중심이 그냥 변화를 limit하는 것의 장단점? 여기 실리려나? 더 읽을 것인지 판단 글이 좀 산만하긴 한데, 여기까지 꽤 많이 읽었으니 밑에는 계속 이런 식으로 가는지 Scan&Skim해보자!

Let's Scan & Skim!!

⬇

And fear can keep you from changing when you don't want to risk a step into unknown territory; for example, some people choose not to leave an unfulfilling job or a failing relationship because they fear the unknown more than the known. <u>On the other hand</u>, fear can also motivate change in order to avoid something you're afraid of, such as dying young — as one of your parents might have.

보이는가? On the other hand가? 계속 두려움이 변화를 제한한다고 하다가 마지막에 드디어 foster 이야기가 나왔다!

➡ 반면에, 두려움은 또한 변화를 자극할 수 있다!

아, 그러니깐 두려움은 변화를 limit하고 motivate(foster)한다는 것 맞네!!

이 문제가 왜 어려웠는지 이해가 가는가? 이 글은 그러니까 결국 완전 두괄식이었고, limit와 foster가 양대 산맥이었는데, foster 이야기가 맨 나중에서야 나와서 좀 짜증나는(?) 문제였다. 하지만 좀 산만하게 전개될 뿐 나에게는 문제가 되지 않았다. 왜? 첫 문장을 정말로 공들여 읽었고, 끝까지 중심을 잃지 않고 원칙대로 풀었기 때문이다. 나는 글에 끌려 다니지 않았다!

이 문제를 교훈 삼아 글의 머리를 확실히 잡고, 글의 흐름을 내가 주도해서 읽어나가는 훈련을 하라!

💬 자, 그럼 네모박스를 치고 주제가 무엇인지 말해보라

> 주인공은 두려움(fear)과 변화!!!!
> 주제 – 두려움은 변화를 제한하기도 하고,
> 변화를 자극하기도 한다!!
> 두려움은 두 가지 특성을 지닌다.
> 두려움은 좋기도 하고 나쁘기도 한 것이다.
> 등

💬 고퀄리티 선택지 작업

① fear's negative roles / in cases of chaos
: 두려움은 나쁜 역할이다 / 혼돈의 경우에

➡ 꼭 나쁜 건 아니었음! 땡! X

② effective strategies for maintaining stability
: 안정적인 것을 유지하기 위한 효과적인 방법

➡ 주인공은 두려움이다. 안정적인 것만 얘기하면 안 됨. 땡 X

③ fear and its dual functions in terms of change
: 두려움 그리고 그것의 두 가지 전략! 변화의 관점에서

➡ 그래 동그라미~ ○

이 문제는 틀잡기가 어려웠지, 선택지가 어렵지는 않았다!

④ the necessities of reducing a fear of the unknown
: 알려지지 않은 두려움을 줄이는 것의 필요성.

➡️ 내 틀과 방향자체가 다름 X

⑤ way of confronting fear to overcome difficulties in life
: 삶에서 어려움을 극복하는 것에 대한 두려움을 마주하는 방법

➡️ 내 틀과 방향 자체가 다름 X

이 문제는 내가 보기엔 두 개의 △도 나오지 않았다. 주제문제답게 선택지는 수월했다.(보통 제목에서 선택지를 어렵게 내고 주제는 선택지를 직설적으로 쉽게 준다.) 그런데 이 선택지 작업 시범에서 배워 가야 할 것은 내 틀과 처음부터 다른 것은 과감히 X표 치라는 것이다! 예를 들어, '혹시… 두려움을 줄이라는 것 아니었을까? 내가 잘 못 읽은 것 아닐까??'이러고 있지 말라는 것이다!

내 틀은 이미 정해졌음을 믿고 이 대로 밀고 나가야한다! 이제 와서 의심하지 마라! 선택지를 어절 단위로 읽고, 내 틀과 방향성 자체가 다른 것은 X를 치고 어느 정도 맞는 선택지만 △로 남겨두어야 한다.

Special Case에 대비하라!

자, 이렇게 주제 찾기에 대한 전반적인 설명과 적용연습을 해보았다. 하지만 보다 완벽한 대비를 위해 우리는 다시 특별한 2가지 케이스에 대해 알아두어야 한다. 바로, 실험이야기와 Problem&Solution 구조이다.

1. 실험 이야기

예를 들어 '하버드 대학의 존스홉킨스 박사가 고양이와 개에 관해 연구했는데~' 라고 전개 되는 글이다. 이 경우 어떻게 해야 할까? '고양이 30마리를 모아놓고~~ 행동을 관찰했는데 어쩌구~~, 강아지 30마리는 어쩌구~~' 라고 했다면, 당연히 이 실험 과정을 다 보고 있을 필 요가 없다. 우리에게 필요한 것은 결과니까! **실험이야기가 나왔다면 바로 Scanning&Skim-ming으로 실험결과를 찾자!**

> 실험을 읽어야 하는 경우는?
> 혹시(간혹) 실험 결과를 찾았는데 보이지 않는다면?!
> 이 때는 실험을 읽어서 당신이 실험의 결과를 말해야 한다.
> (이 경우가 아니라면 실험자체는 읽을 필요가 없다.)

2. Problem & Solution 구조

우리가 단단히 대비해야하는 것은 바로 이 Problem & Solution 구조이다. 이것은 글에서 어떤 문제의식이 느껴지는 경우, 그것에 대한 해결책이 나온다면 글의 주제는 완전히 그 해결책에 쏠린다는 이야기다. 틀을 잡으며 읽는데 무언가 틀이 잡히긴 하는데 부정적으로 잡히는 경우(무언가 나쁘다, 문제가 있다), 이 P&S구조일 수도 있음을 의심하고 있어야 한다. 지문을 거의 다 읽을 때까지 글이 문제만을 이야기할 지라도, 마지막 줄에서 해결책 한마디(Solution)를 해주면 글의 무게중심은 완전히 그 해결책에 쏠린다!

P&S 구조
어떤 문제의식이 느껴지는 글은 해결책을 제시하는 부분이 있으면 그 Solution이 주제이므로 반드시 해결책부터 찾으러 가야한다. 물론 해결책이 없으면 문제자체가 주제가 된다! 이 두 경우를 잘 구분해서 답을 골라야 한다.

이 Problem&Solution 구조에 내가 재수시절 9월 모의평가에서 완전히 걸려 넘어졌었다. EBS반영 문제였고, 운 좋게 기억나는 지문이었는데, 이것을 어설프게 기억하다가 problem만 고르고 말았다. EBS 지문을 기억하고 있음에도 틀리는 어이없는 경험을 한 것이다. 나는 어떤 지문이든, 빈틈없는 전략 연습으로, 내 실력으로 풀어낼 수 있어야 함을 뼈저리게 깨달았다. 주제를 풀 때는 이 'P&S구조'를 반드시 염두에 두고 있어야 한다.

We sometimes encounter students who come to our offices and ask how they could have worked so hard but still failed out tests. They usually tell us that they read and reread the textbook and their class notes, and that they thought they understood everything well by the time of the exam. And they probably did internalize some bits and pieces of the material, but the illusion of knowledge led them to confuse the familiarity they had gained from repeated exposure to the concepts in the course with an actual understanding of them. As a rule, reading text over and over again yields diminishing returns in actual knowledge, but it increases familiarity and fosters a false sense of understanding. Only by testing ourselves can we actually determine whether or not we really understand. That is one reason why teachers give tests, and why the best tests probe knowledge at a deep level.

첫 문장 읽고 공들여 반응하기

We sometimes encounter students who come to our offices and ask how they could have worked so hard but still failed our tests.

: 우리는 종종 우리 사무실에 찾아와서 그들이 엄청 열심히 했지만 시험에 실패했다고 말하는 학생들을 만난다.

➡ 음… 그런 학생들을 만난다니, 선생님이 쓴 글인가봐. 열심히 했지만 실패하는 학생? 공부법이 잘못되었다고 말하려나? [다음 전개에 대한 궁금증 UP]

다음 문장을 읽으며 : problem-문제의식 느끼기!! ✦

They usually tell us that they read and reread the textbook and their class notes, and that they thought they understood and everything well by the time of the exam,

: 그들은 교과서와 노트를 읽고, 또 읽었다고 말한다. 그리고 그들은 모든 것을 이해했다고 생각했다고 말한다.

➡ 아, 그러니까 읽고 또 읽기만 하는 건 좋지 않다는 것을 말하네. 뭔가 문제의식이 느껴지네…?! ✦

뒤에서도 계속 Problem을 이야기하는지, Solution을 제시하는지
보아라. Solution이 딱 한마디만 있어도 그게 주제니까!

And they probably did internalize some bits and pieces of the material, but the illusion of knowledge led them to confuse the familiarity they had gained from repeated exposure to the concepts in the course with an actual understanding of them. As a rule, reading text over and over again yields diminishing returns in actual knowledge, but it increases familiarity and fosters a false sense of understanding. Only by testing ourselves can we actually determine whether or not we really understand. That is one reason why teachers give tests, and why the best tests probe knowledge at a deep level. ⬅ 마지막 부분에 나오는 Solution

문제를 해결해줄 저 Solution이 보이는가?

Only by testing ourselves!! can we actually determine whether or not we really understand.

: 오직 우리 스스로를 테스트해보는 것만으로!! 우리는 진짜 이해했는지 아닌지를 결정할 수 있다!

That is one reason why teachers give tests, and why the best test probe knowledge at a deep level.

: 이것이 우리가 시험을 보는 이유이다!

그러니까… 자꾸 읽기만 하면 공부한 것을 잘 이해했는지 알 수 없다. 너네가 진짜 이해했는지를 알기 위해서는 시험을 보아야 하는 것이다!

이렇게 무게 중심은 'reread'의 문제점에서 'test'로 넘어갔다! test를 해야 한다는 것이 있어야 답이 된다. 이제 선택지를 한번 보자.

① positive impact of student counseling on study skills
② importance of familiarity in gaining actual understanding
③ relationship between reading and gaining high test scores
④ test as a means to distinguish real understanding from familiarity
⑤ necessity of internalizing reading materials to improve test scores

글을 대충 읽고 "읽는 것과 높은 점수를 받는 것은 상관없어!"라고 만 생각했다면 답을 ③번으로 골랐을 것이다. 하지만 답은 Solution, 즉 'test'에 치중된 ④번이 답이다.

자 알겠는가? 뭔가 문제의식이 느껴지면? 솔루션을 찾아라. 솔루션이 없으면 문제가 답이지만 솔루션이 있다면 무조건 솔루션이 '가장 답'이 된다. 반드시 숙지하고 있기 바란다.

그리고 난이도가 높았던 2019학년도 6월 모의평가 제목문제에 이 P&S구조가 나왔다!

According to the individualist form of rhetoric about science, still much used for certain purposes, discoveries are made in laboratories. They are the product of inspired patience, of skilled hands and an inquiring but unbiased mind. Moreover, they speak for themselves, or at least they speak too powerfully and too insistently for prejudiced humans to silence them. It would be wrong to suppose that such beliefs are not sincerely held, yet almost nobody thinks they can provide a basis for action in public contexts. Any scientist who announces a so-called discovery at a press conference without first permitting expert reviewers to examine his or her claims is automatically castigated as a publicity seeker. The norms of scientific communication presuppose that nature does not speak unambiguously, and that knowledge isn't knowledge unless it has been authorized by disciplinary specialists. A scientific truth has little standing until it becomes a collective product. What happens in somebody's laboratory is only one stage in its construction.

*rhetoric: 수사(학) **castigate: 혹평하다

💬 첫 문장 읽고 공들여 반응하기

According to the individualist form of rhetoric about science, still much used for certain purposes, discoveries are made in laboratories.

: 과학에 관한 수사학의 개인주의적인 형태에 따르자면, 여전히 특정 목적을 위해 사용되는데, 발견은 실험실 안에서 만들어진다.

Reading Skills.1 주제 · 제목 · 요지 + 주장 **131**

나의 반응루틴은 이랬다!

- 첫마디부터 말이 어렵냐 -_- (이런 반응을 당당하게 하라!)
- 아무튼, 뭔가 과학을 혼자서, 수적으로, 목적적으로 사용되는 것으로 봤을 때, 발견은 실험실에서 이루어진대!
  (내 한마디로 간단히 정리/실험실 모습 상상)
- 그렇지. 실험실 속에서 혼자 막 실험하면 발견하지.(이해)
- 근데 일상생활에서도 가능하지 않나? (배경지식-반박/궁금증)
- 흠. 그래서 앞으로 뭘 말하려고?! (궁금증 up!!)

 ## 다음 문장을 읽으며 두 개의 자아로 반응하기

They are the product of inspired patience, of skilled hands and an inquiring but unbiased mind.

: 그들(discoveries)은 영감을 받은 인내의 산물이다. 숙련된 손과 탐구하는, 편향되지 않은 마인드의.

의미 받아들이는 자아	답을 맞히기 위해 판단하는 자아
내 말로 좀 더 간단하게 의미 처리 **뭔가. 발견이란!** **엄청난 통찰력으로, 중립(객관)적으로 발견해내는 것!**	글 전개 감독 **실험실 안에서 발견되는 게 중요한 게 아니고, 발견이 그냥 저런 좋은 것이라는 것을 말하네. 발견은 중립적이다 이런 얘기 하려는 건가?!** 더 읽을 것인지 판단 **아직 틀 안 잡혔다. 더 읽자!**

Moreover, they speak for themselves, **or at least they speak** too powerfully and too insistently **for prejudiced humans to silence them.**

: 게다가, 그들은 자신을 위해서 말하고, 또는 적어도 고정관념 가진 인간들에게 아주 파워풀하고 고집스럽게 말해서, 그들을 조용히 시킬 수 없다.

의미 받아들이는 자아	답을 맞히기 위해 판단하는 자아
내말로 좀 더 간단하게 의미 처리 **무슨 말인지 모르겠지만, 아무튼 발견이란 굉장히 파워풀하고! 인간들을 조용히 시킬 수 없다!** ➡ 발견했다!!! 유레카!!! 이런 느낌인가 봄.	글 전개 감독 **'게다가' 이런 말 쓰면서 계속 발견 얘기네. '발견이 이렇다'가 주제인가.** 더 읽을 것인지 판단 **꽤 읽었는데, '발견이란 대단해' 이런 것이 주제인가? 그런데 한마디로 틀 잡기가 조금 찝찝하니깐 더 읽어야지.**

※ 언제나 '대충 읽고 싶은 순간'을 주의하라!

주제를 잡기 위해 더 읽을 거면 까짓 거 더 읽는 것이다. 문제 풀 때 글이 신속하게 안 풀려도, 마음속으로 하는 영혼독해를 놓지 마라. 몇 줄 읽었다고 갈수록 성의 없이 훑어 읽지 말고, 나도 모르게 한글로 일대일 조합하려고 하지 말고, 끝까지 의미를 느끼는데 초점을 두어서 정면으로 마주하라!

It would be wrong to suppose that such beliefs are not sincerely held, yet almost nobody thinks they can provide a basis for action in public contexts.

: 이러한(이 발견은 대단해! 유레카!!) 믿음이 진지하게 가져지지 않는다고 말한다면 거짓이겠지만, 그러나 그들이 뭔가 대중적인 흐름의 액션의 기본을 만들어냈다고는 아무도 생각하지 않는다.

의미 받아들이는 자아	답을 맞히기 위해 판단하는 자아
내 언어로 좀 더 간단하게 의미 처리 **발견하는 걔네가 다 장난으로 하는 건 아니지만! 영향력이 크지 않다.**	글 전개 감독 **앞에서는 발견은 대단한 것~ 이러더니 뭔가 쟤네가 별로 영향력 없다고? 문제제기하네? ➡[P&S구조 의심]** 더 읽을 것인지 판단 **Scanning & Skimming 해서 흐름 더 보고 해결책 제시하나 보자!**

"왠지 부정적인 느낌으로 틀이 잡혀가는 것 같으면, 이대로 부정적인 틀로 마무리 되는지,

혹시 문제를 해결할 Solution이 있는지 확인하라!"

Any scientist who announces a so-called discovery at a press conference without first permitting expert reviewers to examine his or her claims is automatically castigated as a publicity seeker. The norms of scientific communication presuppose that nature does not speak unambiguously, and that knowledge isn't knowledge unless it has been authorized by disciplinary specialists. A scientific truth has little standing until it becomes a collective product. What happens in somebody's laboratory is only one stage in its construction.

계속 부정적인 얘기하다가 툭, 던져주는 저 솔루션 보이는가?! P&S구조가 의심되면 이런 것을 잡아야 한다!

"학문적인 전문가들에게 인정받지 않으면 인정될 수 없다!!"
➡ 혼자서 개인적으로 발견하며 난리치지 말고, 전문가들에게 인정을 받아라!

이제 글의 무게중심이 저 한 줄에 쏠리게 되어있다. 선택지를 보자.

---

① Path to Scientific Truth : Scientific Community's Approval
② The Prime Rule of Science: First Means Best
③ The Lonely Genius Drives Scientific Discoveries
④ Scientific Discoveries Speak for Themselves!
⑤ Social Prejudice Presents Obstacles to Scientific Research

① Path to Scientific Truth : Scientific Community's Approval

과학적 진실의 길 : 과학 커뮤니티의 승인 ➡ 오키! 틀에 맞음! (△또는 O)

② The Prime Rule of Science: First Means Best

과학의 첫 번째 규칙 : 첫 번째가 최고다 ➡ 생뚱맞다. 땡 X

③ The Lonely Genius Drives Scientific Discoveries

외로운 천재… 땡…X

④ Scientific Discoveries Speak for Themselves!

과학적 발견은 그들을 위해 말한다! ➡ 이건 Solution 얘기가 아님. 땡X

⑤ Social Prejudice Presents Obstacles to Scientific Research

사회적 편견은 과학적 연구에 관한 장애물을 나타낸다. ➡ 생뚱. 땡!!X

정답률이 채 50퍼센트가 안 되는 문제였으나, Problem & Solution 구조의 전략대로 틀을 잡았다면, 이렇게 답 고르기는 쉬웠던 문제였다!

이제 유형별 기출 문제집을 펴라. 요지·주제·제목 문제만 공략해보자. 반드시 1문제당, 1스톱워치(1~2분), 한 피드백을 하면서, '앞으로 이렇게 풀어야지' 하는 것을 피드백 노트에 스스로 적어가면서 한 문제씩 이 유형을 완전히 정복하는 것이다! 기출문제집을 다 푸는 것이 아니다. 10문제든 30문제든, 내가 이 유형에 '꽤 자신감이 생길 때까지'만 풀고 오면 된다!

Q. 틀린 문제는 해설지를 보나요?

물론 해석이 잘 안되었던 문장 자체는 해설지를 보며 다시 공부해야 한다. 그러나 답을 찾는 방법에 대해서는, 왜 3번이 답이 아니고 4번이 답이지? 할 때에는 혼자서 해결하는 것이 낫다. 혼자서 왜 답이 4번인지 고민해서, '아! 그러네!' 하는 깨달음을 얻는 것이 당신에게 훨씬 유익하다. 그 깨달음을 계속해서 피드백 노트에 적고, 고난도 문제는 스크랩해두고 '앞으로 이렇게 하자!'라고 주의점을 써야 한다. 수학과 달리 그 깨달음은 개인마다 다를 수밖에 없다. '나는 이런 고정관념이 있었어!'라든지, '이 부분을 중요하게 읽지 않았어!' 라든지, '생각하지 않고 훑어 읽어 버렸어' 라든지! 자신이 문제를 대하는 태도와 사고를 계속 정립해가는 말을 스스로에게 해주어야 한다. 물론 정~! 모르겠으면 해설 강의를 찾아서 보거나, 해설지를 참고해야 한다. 하지만 누군가 '이래서 답은 이렇지?' 하며 풀어주는 것은 당신에게(특히 2등급~3등급 초반의 학생은 더욱) 별 도움이 되지 않는다. 우리는 직접 뇌의 사고방식을 수능에 맞게 고쳐야 한다. 남의 풀이를 지켜볼 시간이 없다.

당신이 푼 문제의 답이 3번이 아니고 4번이었는가? 도대체 왜 4번인지! 이제 이 완벽한 접근 전략을 가진 당신과 영어, 이렇게 최대한 둘이 해결해야 한다!! 너무 훑어 읽지 않았는지, 답 고를 때 너무 소심하게 이랬다 저랬다 하지는 않았는지, 선택지에서 한 단어를 빼먹지는 않았는지, 어떤 단어에 대한 고정관념이 있지는 않았는지 생각해보라. 분명 당신만 알고있는 당신만의 이유가 있을 것이다. 반드시 당신의 그 사고 구멍(3번)을 막아서 수능답(4번)에 맞춰야 한다. 이 과정을 스스로 최대한 해보는 것이 중요하다. 정 혼자서 해결하기 어려울 때만 해설지나 해설강의를 참조하라.

+'주장 찾기' 문제 푸는 법

　요지·주제·제목은 난이도는 다르나(요지〈주제〈제목) 접근법은 같다. 하지만 주장을 찾는 문제는 이와 접근법이 다르게 해야 한다. 물론 매우 쉬운 유형이지만, 쉬운 문제를 더 빠르게 풀 수 있는 길을 간단히 알려주겠다.

　주장하는 것을 찾으라는 것은, '~해야 한다!' 이러한 당위성을 갖는 주장이 글 속에 있다는 것이다. 그렇다면 생각해보자. 누군가 분리수거를 더 해달라는 주장을 한 문단에 걸쳐서 이야기하고자 할 때, 그 주장이 어디에 있겠는가?

　아마 두 가지 경우 중 하나일 것이다.

[두괄식 주장]

분리수거 하세요! (주장)
쓰레기와 환경문제가 어쩌구! (근거)
그러니까 종류별로 분리수거 해야 합니다! (주장 반복)
or
만일 분리수거를 하지 않는다면 ~게 될 것이다. (주장+근거)

[미괄식 주장]

쓰레기와 환경문제가 심각해지고 있습니다. (도입)
얼마나 많이 낭비되고 있어! (주장을 위한 근거)
그러니까 쓰레기를 버릴 때는 분리수거 해야 해! (주장)

　당위성을 가지는 문단은 이런 형태일 수밖에 없다. 즉, 두괄식이든, 미괄식이든 '~해야 한다'는 주장이 핵심이 되기 때문에 반드시 후반부에 한 번은 실리게 되어있다.
　그러니까 우리의 논리적인 전략은?!

: 주장을 찾을 때는 중반 이후부터 들어간다!! ★★

이것만으로도 주장은 더 명확하게 풀 수 있을 것이다. 간단히 적용해보자.

At every step in our journey through life we encounter junctions with many different pathways leading into the distance. Each choice involves uncertainty about which path will get you to your destination. Trusting our intuition to make the choice often ends up with us making a suboptimal choice. Turning the uncertainty into numbers has proved a potent way of analyzing the paths and finding the shortcut to your destination. The mathematical theory of probability hasn't eliminated risk, but it allows us to manage that risk more effectively. The strategy is to analyze all the possible scenarios that the future holds and then to see what proportion of them lead to success or failure. This gives you a much better map of the future on which to base your decisions about which path to choose.

* junction: 분기점 ** suboptimal: 차선의

① 성공적인 삶을 위해 미래에 대한 구체적인 계획을 세워야 한다.
② 중요한 결정을 내릴 때에는 자신의 직관에 따라 판단해야 한다.
③ 더 나은 선택을 위해 성공 가능성을 확률적으로 분석해야 한다.
④ 빠른 목표 달성을 위해 지름길로 가고자 할 때 신중해야 한다.
⑤ 인생의 여정에서 선택에 따른 결과를 스스로 책임져야 한다.

중반 이후면 어디부터 읽느냐고? 중간, 그러니까 이 문제에서는 'The mathematical theory~ 즈음부터 읽으면 되는 것이다. 직접 풀어보아라.

답은 몇 번이겠는가? 그렇다. ③번이다. 주장찾기는 중반 이후 한 문장이라도 제대로 읽는 연습을 해야 한다. 이제 기출문제집을 펴고, **주장 찾기 한 문제당 30초~1분 훈련**을 하고 돌아와라!

1등급!

Reading Skills.2
함축의미추론 접근법

이제 비교적 신유형인 '함축의미추론'에 대해서 이야기 해보겠다.
바로 '밑줄 친 말이 의미하는 바로 알맞은 것은?'
이라는 문제다. 학생들이 이 유형을 유난히
부담스러워하는 경우가 많은데 절대 어려운 유형이 아니다.

함축의미추론 접근법

먼저 이 유형이 요지/주제/제목면에 등장하는 이유는 같은 '주제찾기'유형이기 때문이다. 밑줄 친 의미를 찾으라니, 빈칸추론 유형과 같은 것이 아닌가 오해하기도 하는데 빈칸추론보다는 주제찾기에 더 가까운 유형이다. 왜냐하면 주제문에 밑줄이 쳐져 있는 것이 아니라, 주제를 잡고 나서야 비로소 알 수 있는, 함축된 의미가 있는 문장에 밑줄이 쳐진 것이기 때문이다. 접근법도 매우 비슷하다. 차이가 있다면 이런 것이다.

 주제찾기의 접근법

1. 글의 처음부터 들어간다.

2. 첫 문장을 읽고 자유롭게 반응한다. (예상/반박/궁금증)

3. 두 번째 문장부터 "그래서 이게 주제야?", "더 읽을까?", "아냐 한 문장만 더 읽어보자", "오케이 그만읽자!" 등 소통하며 틀을 잡아간다.

4. 이렇게 틀이 잡힐 때까지 읽고, 그 아래는 skim/scan하여 역접이 있는지 확인한다.

5. 틀을 잡은 후 선택지 작업에 들어간다.

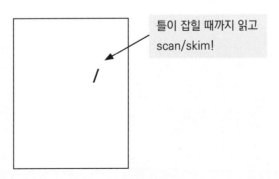

틀이 잡힐 때까지 읽고 scan/skim!

📁 함축의미추론의 접근법 ★★

1. 글의 처음부터 들어간다.

2. 첫 문장을 읽고 반응한다. (예상/반박/궁금증)

3. 두 번째 문장부터 "그래서 이게 주제야?", "더 읽을까?" "아냐 한 문장만 더 읽어보자", " 오케이 그만 읽자!" 등 소통하며 속으로 틀을 잡아간다.

4. 이렇게 틀을 잡아가면서 '아 이 글의 주제는 뭐겠네' 하고 주제를 눈치챈다. 그러나 주제를 알게 되었어도! '밑줄이 쳐진 곳'까지는 무조건 읽어야 한다. 다만 이미 주제를 알게 되었기 때문에 그 이후부터는 조금 더 힘을 풀고 편안하게 독해하게 된다.

5. 내가 잡은 주제를 바탕으로 그 '함축된' 의미가 뭔지 알게 된다.

6. 함축된 의미가 어떤 말인지 나름대로 방향을 정리한 후에 선택지 작업에 들어간다.

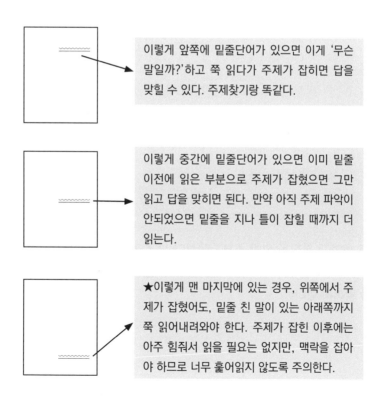

이렇게 앞쪽에 밑줄단어가 있으면 이게 '무슨 말일까?'하고 쭉 읽다가 주제가 잡히면 답을 맞힐 수 있다. 주제찾기랑 똑같다.

이렇게 중간에 밑줄단어가 있으면 이미 밑줄 이전에 읽은 부분으로 주제가 잡혔으면 그만 읽고 답을 맞히면 된다. 만약 아직 주제 파악이 안되었으면 밑줄을 지나 틀이 잡힐 때까지 더 읽는다.

★이렇게 맨 마지막에 있는 경우, 위쪽에서 주제가 잡혔어도, 밑줄 친 말이 있는 아래쪽까지 쭉 읽어내려와야 한다. 주제가 잡힌 이후에는 아주 힘줘서 읽을 필요는 없지만, 맥락을 잡아야 하므로 너무 훑어읽지 않도록 주의한다.

이 문제의 원리를 좀더 느낄 수 있도록 내가 한 예시를 보여주겠다.

예를 들어, 어떤 지문의 요지가 '좋은 수업이란 질문이 있는 교실을 만드는 것이다', '학생들이 질문을 하게 만드는 것이 중요하다'라고 하자. 이 지문의 아래쪽 문장에 이렇게 밑줄이 쳐져 있다.

<글의 요지>
"학생들이 질문하게 만드는
수업이 좋은 수업!"

절대로 잘 가르치는 나쁜
선생님이 되어서는 안된다.

"절대로 <u>잘 가르치는 나쁜 선생님</u>이 되어서는 안된다."

여기서 말하는 '나쁜 선생님'이 어떤 선생님이겠는가? 학생들에게 무관심한 선생님? 폭력을 휘두르는 선생님? 아니다. 가르치기만 하고, '학생들이 질문을 하도록 만들지 못하는 선생님'이다. 이렇게 글의 요지를 파악하고 나서야 비로소 저 말이 무슨 말인지 알 수 있는 것이다. 함축의미추론은 이렇게 만들어진다.

+ 이 유형의 또 한가지 특징은 일반 주제지문보다 '스토리텔링'인 경우도 많다는 것이다. 그냥 일화 이야기처럼 스토리를 읽어야 하는 지문 말이다. 글의 처음부터 들어가서 그냥 스토리전개다 싶으면 쭉쭉 읽어야 한다.

이 유형을 잘 푸는 방법은, 주제제목 유형을 먼저 철저하게 연습하는 것이다. 그리고 나서 이 함축의미추론을 집중적으로 '많이' 푸는 것이 필요하다. 글은 어렵지 않으나 일단 읽어야 하는 분량 자체가 많기 때문에 양적으로 많은 풀이 경험이 있어야 괜한 부담감을 안 가질 수 있다. 매일 조금씩 접해보는 것이 아닌 한번에 15문제 이상 집중해서 많이 풀다 보면, 이 유형이 읽을 양이 많다고 해서 난이도가 높은 것이 아님을 깨닫게 될 것이다.

이제 예시 문제를 함께 풀어보자. 먼저 밑줄 위치 중 가장 접근 부담감이 높은 아래쪽에 밑줄어휘가 있는 경우를 살펴보겠다.

2022학년도 6월 모의고사

밑줄 친 <u>an empty inbox</u>가 다음 글에서 의미하는 바로 가장 적절한 것은? [3점]

The single most important change you can make in your working habits is to switch to creative work first, reactive work second. This means blocking off a large chunk of time every day for creative work on your own priorities, with the phone and e-mail off. I used to be a frustrated writer. Making this switch turned me into a productive writer. Yet there wasn't a single day when I sat down to write an article, blog post, or book chapter without a string of people waiting for me to get back to them. It wasn't easy, and it still isn't, particularly when I get phone messages beginning "I sent you an e-mail two hours ago…!" By definition, this approach goes against the grain of others' expectations and the pressures they put on you. It takes willpower to switch off the world, even for an hour. It feels uncomfortable, and sometimes people get upset. But it's better to disappoint a few people over small things, than to abandon your dreams for <u>an empty inbox.</u> Otherwise, you're sacrificing your potential for the illusion of professionalism.

① following an innovative course of action
② attempting to satisfy other people's demands
③ completing challenging work without mistakes
④ removing social ties to maintain a mental balance
⑤ securing enough opportunities for social networking

1. 글의 처음부터 들어가서, 첫 문장을 공들여 해석하고 반응한다.

The single most important change you can make / in your working habits / is to switch to creative work first, reactive work second.

: 너가 만들 수 있는 가장 중요한 변화는 / 너의 일하는 습관에서 / 창조적인 일을 먼저 우선적으로 두고, 대응적인 일을 두 번째에 두도록 바꾸는 것이다!

> 읽고 생각하기!
> 그니까 일할 때 창의적인 일을 더 우선시하라는 것인데. 첫 문장부터 최상급도 쓰고 있고 강하게 말하고 있다. 벌써 주제가 나온 것일까!

2. 두 번째 문장을 들어가서, 두 개의 자아로 "그래서 이게 주제야?"를 생각하면서 읽는다!

This means blocking off a large chunk of time every day / for creative work on your own priorities, with the phone and e-mail off.

: 이것은 의미한다/ 매일 많은 시간을 전화기와 이메일을 끈다는 것을! /당신의 우선순위에 따라 창조적인 작업을 위해서! (그러니까 creative한 일을 하기 위해서 다 차단하고 집중해라!)

> 그래서 이게 주제야?
> 첫 문장에서 말한 'creative'를 지키기 위해서 주변과 연락을 자제하라고 하고 있다. 첫 문장의 주장을 부연하면서 설명하려고 하고 있다. 요지는 어느정도 나온 것 같다. 그러나 밑줄이 아래까지 있으니까 쭉쭉 내려가보자…!

3. 요지를 잡은 이후 밑줄쳐진 부분까지 맥락을 잡으면서 쭉쭉 읽기

I used to be a frustrated writer.

: 나는 좌절한 작가였었다.

➡️ 자, 이제 'I'가 등장하고 스토리텔링으로 자신의 이야기를 시작했음을 알 수 있다. 자신의 이야기를 쭉 예시를 들어서 얼마나 'creative를 우선시'하는 것이 중요한 것임을 말할 것이다. 딱히 역접의 가능성이 없다. 그러나 밑줄친 어휘가 어느 맥락에서 나오는 것임을 알아야 하므로 맥락만 짚으면서 쭉쭉 가볍게 읽어가자!

Making this switch turned me into a productive writer.

: 이렇게 전환하자 나는 생산적인 작가로 변신했다.

Yet there wasn't a single day when I sat down to write an article, blog post, or book chapter without a string of people waiting for me to get back to them.

: 하지만 내가 기사나 블로그 게시글 혹은 책의 한 챕터를 쓰려고 앉을 때마다, 사람들이 내가 그들에게 답장을 주기를 기다리지 않은 날이 단 하루도 없었다.

It wasn't easy, and it still isn't, particularly when I get phone messages beginning "I sent you an e-mail two hours ago…!"

: 그것은 쉽지 않았는데, 특히 "'2시간 전에' 이메일을 보냈어요…!"라고 시작하는 전화 메시지를 받을 때는 아직도 쉽지 않다.

By definition, this approach goes against the grain of others' expectations and the pressures they put on you.

: 당연히, 이러한 접근 방식은 반대로 가는 것이다(맞지 않는다) => 다른 사람들의 기대와 그들이 여러분에게 가하는 압박에!

★쭉쭉 읽을 때는 자연스럽게 속으로 요약하면서 해설하면서 읽기〉

: 작가의 경험은 그러니까 이렇게 creative한 것을 우선시하면 '메일확인'같은 일상 업무는 뒷전이 될 것이므로 사람들이 안 좋아한다는 것이군

It takes willpower to switch off the world, even for an hour. It feels uncomfortable, and sometimes people get upset.

: 단 한 시간 동안이라도 세상에 대한 스위치를 끄는 데는 의지가 필요하다.

➡ 그니까 역시 하고 싶은 말은 "그런 것 다 신경쓰지 말고 연락 끄고 creative 한 것에 집중해라!"

But it's better to disappoint a few people over small things, than to abandon your dreams for an empty inbox.

: 그러나 빈 서류함을 위해 자신의 꿈을 포기하는 것보다, 사소한 것에 대해 몇 사람을 실망하게 하는 것이 낫다.

Otherwise, you're sacrificing your potential for the illusion of professionalism.

: 그렇게 하지 않으면, 여러분은 전문성이라는 환상을 위해 자신의 잠재력을 희생하고 있다.

4. 밑줄 쳐진 부분의 의미 틀잡기

※지문을 다 읽었다고 해서 절대 바로 선택지를 들어가지 말아라!
선택지에 들어가기 전에 맥락을 이렇게 나누어서 판단하라!

밑줄 문장의 의미를 확실히 맘속에 정리하기
빈 박스!를 위해 너의 꿈을 버리는 것은 안돼.
➡ 그러니까 여기서 빈 박스는 '꿈을 포기하게 하는' 빈 박스다! 말하자면 글쓴이가 원하지 않는 나쁜 것이다!

요지 상기하기
요지는 역시 creative 한 것/주변과 연락 끄고 집중해라.

정답의 틀 나름대로 여러 번 잡기
'꿈을 포기하게 하는' 빈 박스는??
➡ creative 하지 않은 것/일상 업무 같은 것/주변에 맞추는 것, 주변과 연락하는 것!

5. 선택지 작업

① following an innovative course of action

➡ 혁신적인? 완전 반대. (X)

② attempting to satisfy other people's demands

➡ 사람들의 요구를 만족시키는 것을 시도. 오케이 정답!

③ completing challenging work without mistakes

➡ '실수 없이' 도전적인 일을 하는 것. 반대. (X)

④ removing social ties to maintain a mental balance

➡ 사회적인 연결을 제거? 반대. (X)

⑤ securing enough opportunities for social networking

: 충분한 기회를 확보하는 것. 소셜 네트워크를 위해서.

➡ 이것은 social을 강조한다는 점에서 △일 수 있겠지만 '기회를 확보한다는 것'/'네트워크'보다는 사람들 요구를 만족시킨다는 ②번이 더 직설적인 답이다.

학생들이 부담스러워하는 유형이라 생각해 3점이 배점된 문제였지만 난이도는 쉬웠다!

이번에는 밑줄 쳐진 부분이 위쪽에 나오는 경우를 살펴보자.

밑줄 친 the role of the 'lion's historians'가 다음 글에서 의미하는 바로 가장 적절한 것은?

There is an African proverb that says, 'Till the lions have their historians, tales of hunting will always glorify the hunter'. The proverb is about power, control and law making. Environmental journalists have to play <u>the role of the 'lion's historians'</u>. They have to put across the point of view of the environment to people who make the laws. They have to be the voice of wild India. The present rate of human consumption is completely unsustainable. Forest, wetlands, wastelands, coastal zones, eco-sensitive zones, they are all seen as disposable for the accelerating demands of human population. But to ask for any change in human behaviour — whether it be to cut down on consumption, alter lifestyles or decrease population growth — is seen as a violation of human rights. But at some point human rights become 'wrongs'. It's time we changed our thinking so that there is no difference between the rights of humans and the rights of the rest of the environment.

① uncovering the history of a species' biological evolution
② urging a shift to sustainable human behaviour for nature
③ fighting against widespread violations of human rights
④ rewriting history for more underrepresented people
⑤ restricting the power of environmental lawmakers

1. 글의 처음부터 들어가서, 첫 문장을 공들여 해석하고 반응한다.

There is an African proverb that says, 'Till the lions have their historians, tales of hunting will always glorify the hunter'.

: 아프리카 속담이 있다 : "사자들이 자신들의 역사가를 갖게 될 때까지, 사냥 이야기는 언제나 사냥한 자를 명예롭게 할 것이다."

2. 두 번째 문장을 들어가서, 두 개의 자아로 "그래서 이게 주제야?"를 생각하면서 읽는다!

The proverb is about power, control and law making.

: 이 속담은 권력, 통제, 법 제정에 관한 것이다.

Environmental journalists have to play the role of the 'lion's historians'.

: 환경 저널리스트는 '사자의 역사가'의 역할을 수행해야 한다.

They have to put across the point of view of the environment to people who make the laws.

: 그들은 법을 만드는 사람들에게 환경에 대한 관점을 이해시켜야 한다.

➡ put across 같은 이어동사를 대범하게 처리하는 능력은 언제나 중요하다! '이해시키다'라는 몰라도 이렇게 해보자. put across, '가로질러 내놓다', '뭔가를 떡 하고 내놓다!' 이렇게라도 처리하지 않으면 주눅 들어서 독해가 뭉개진다. 나도 뜻이 생각이 안나는 이어동사를 만나면 그렇게 한다. 이런 것 때문에 자신감을 잃지 말아라!

They have to be the voice of wild India.

: 그들은 인도 야생 자연의 대변자가 되어야 한다.

3. 요지를 잡은 이후 밑줄쳐진 부분까지 맥락을 잡으면서 쭉쭉 읽기

이미 위쪽에 밑줄이 나왔고 요지가 잡혔으니 그만 읽어도 된다. 혹시 아래쪽에 별다른 큰 역접이 없는지만 확인하자!

4. 밑줄 쳐진 부분의 의미 틀잡기

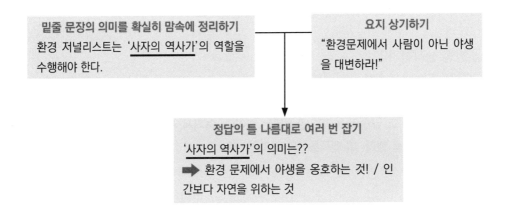

밑줄 문장의 의미를 확실히 맘속에 정리하기
환경 저널리스트는 '사자의 역사가'의 역할을 수행해야 한다.

요지 상기하기
"환경문제에서 사람이 아닌 야생을 대변하라!"

정답의 틀 나름대로 여러 번 잡기
'사자의 역사가'의 의미는??
➡ 환경 문제에서 야생을 옹호하는 것! / 인간보다 자연을 위하는 것

5. 선택지 작업

① uncovering the history of a species' biological evolution

: 한 종의 생물학적 진화의 역사를 밝혀내는 것

➡ '진화' 얘기 보자마자 관련 없음. 땡! (X)

② urging a shift to sustainable human behaviour for nature

: '자연을 위한 인간의 지속가능한 행동으로의 전환을 촉구하는 것'

➡ 자연을 위한, 전환 촉구. 오케이!

③ fighting against widespread violations of human rights

: 만연한 인권 침해에 맞서 싸우는 것

➡ 인권이 문제가 아니고, 자연을 위해야 하는 거라니까! 땡! (X)

④ rewriting history for more underrepresented people

: 더 부당하게 서술된 사람들을 위해서 역사를 다시 쓰는 것

➡ 이것 역시, 사람을 위해야 한다는 얘기니까 땡 (X)

⑤ restricting the power of environmental lawmakers

: 환경법 제정자들의 권한을 제한하는 것

➡ 법 제정자의 권한을 제한하자는 것은 생뚱맞음… 땡! (X)

다음 2024학년도 9월 모의평가에서 오답률이 60%였던 아래 문제에 주목해보자. 사실 함축의미추론은 별다른 큰 스킬이 필요 없다. 그저 쭉쭉 잘 읽으며 끄덕끄덕하면서 내용을 이해하면 자연스럽게 맞힐 수 있는 문제가 대부분이다. 그런데 이 문제는 문장도 길고 해석이 혼을 쏙 빼놓을 것 같이 추상적이었는데 선택지도 상당히 까다로웠다. 나는 이 문제를 좀 더 구체적으로 해설하려고 한다. 이 문제를 통해 독해능력과 선택지 고르는 능력을 크게 키울 수 있을 것이다.

21. 밑줄 친 "The best is the enemy of the good."이 다음 글에서 의미하는 바로 가장 적절한 것은? [3점]

Gold plating in the project means needlessly enhancing the expected results, namely, adding characteristics that are costly, not required, and that have low added value with respect to the targets — in other words, giving more with no real justification other than to demonstrate one's own talent. Gold plating is especially interesting for project team members, as it is typical of projects with a marked professional component — in other words, projects that involve specialists with proven experience and extensive professional autonomy. In these environments, specialists often see the project as an opportunity to test and enrich their skill sets. There is therefore a strong temptation, in all good faith, to engage in gold plating, namely, to achieve more or higher-quality work that gratifies the professional but does not add value to the client's requests, and at the same time removes valuable resources from the project. As the saying goes, "The best is the enemy of the good."

* autonomy: 자율성 ** gratify: 만족시키다

① Pursuing perfection at work causes conflicts among team members.
② Raising work quality only to prove oneself is not desirable.
③ Inviting overqualified specialists to a project leads to bad ends.
④ Responding to the changing needs of clients is unnecessary.
⑤ Acquiring a range of skills for a project does not ensure success.

1. 글의 처음부터 들어가서, 첫 문장을 공들여 해석하고 반응한다.

Gold plating in the project means needlessly enhancing the expected results, namely, adding characteristics that are costly, not required, and that have low added value with respect to the targets — in other words, giving more with no real justification other than to demonstrate one's own talent.

: 프로젝트에서 금도금은 예상되는 결과를 불필요하게 향상하는 것, 즉 비용이 많이 들고 필요하지 않으며 목표와 관련하여 부가 가치가 낮은 특성을 추가하는 것으로, 다시 말해 어떤 이 스스로의 재능을 입증하는 것 외에는 실질적인 명분이 없는 더 많은 것을 제공하는 것을 의미한다.

고난도 문장 수업 !!

문제풀이를 하는 중간이지만, 이 길고 긴 문장을 잘 공부해보면 좋겠다. 위에 써놓은 저 번역 어투의 한글 해석을 보라. 한글이지만 잘 와닿지 않을 것이다. 영어지문은 원래 한글로 해석해 놓은 것을 보면 오히려 머리가 아픈 것이다. 그러니까 번역작업을 하는 게 아니라 영어를 느껴야 하는 것이다. 길면 길수록 그렇게 승부해야 한다.

이 문장은 유난히 길고 소재도 어렵고 콤마(,)도 많고, 문장이 정말 짜증나게(?) 생겼다. 그래도 아무렇지 않은 듯 스스로 중심을 잡아보자. 길면 내가 한 호흡에 받아들일 수 있을 만큼 끊고, 한 호흡씩 해석해가면 된다. 포기하지 말아라. 긴 문장에서 빠지는 것 없이 받아들여야 한다.

Gold plating in the project /
골드 플레이팅 이 뭐래 ? ('금도금'이라고 한다. 몰랐다고 해보자.)
금을 놓는 것? 아무튼 어떤 프로젝트에서 금플레이팅을 하는 것은!

means needlessly enhancing the expected results,
☑ 해석: 의미한다 – 불필요하게! 예상 결과를 높이는 것
☑ 반응: 음, 불필요하게 라고 하는 것을 보니 나쁜 거네. 예를 들어 내가 원래 4등급인데 1등급 나올 거라고 기대를 높이는 그런 느낌인가? [예를 들어 납득해보기]

namely, adding characteristics that are costly,
☑ 해석: 즉, 비용이 많이 드는 특징을 더해버려
☑ 반응: 돈도 많이 든다는 건가. 단점 추가.

not required,
☑ 해석: 필요하지도 않아.
☑ 반응: (계속 콤마, 콤마, 하면서 문장이 길게도 이어지네)

and that have low added value with respect to the targets

☑ 해석: 그리고 또 낮은 가치를 더한다. 그 목적에 대해서.

☑ 반응: 그런데 추가된 가치가 낮다고? 아무튼 쓸모없는 것이로군.

여기까지 어쨌든 'Gold plating이 나쁜 것'이라는 맥락을 잡았을 것이다. 한숨 돌리자.

그런데 아직도 문장이 안 끝나고 뒤에 이어지는 부분이 지저분하다.

계속 정신을 잃지 말고 잘 해석해보자고, 스스로를 진정시켜라.

★★★

in other words, giving more with no real justification other than to demonstrate one's own talent.

: 다시 말해 자신의 재능을 입증하는 것 외에는 실질적인 명분(정당성)이 없이 더 많은 것을 제공하는 것을 의미한다.

이런 종류의 구문을 본 적이 없다면 '이게 무슨 이상한 문장이지?;;' 라는 생각이 들 것이다.

일단 여기 나온 'no ~ other than – ' 구문을 좀 설명하자면 이렇다.

"no ▲ 가 나오고 뒤에 other than ▽ 이 나오면"

→ ▽ 빼고는 아무것도 ▲가 아닌

이런 식으로 생각을 해줘야 한다. 그러니까 '▽만' 유효한 의미를 지니는 ▲인 것이다. 즉 여기서 해석은

'▽ : 자신의 재능을 입증하는 것' 빼고는 아무것도

'▲ : 실제 명분이 되는 것' 이 없다 !

즉, 골드 플레이팅은 자신의 재능을 입증하는 것 외에는 아무 명분(정당화)될만한 것이 없는 채로, 많은 것을 준다(giving more)는 것을 의미한다.

(*여기서 give의 목적어로서 'more'이 명사로 쓰였다)

이렇게 문법적으로 분석을 하려니 머리가 아프다. 이 문장은 분석하기 편하게 예쁘게 만들어진 문장도 아니다. 시험시간에 우리에게는 이렇게 분석할 시간도 없다. 이 문장을 읽었을 때 그냥 영혼독해 한다면?

☑ 영혼독해

in other words, giving more with no real justification
그러니까 명분도 없이 많은 것을(정보 등을) 더한 거네? 쓸데없고 나쁜 거야!

other than to demonstrate one's own talent.
오직 자기 재능을 보이려는 것 외에는. (no other than 구문을 몰랐다면 '오직 자기 재능을 입증하려고 하는 것 이상으로는 아무것도 없어!' 정도로 받아들이고 갔어야 한다)

어쨌든 이 전체 문장을 내 언어로 한마디로 요약하여 마음에 심자면,

"그니까 골드플레이팅이라는 것은 불필요한 것,
낮은 가치나 더하는 것, 자기 재능을 보여주려고나 하는 것,
비용도 많이 드는 나쁜 것이다!"

2. 두 번째 문장을 들어가서, 두 개의 자아로 "그래서 이게 주제야?" 를 생각하면서 읽는다!

Gold plating is especially interesting for project team members, as it is typical of projects with a marked professional component — in other words, projects that involve specialists with proven experience and extensive professional autonomy.

: 골드플레이팅은 특히 프로젝트 팀원들에게 흥미로운데, 이는 전문적인 요소가 뚜렷한 프로젝트, 다시 말해 검증된 경험과 폭넓은 전문적 자율성을 갖춘 전문가가 참여하는 프로젝트에서 일반적이기 때문이다.

☑ 사고력 독해 가이드!

자, 두 번째 문장이 나왔는데 어떤가? 첫 번째 문장을 그냥 부연하는 것이 아니라, '특히 이럴 때 흥미롭다' 이러면서 새로운 소재를 추가하고 있다. 이럴 때는 관심있게 보아야 한다.

[받아들일 수 있는 만큼 끊어서 독해하기]

Gold plating is especially interesting for project team members, /

➡ 골드플레이팅은 특히 프로젝트 팀멤버에 대해 흥미로운데 [왜 그들에게 흥미롭지?라고 반응]

as it is typical of projects with a marked professional component

➡ 이는 전문적인 요소가 눈에 띄는 프로젝트에서 전형적인데 [전문적인 것이 뚜렷할 때!! 골드플레이팅이 일어나나 봄.]

(— in other words,) projects that involve specialists with proven experience and extensive professional autonomy.

➡ 다시 말해 이런 프로젝트, '검증된 경험'과 '폭넓은 전문적 자율성'을 갖춘 전문가를 포함한 프로젝트에서 그렇다.

💡 한마디로 요약해서 이해!

➡ 아 그러니까 뭔가 되게 있어 보이고, 프로페셔널 해보이는 집단에서 골드 플레이팅이 잘 일어난다는 거군! 경험도 많고 전문적으로 보이지만 사실 쓸데없는 골드플레이팅을 많이 하고 있다!

💡 여기까지 읽었을 때 이게 주제인가? 생각!

➡ 그러니까 골드플레이팅은 나쁜 거고, 전문적인 집단에서 특히 많이 한다. 이게 주젠가?

3. 요지를 잡은 이후 밑줄쳐진 부분까지 맥락을 잡으면서 쭉쭉 읽기

In these environments specialists often see the project as an opportunity to test and enrich their skill sets.

: 이러한 환경에서 전문가들은 종종 프로젝트를 자신의 다양한 능력을 테스트하고 강화할 기회로 여긴다.

➡ 반응- 그런 집단에서 전문가들이 자기 능력 키우려고 한다고~ 부연설명에 들어가려고 하고 있군.

There is therefore a strong temptation, in all good faith, to engage in gold plating, namely, to achieve more or higher-quality work/ that gratifies the professional but does not add value to the client's requests, and at the same time removes valuable resources from the project.

: 따라서 골드플레이팅에 선의(good faith)로 참여하려는 강한 유혹, 즉 더 많거나 높은 품질의 성과를 달성하려는 유혹이 있다. / 그 유혹은 전문가들은 만족시킬지 몰라도 고객의 요구에 가치를 더하지도 않고, 동시에 프로젝트에서 귀중한 자원을 없애는 유혹이다!

➡ 전문가끼리는 좋지만 고객 이득 없음. <u>but does not add value!</u> <u>removes valuable resources!</u> 오키오키

4. 밑줄 쳐진 부분의 의미 틀잡기

As the saying goes, "<u>The best is the enemy of the good.</u>"

: 속담에 있듯이, '<u>최고는 좋음의 적</u>'이다.

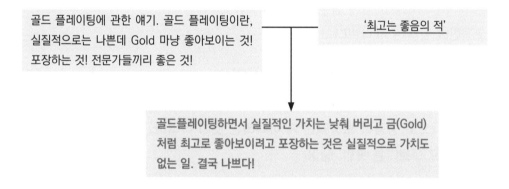

골드 플레이팅에 관한 얘기. 골드 플레이팅이란, 실질적으로는 나쁜데 Gold 마냥 좋아보이는 것! 포장하는 것! 전문가들끼리 좋은 것!

'최고는 좋음의 적'

골드플레이팅하면서 실질적인 가치는 낮춰 버리고 금(Gold)처럼 최고로 좋아보이려고 포장하는 것은 실질적으로 가치도 없는 일. 결국 나쁘다!

5. 선택지 잘 고르기

① Pursuing perfection at work causes conflicts among team members.
② Raising work quality only to prove oneself is not desirable.
③ Inviting overqualified specialists to a project leads to bad ends.
④ Responding to the changing needs of clients is unnecessary.
⑤ Acquiring a range of skills for a project does not ensure success.

※이 문제가 높은 오답률을 기록한 것은 선택지가 교묘하게 구성되어 있었기 때문이다.
 자, 일단 확실히 아닌 것부터 X표기로 지우고 애매하면 세모를 쳐보자.

① Pursuing perfection at work causes conflicts among team members.
 : 일에서 완벽을 추구하면 팀원 간 갈등이 일어난다.

➡ 팀원간 갈등?! 아니다 땡! X

② Raising work quality only to prove oneself is not desirable.
 : 오로지 자신을 증명하기 위해 성과의 질을 올리는 것은 바람직하지 않다.

➡ 부정적인 이야기 맞음 + 골드플레이팅이 자신을 증명하기 위한 것이라는 언급 있었음.
세모 △

③ Inviting overqualified specialists to a project leads to bad ends.
 : 프로젝트에 필요 이상의 자격을 갖춘 전문가를 끌어들이는 것은 나쁜 결과를 가져온다.

➡ 부정적인 이야기 맞음 + 경험 많고 자격 있는 전문가들에 대한 언급 있었음. 세모△

④ Responding to the changing needs of clients is unnecessary.
 : 고객의 변화하는 요구에 대응하는 것은 불필요하다.

➡ 고객한테 맞추는 게 나쁘다고? 땡 X

⑤ Acquiring a range of skills for a project does not ensure success.
 : 프로젝트에 필요한 다양한 기술을 습득한다고 해서 성공이 보장되는 것은 아니다.

➡ 기술 습득으로 성공이 보장되는 게 아니라는 뜻이 아니라, 골드플레이팅은 성과의 가
치를 낮추므로 나쁘다는 뜻임. 땡 X

<세모 두 개 중에 답 고르기!>

자 어정쩡한 세모 두 개가 남았다. 내가 느끼는 요즘 기출의 트렌드라고 한다면 첫째, 정답 선지는 주제의 핵심 포인트를 큼직한 내용으로 잡지 않고, 조금 구체적인 내용을 근거로 잡아서 어정쩡하게 느껴지도록 낸다. 둘째, 또 매력적인 오답을 만들 때는 주제와 관련된 포인트에서 살짝 논점을 흐리는 포인트로 유인하는 듯하다. 이런 것에 강해지려면 한 발짝 떨어져서 '누가 논점을 흐리고 있는가!'에 대해 냉정하게 판단하는 연습을 해야 한다.

② Raising work quality only to prove oneself is not desirable.
: 오로지 자신을 증명하기 위해 성과의 질을 올리는 것은 바람직하지 않다.
➡ ②번 선지는 '자신을 증명한다!' 라는 것을 골드플레이팅의 포인트로 잡고 있고, 그게 나쁘다고 하고 있다.

☑ 논점을 흐리고 있는가? 생각하기

나는 골드 플레이팅의 메인 포인트를 '나쁜 것' '가치를 낮추고 실질적인 이득이 없는 것' 이런 큼직한 방향으로 잡았지, 명확히 '자신을 증명하려는 나쁜 것!'이라고 잡지는 않았다. 하지만 이 얘기는 같은 방향의 부연 설명에 있었고 논점에서 벗어나지 않는다. 그래서 이건 X라고 할 수 없다.

③ Inviting overqualified specialists to a project leads to bad ends.
: 프로젝트에 필요 이상의 자격을 갖춘 전문가를 끌어들이는 것은 나쁜 결과를 가져온다.
➡ ③번 선지는 전문가를 부르는 것이 나쁘다고 하고 있다.

☑ 논점을 흐리고 있는가? 생각하기

지문에서 분명 특별히 능력있는 전문가들한테 골드 플레이팅이 잘 나타난다고는 했다. 근데 그들과 함께 일하는 것 자체, 전문가를 초빙하는 것 자체가 나쁘다고 하는 것은 논점을 흐리는 이야기다. 그래서 답은 ③번이 아니라 ②번이 되는 것이다.

이제 기출문제집을 펴고 이 유형을 집중적으로 훈련하고 돌아오자!

유형편

Reading Skills.3
빈칸 추론

이제 가장 어려운 유형인 빈칸추론을 하려고 한다.

빈칸추론을 다른 유형보다 비중 있게 다루려고 한다. 나는 빈칸추론에 대해 할 말이 아주 많다. 빈칸 4개 중 한 개를 맞출까 말까하는 당신에게 이렇게 하면 된다고 진정 가르쳐주고 싶다.

영어선생님들은 마치 모든 것을 알고 있는 것처럼 설명할 것이다. 그러나 내가 전할 메시지의 핵심은 다르다. 그것은 '너도 나도 별 수 없다'는 것이다. 한 때 하버드생이 풀어도 틀린 한국의 수능 문제라며 영어영역 빈칸문제가 화제가 된 적이 있다. 그것이 무엇을 의미하는지 아는가? 이미 수능의 빈칸추론은 영어시험으로서의 타당하고 상식적인 수준을 넘었다. 물론 답이 되는 근거와 논리는 뒷받침된다. 그러나 '뻘소리'를 늘어놓는 지문 안에서 너도, 나도 무슨 말인지 잘 모르겠는 상태로 풀어야 한다는 것이다. 정말로 나도 별수가 없다. 그러나 답은 맞힐 자신이 있다. 그것도 아주 즐기면서 말이다! 빈칸추론이 재미있다고 말하면 당신은 싫어하겠지만 사실이다. 당신이 겁먹어서 정신만 잃지 않으면 그 어떤 유형보다 재미있는 것이 빈칸추론이다. 이제 당신도 곧 알게 될 것이다. 빈칸추론, 가장 완벽한 접근법을 가르쳐주겠다.

Ⅰ. 빈칸이 맨 앞문장에 있는 경우

빈칸추론은 빈칸이 뚫린 위치에 따라 접근법이 다르다. 빈칸이 맨 앞 문장에 있는 경우, 중간 문장에 있는 경우, 맨 마지막 문장의 바로 직전 문장에 있는 경우, 맨 마지막 문장에 있는 경우 이렇게 4가지다. 먼저 빈칸이 맨 앞 문장에 뚫린 경우부터 살펴보자.

```
┌─────────────────────┐
│  ──────             │
│                     │
│                     │
│                     │
│                     │
│                     │
│                     │
│                     │
└─────────────────────┘
```

1. 빈칸 문장부터 들어간다. (맨 앞)

이것은 빈칸 위치에 관계없이 항상 지켜야 하는 규칙이다. 우리의 목표는 주제에 맞게 빈칸을 넣는 것이다. 빈칸문장을 먼저 장악하면, 다음에 나오는 글을 읽기 전에 우리가 필요한 것이 무엇인지 목표를 설정하여 '저격'할 수 있다.

2. 빈칸문장을 더 제대로 번역하고, 혼잣말로 각인시킨다.

빈칸문장은 다른 글을 읽을 때보다 더 정확하게, 영혼독해처럼 큰 뜻만 뽑아내는 것이 아니라, 한국어로 잘 번역해야 한다. 이때 빈칸 부분은 <빈칸>이라고 번역하면 된다. 온전하게 문장을 한국어로 각인시켜야 한다. 그리고 나서 스스로에게 말한다.

"무엇이 ~~인지 참 궁금하다!" 라고!

(별로 궁금하지 않더라도 이렇게 말하라. 그것이 무엇인지 참 궁금하다고. 이 말을 하고 안하고에 따라 뒤에서 소통하여 답을 찾아내는 흡수력이 달라진다.)

[예1]
(영어로 '과학자들은_____를 간과해서는 안된다'라는 의미의 문장)

한국어로 번역: 과학자들은 <빈칸>을 간과해서는 안된다.
혼잣말로 각인: 과학자들이 무엇을 간과하면 안 되는지 "참 궁금하다!!"

[예2]
(영어로 '고양이를 키울 때_____이 가장 중요하다'라는 의미의 문장)

한국어로 번역: 고양이를 키울 때는 <빈칸>이 중요하다.
혼잣말로 각인: 고양이를 키울 때 무엇이 중요하지? 먹이? 온도? 참 궁금하다!!

※ 주의! 문장의 구조를 공들여서 잘 살려야 한다!※
빈칸 앞뒤로 문장 성분이 이어지는 경우를 특히 주의해서 해석하라.

[고난도 예시]

Unlike deviance in other settings, deviance in sports often involves _____ norms and expectations.

➡ 다른 환경에서의 일탈과 다르게, 스포츠에서의 일탈은 〈빈칸을〉 포함한다. 어떤 기준과 기대에 대한! (빈칸에 목적어 붙여서 해석!)

➡ 스포츠 분야에서 일탈을 했을 때 어떤 기준과 기대에 대해 어떻게 하는지 참 궁금하다!!

> 나중에 선택지 역시 빈칸 구조를 반드시 참고해야 한다!!
>
> ① a disciplined control of the desire to avoid [norms and expectations.]
> : 뭘 (avoid) 피하지? 기준과 기대를!
>
> ② wasted efforts and resources in establishing [norms and expectations.]
> : 뭘 establish 하지? 기준과 기대를!

3. 이제 그 다음 줄부터 읽으면서 주제를 잡는다.

주제 찾기 유형과 매우 비슷하다. 게다가 더 쉽다. 주제는 완전히 우리가 처음부터 잡아야 하지만, 빈칸은 이미 반은 주어져 있지 않은가? 우리는 '과학자들이 간과하면 안 되는 것/ 또는 고양이를 키울 때 가장 중요한 것'이 무엇인지만 알아내면 된다! 주제의 반은 이미 주어져 있다! 우리의 영혼독해 실력으로 빈칸문장의 다음 문장부터 쭉 소통하면서 읽어라.

목표가 나올 때까지 읽고, 주제의 틀을 잡은 후!
나머지 문장은 Skimming&Scanning!!
훑어 읽으며 어떤 내용이 있는지만 확인한다.

※여기서 훑어 읽으란 말은, 영혼독해를 할 필요까진 없고, 어휘 중심으로 빠르게 무슨 내용이 뒤에서 부연하고 있는지 확인해야 한다는 이야기다.

4. 주제를 찾았다면, 빈칸에 맞게 '환산'하는 작업을 하라!

빈칸문장은 어떤 방향으로든 글의 주제를 담고 있는 문장이다. 그렇다면 주제를 빈칸에 쏙 넣으면 되는가? 그렇게 생각하면 큰일이다. 문맥에 맞게 '환산' 작업을 해야 한다.

이 환산을 설명하기 위해서 다음 예시보다 좋은 것이 없는 것 같다.

★환산작업 이해를 위한 중요 예시★

It is a common misconception among many musicians and non-musicians alike that _____

〈2013학년도 9월 모의평가 中〉

'음악인들과 비음악인들 사이에 <빈칸>은 흔한 오해다.'

이 문장의 경우, 결국 빈칸은 '오해'가 무엇인지를 나타내고 있다. 그러니까 빈칸에 절대 주제문 자체가 들어가면 안된다는 것이다. 빈칸은 '오해'가 들어가야 하므로 우리는 주제를 한 번 꼬아서 오해를 생각할 수 있어야 한다는 것이다. 자 이 문장이 등장했던 전체 지문을 한 번 보자.

It is a common misconception among many musicians and non-musicians alike that _____. This is not surprising as it is natural to associate music with the sounds that create the melody, rather than with the quiet spaces between the notes. Because rests are silent, people often misinterpret these empty spaces as unimportant. But, imagine what would happen if a song was made up of only notes, and no rests. Aside from the fact that the "rest would be history" (pun intended), there would be a wall of sound with no reference point or discernible backbone to the music. This is because the spaces between the sounds provide a baseline and contrast for the piece, and give music structure and texture. In fact, it is a common saying among experienced musicians that a full measure of rest can hold more music than a full measure of blistering notes. [3점]

이 지문이 전체 지문이다. 주제 찾기 훈련을 제대로 하고 왔다면, 이 글의 반 정도를 읽었을 때 이 글의 주제가 '음악은 음 자체 뿐만 아니라 쉬는 구간도 중요한 역할을 한다'임을 알아차렸을 것이다. 그런데 빈칸에는 '오해'가 들어가야 한다. 빈칸에 이 주제 자체가 들어간다면? 음악에서 쉬는 구간도 중요한 역할을 한다는 게 '오해'가 되는 것이다. 환산 작업이란 이렇게 빈칸에 온전히 들어갈 말을 준비하는 것을 말한다. 위 글에서는 '쉬는 구간은 쓸모가 없어!, 음이 더 중요해!'라고 하는 것이 알맞은 '오해'일 것이다. 선택지 작업을 해보라.

① notes are more important than rests
② rests provide a direct reference point to music
③ silence is no less meaningful than sound in music
④ melody is nothing more than a collection of sounds
⑤ structure and texture are the most crucial aspects of music

그렇다. 답은 1번이다.

자, 빈칸문장 읽기부터 환산작업까지 이해가 되었는가? 설명이 길었다. 빈칸추론 중 빈칸이 맨 앞에 뚫려있는 유형에 대한 접근법을 요약해보겠다.

1. 빈칸문장부터 들어간다.
2. 빈칸문장을 더 제대로 번역하고, 혼잣말로 각인시킨다.
3. 이제 그 다음 줄부터 읽으면서 주제를 잡는다.
4. ★주제가 잡혔다면, 빈칸에 들어갈 말을 '빈칸 문맥'에 맞게 '환산'한다.
5. 선택지 작업하기

선택지 작업은 주제 찾기 유형에서 했던 것과 같은 방법으로 하면 된다. 그러나 주제찾기 유형은 선택지가 어렵지 않지만 빈칸은 선택지 때문에 틀릴 정도로 선택지가 까다롭다. 접근은 같으나 주제찾기 때보다 훨씬 더 침착하게 적용해야 한다. 다시 똑같이 복습해 보겠다.

 The Secret of Right Choice

핵심 1.

내가 원하는 답을 요구하지 말고, 아닌 것을 지우는 게 빠르다!

고난도 빈칸은 본문보다 선택지가 어려워서 틀리는 것이다. 선택지가 어떻게 어렵냐고? 내 입맛에 맞는 것이 없어서 어렵다! 예를 들어, 나는 '믿을 만한 사람을 고르는 것은 신중해야 한다' 라고 본문에서 틀을 잡았는데, 정답은 '돌다리도 두드려보고 건너라'같은 비유적인 표현이 나온다든지, '사람을 미리 판단하지 말고 지켜보자'라든지. '사람은 여러 가지 측면을 가지고 있다'라든지, 방향은 대충 같은데 내가 원하는 직설적인 답을 주지 않는 경우가 많다. 그러므로, 애초에 내 입맛에 맞는 것을 기대하지 않는 것이 좋다! 먼저 답을 찾으려고 하지 말고 일단 정답에서 영~아닌 것을 과감히 X표 치자!

선택지를 신중하게 독해하고, 조금이라도 가능성이 있으면 △ 표시를 쳐야 한다!

내가 원하는 답은 어차피 없는 경우가 많으니, 조금이라도 나와 방향성이 같은 것을 이야기하는 선택지에 △를 쳐주자. 이 때 주의해야 할 것은, 알고 보면 △인데 경솔하게 X를 쳐버리면 안 된다는 것이다. 그것은 선택지를 끝까지 해석을 안 해서, 전체의 의미를 무시해서 그렇다. 특히 비유적인 표현이 나오는 선택지도 있을 수 있음을 미리 염두 할 것! 즉, 애초에 방향이 다른 것은 과감히 X표를 쳐버리되, 처음부터 선택지 해석은 정확하게 하라는 것이다.

(예를 들어 매사에 신중하자 – 돌다리도 두드려보고 건너라 –음~ 세모!)

핵심3.

내가 잡은 틀과 아주 조금이라도 더 가까운 것을 답으로 고른다!

자, 영 아닌 것을 X표 치고, 조금이라도 괜찮은 걸 △표시를 하고 나면 아마 완전한 답은 없고 △가 두 개 나오게 될 것이다. 이제 이 세모 두 개 중에 조금이라도, 1도라도 방향이 더 맞는 것을 판단하면 된다. 그럼 어떻게 더 맞는 것을 고르는가?

세모 △두 개△ 중 정답을 고르는 비밀

Ⅰ. 그것을 판단하는 기준은 그 두 개를 놓고 비교하는 것이 아니다. 내가 잡은 틀과 비교하는 것이다! 내가 잡은 틀은 북동 45°라면, 이 방향하고 누가 단 1°라도 더 비슷한지를 비교하는 것이다.

➡ 이 경우, ①번이 답이 되는 것이다.
'③번도 되잖아요?'라고 하면 안 된다. 우리는 〈가장 답〉을 고르는 것이니까.

Ⅱ. 선택지 문장을 어절 단위로 판단해야 한다. 한 단어씩을 잘 살펴보자.
단 한 단어라도 X라면 그것은 △가 아니라 X가 되는 것이다!!

④ ~가 / ~을 / ~하게 / 어쨌다
(O)　(O)　(O)　(x)　: 이런 식으로 어절 단위로 판단!

Ⅲ. 매력적인 오답과 어려운 정답의 원리를 잘 숙지하라.
①번과 ③번이 △후보에 올랐다고 치자. 최고난이도의 문제의 선택지는 이렇게 되어있
다. 내가 잡은 틀과 비교했을 때,

① 밍숭맹숭. 맞았다 하기도, 틀렸다 하기도 뭐함. ➡ △ 그냥… 세모

③ 완전 맘에 드는 어휘가 존재! 완전 끌려! (동그라미 두 개◎) 그러나! 그 속에 x표 쳐지는
하나의 어휘가 섞여있다.　◎ ◎ x　➡　오답

이 둘 중에 정답은 누구겠는가? ①번이다. ③번이 아무리 매력적이어도, X가 작게라도 들어
가면 정답이 될 수 없다. 그래서 어절 단위의 판단이 중요한 것이다.

제일 나쁜 습관은 어떤 일부 선택지에 아무 표시도 하지 않는 것이다.
그럴수록 논리적인 풀이에서 멀어진다. 선택지 5개 모두 ○,△,X 중
반드시 판단 표시를 해야 함을 명심하라!

이제 기출을 통해 보여주겠다. 다음은 2018학년도 9월 모의고사 문제로, 정답률은 55퍼센
트였다. (빈칸이 맨 앞에서 두 번째 문장이지만 거의 맨 앞에 있다고 보아야 하는 경우이다.)

Let me spend a moment on the idea of adjusting to another person's mental orientation. What I mean is this. At any moment, a person has a _____. The person notices this rather than that, and she has feelings and makes judgements about one rather than another aspect of events. If she is hungry, for example, she may notice that a shop is selling groceries; her friend may notice only that it sells newspapers. If she is short of money, she may resent that the fruit is overpriced; meanwhile her friend may feel tempted by some juicy peaches. In one sense the two friends are experiencing the same shop and its contents, but they are having quite different experiences of that shop. A more extreme case arises when one person comprehends things in a peculiar and individual way, for instance, in mistaking the shop for a cinema. [3점]

① desire to make better choices
② point of view similar to that of others
③ personal preference on where to shop
④ particular take on what is happening
⑤ tendency to stick to traditions

🗨 먼저, 첫 문장~빈칸 문장부터 들어가서 빈칸의 틀을 잡아보아라.

Let me spend a moment on the idea of adjusting to another person's mental orientation. What I mean is this. At any moment, a person has a _____.

: 나에게 다른 사람의 정신 orientation(지향)을 조정할 아이디어를 생각할 시간을 달라. 내가 말하고자 하는 것은 이것이다. 어떤 순간이든, 사람은 〈빈칸〉을 갖는다.

'그 (빈칸 포인트)가 뭔지 참 궁금하다' 라고 생각하기
"OK. 무엇인진 모르겠지만 다른 사람의 정신을 조정하는 것의 관련한 이야기. 어쨌든 사람들은 무엇을 갖는다는 것인지 참 궁금하다!"

🍎 좋다. 이제 다음 문장부터 들어가서 주제의 틀을 잡아보아라.

우리의 영혼독해 실력으로! 소통하면서! 주제를 휘어잡아라!

**The person notices this rather than that, and she has feelings and makes judge-
ments about one rather than another aspect of event. If she is hungry, for example,
she may notice that a shop is selling groceries;**

: 사람은 이것을 저것보다 인지한다. 그리고 그녀는 어떤 사건의 한 측면에 대해 더 잘 느끼고
판단한다. 예를 들어 그녀가 배가 고프면 가게가 식품을 판다는 사실을 인지하게 될 것이다.

  자, 주제 찾기 유형을 충실히 연습하고 왔다면, 이 두 문장만으로도 고수들은 이미 주제를
잡았을 것이다.

> **[주제의 틀]**
> 사람들은 한 측면을 다른 측면보다 잘 본다~!
> 사람들은 골고루 보지 않는다.
> 사람들은 편향된 시각을 갖는다

이렇게 잡힌 한 가지 틀에 대해 스스로 여러 방식으로 이야기해보아야 한다!

  그럼 이제 빈칸에 맞게 환산해볼까? 그런데, 별로 환산할 것이 없어 보인다.

What I mean is this. At any moment, a person has a _____.

: 어떤 순간에도, 사람은 (   )을 갖는다!

> **[주제의 틀]**
> 사람들은 한 측면을 다른 측면보다 잘 본다~!
> 사람들은 골고루 보지 않는다.
> 사람들은 편향된 시각을 갖는다

좋다. 그대로 넣어도 되겠다.

💬 **그럼 이제 선택지 작업에 들어가자. 들어가기 전에 다시 한 번 숙지할 것!**

핵심1.
내가 원하는 답을 요구하지 말고, 아닌 것을 지우는 게 빠르다!

핵심2.
선택지를 신중하게 독해하고, 조금이라도 가능성이 있으면 △ 표시를 쳐야 한다!

핵심3.
내가 잡은 틀과 아주 조금이라도 가까운 것을 답으로 고른다!

※그리고 제일 나쁜 습관은 어떤 일부 선택지에 아무 표시도 하지 않는 것이다.

한번 직접 해보라.

① desire to make better choices
② point of view similar to that of others
③ personal preference on where to shop
④ particular take on what is happening
⑤ tendency to stick to traditions

✔틀의 중심을 잡으면, 자신감 있게 땡을 외칠 수 있게 된다!!!

① desire to make better choices

: 더 좋은 것을 원해? 현재 것에 불만족해서 더 좋은 것!?! 은 아니잖아? 그냥 한 측면이라니깐?

땡! X

② point of view similar to that of others

: 다른 사람과 비슷 … 에잇 땡! X

③ personal preference on where to shop

: 개인적인 선호 …(O) 좋아!! △세모

④ particular take on what is happening

: 무엇이 벌어지는 지에 대해 특정한 자세를 취한다. △세모

⑤ tendency to stick to traditions

: 전통 … 땡!

자 세모가 두 개 나왔다.
어절 단위로 판단해보자!!!!

③ personal /preference /on where to shop
     o   o   x. 쇼핑은 그냥 예시였잖아!!!
                                 이 글이 쇼핑 얘기는 아니라고!

④ particular /take on /what is happening
     o   △   ~~ 무난

이 문제의 답은 4번이고 3번이 그 다음으로 많이 고른 선지였다. 빈칸이 맨 앞에 있는 유형은 다른 곳에 빈칸이 뚫린 경우보다 쉽고, 이 문제 자체도 쉬운 편인데, 55프로밖에 정답률이 나오지 않았다. 어쨌든 문제의 난이도는 개인마다 다르다. 난이도와 상관없이 이렇게 푸는 것이다!

★ 빈칸부터 들어가서, 목표를 잡고, 글의 주제를 잡고, 주제를 빈칸에 맞게 환산!
선택지에서는 동그라미 치는 능력보다는 땅,하고 외치는 능력이 중요하다!

다음 정답률 44% 문제로 다시 연습해보자.

2019학년도 6월 모의평가 33번(정답률 44%)

Theorists of the novel commonly define the genre as a biographical form that came to prominence in the late eighteenth and nineteenth centuries _____ as a replacement for traditional sources of cultural authority. The novel, Georg Lukacs argues, "seeks, by giving form, to uncover and construct the concealed totality of life" in the interiorized life story of its heroes. The typical plot of the novel is the protagonist's quest for authority within, therefore, when that authority can no longer be discovered outside. By this accounting, there are no objective goals in novels, only the subjective goal of seeking the law that is necessarily created by the individual. The distinctions between crime and heroism, therefore, or between madness and wisdom, become purely subjective ones in a novel, judged by the quality or complexity of the individual's consciousness. [3점]

① to establish the individual character
② to cast doubt on the identity of a criminal
③ to highlight the complex structure of social consciousness
④ to make the objective distinction between crime and heroism
⑤ to develop the inner self of a hero into a collective wisdom

빈칸 문장 해석 처리에 공들여라!!

Theorists of the novel commonly define the genre as a biographical form that came to prominence in the late eighteenth and nineteenth centuries _____ as a replacement for traditional sources of cultural authority.

: 소설의 이론가(?)들은 주로 장르를 전기문의 형식으로 정의한다. 18~19세기 후반에 유명해진

_____ 전통적인 문화 권위의 대체로서.

➡ 이렇게 중간에 애매하게 뚫린 경우는? 선택지 모양을 확인해서 느낌을 잡아라!!

---

① to establish the individual character
② to cast doubt on the identity of a criminal
③ to highlight the complex structure of social consciousness
④ to make the objective distinction between crime and heroism
⑤ to develop the inner self of a hero into a collective wisdom

---

: 다 to~로 시작하네. 그럼 빈칸부분을 '~위해서'의 형식으로 처리하자!!

(to 해석은 '~위해서'가 제일 많음)

그럼 도대체 무엇을 〈빈칸〉하기 위해서 !!
전통을 대체하는 것으로서, 소설 장르를 전기문적인 형식으로 보는지 참 궁금하다!!

※ 빈칸부분을 해석해도 무슨 말인지 잘 모르겠다고 생각할 것이다.
그건 나도 마찬가지다! 그러나 반드시 최선의 모양을 잡아야 한다. 다시 말하지만 너도, 나도 별 수 없다. 나도 '당최 뭔 소리를 하는지' 잘 모른다. 하지만 나는 결코 자신감을 잃지 않는다. '무슨 소리인지 잘은 모르겠지만 A는 B하는 빈칸이래', 하며 단순화하는 데 최선을 다한다. 좀 시간을 들여서라도, 빈칸부분에 당신의 최선을 다하라. 나처럼 곱씹고, 단순화하라!

🦋 빈칸문장 이후를 읽고 주제를 잡는다.

자, 정신을 똑바로 차리자. 추상적인 말들의 향연이 시작된다. 게다가 요즘 고난도 문제는 거의 다 읽어야 빈칸의 틀이 잡히는 경우가 많이 등장하고 있다. 피하지 말고 한 문장씩 나와 함께 내 말로 단순화 → 영혼/반응독해를 적용해보자. 언제나 정면 돌파해야 한다!

The novel, Georg Lukacs argues, "seek, by giving form, to uncover and construct the concealed totality of life" in the interiorized life story of its heroes.

소설가 GL이 주장한다, 형태를 줌으로서 찾아라, 인생전체의 가려진 것을 찾고 세우기 위해서! 그 영웅 스토리에 내재화 된!

아, 그러니까 뭐 영웅들 이야기보고 인생의 교훈을 얻어라! 이런 말인 듯
(내 언어로 단순화)

The typical plot of the novel is the protagonist's quest for authority within, there-fore, when that authority can no longer be discovered outside.

그러므로 전형적인 소설의 흐름은 protago-nist(주인공이라는 뜻인데, 모르는 어휘는 그냥 당당하게 놔둬라!)의 권위에 대한 요구이다.

그 권위가 더 이상 밖에서는 발견되지 않을 때

자꾸 권위 권위하네… 소설 권위가 뭐?

밖에서는! 없다! 중요한 것은 밖에 없고 안에 있다! 안에 있다? 이게 주제인가?
아직 확실하지 않으니 좀 더 읽어보자.

By this accounting, there are no objective goals in novel, only the subjective goal of seeking the law that is necessarily created by the individual.

이 설명에 따르면 소설에는 객관적인 것은 없고, 오직 주관적인 목표만 있다! 개인에 의해 만들어진 법을 찾으려는!!

됐네! 이렇게까지 얘기했으면 이게 주제네. 밖에 없고 안에 있다는 게 결국 개인의 주관적인 것이라는 말이었네!!

※ 이것이 영혼독해를 하는 자와 그냥 읽는 자의 차이이다. 의미 없는 연결어구로 길어지는 것은 무시하거나 축소하고, 필자가 말하고자 하는 포인트가 되는 단어, 강조되는 단어에 영혼을 실어서 감정이입해서 읽어야 빈칸의 포인트를 낭비없이 맞힐 수 있다! 다시 한 번 소리 내서/ 억양과 강세를 이용하여 읽어보면서 어떻게 이 문장이 주제를 알려주는 문장이라고 느낄 수 있는지 생각해보라.

By this accounting, there are no~ objective goals in novel, only the subjective! goal of seeking the law that is necessarily created by the individual.

※ 이렇게 연습해야, 시험 때 소리 내지 않아도 포인트를 살려서 받아들일 수 있는 것이다!

(영혼독해는 소리 내서, 문제풀이 연습할 때는 묵음으로 할 것)

어쨌든 주제는 그러니까, 소설은 주관적이다. 개인적이다. 개인 내면에 있다. 등으로 추릴 수 있다. 주제가 나왔으니, 뒤에는 훑어 읽어주자.

The distinction between crime and heroism, therefore, or between madness and wisdom, become purely subjective ones in a novel, judged by the quality or complexity of the individual's consciousness.

: 범죄냐 영웅이냐, 미치광이냐 지혜냐 모두 주관적이로다~ 개인에 의해 판단되는

~ OK!

💬 **빈칸에 들어갈 틀 잡기(혼자서 3번 말하기!)**

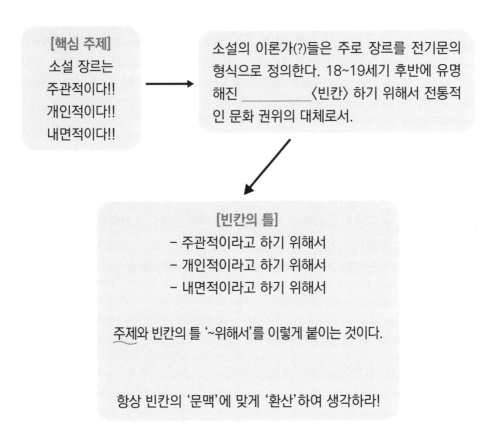

[핵심 주제]
소설 장르는
주관적이다!!
개인적이다!!
내면적이다!!

소설의 이론가(?)들은 주로 장르를 전기문의 형식으로 정의한다. 18~19세기 후반에 유명해진 _____ 〈빈칸〉 하기 위해서 전통적인 문화 권위의 대체로서.

[빈칸의 틀]
– 주관적이라고 하기 위해서
– 개인적이라고 하기 위해서
– 내면적이라고 하기 위해서

주제와 빈칸의 틀 '~위해서'를 이렇게 붙이는 것이다.

항상 빈칸의 '문맥'에 맞게 '환산'하여 생각하라!

자 빈칸의 틀은 잡았다. 이제 선택지를 읽을 자격이 생겼다. 다시 한번 숙지한다.

💬 **선택지 신중히 작업하기**

핵심1.

내가 원하는 답을 요구하지 말고, 아닌 것을 지우는 게 빠르다!

핵심2.

선택지를 신중하게 독해하고, 조금이라도 가능성이 있으면 △ 표시를 쳐야 한다!

핵심3.

내가 잡은 틀과 아주 조금이라도 가까운 것을 답으로 고른다!

그리고 여기서 우리가 가장 명심해야 할 것은 핵심 1번이다. **애초에 내 마음에 드는 선지를 기대하지 말자.** 고난도 문제에서는 절대 그렇게 주지 않는다. 오히려 정답을 오답같이 포장하여, 점점 더 교묘하게 속이려고 하고 있다. 하지만 그럼에도 불구하고 우리가 답을 고를 수 있는 것은, 그것보다 '더 오답인 것'이 4개이기 때문이다.

즉, 우리가 단단히 마음의 준비를 해야 할 것은 바로
X, X, X, X, 찜찜한 세모 △ 인 경우이다!

즉, 답이 아닌 것이 4개이고 완전 오답이라고 하기도 뭐하지만 뉘앙스가 별로인, 꺼려지는, 또는 좀 지나친(?) 말투의 △가 하나가 남는 케이스가 점점 늘어나고 있다. 하지만 그럼에도 불구하고 답은? 그 △다. 아무리 그 세모가 마음에 들지 않는다 할지라도 말이다!

처음에는 무슨 영어가 아니라 눈치 게임 같기도 하고, 좀 치사하게 느껴진다. 하지만 곧 익숙해지면 놀랍게도 정답률이 올라간다. 이 XXXX△ 훈련을 여러 번 해보아야 한다. 당장 맞지 않더라도 '수능형 뇌'가 될 수 있도록 기출을 가지고 사고회로를 여러 번 입력시켜야 한다! 그럼 이렇게 각오를 하고! 선택지를 살펴보자. 잡은 틀을 다시 상기하여 답을 골라내보라.

---

① to establish the individual character
② to cast doubt on the identity of a criminal
③ to highlight the complex structure of social consciousness
④ to make the objective distinction between crime and heroism
⑤ to develop the inner self of a hero into a collective wisdom

---

① **to establish the individual character**

세운다 / 개인적인 / 캐릭터를   △

② **to cast doubt on the identity of a criminal**

의심… 땡

③ to highlight the complex structure of social consciousness

강조한다 / 복잡한 / 구조/ 사회 의식의 → 본문에 있었던 말이니   △

④ to make the objective distinction between crime and heroism

객관적   땡

⑤ to develop the inner self of a hero into a collective wisdom

발전시킨다 / 영웅의 내면을 / 지혜로··· 뭔 소리 내 틀과 상관없음 땡!

자, 이렇게 일단 두 개의 세모를 남겼다! 단단히 각오를 하고, 기술적이고 중립적인 태도로 바라보자!

---

① to establish the individual character
　　세운다 / 개인적인 / 캐릭터를   △

③ to highlight the complex structure of social consciousness
　　강조 한다 / 복잡한 / 구조/ 사회의식의 → 본문에 있었던 말. △

나의 고정관념, 어휘에 관한 편견, 고집 다 버리고! **어절 단위로, 나의 틀과의 방향성을 비교하자!!**

〈나의 빈칸 틀〉
소설은 장르를 주관적이고! 개인적이고! 내면적으로!! 한다.

① 다 좋은데 '캐릭터'라는 말이 걸리지 않는가? 왜 굳이 캐릭터래··· 찜찜하다. 그러나 틀렸다고 하기도 뭐하다! (찜찜한 △)

③ 본문 끝에 비슷한 말이 있었지만, social?! 개인이 더 중요하다니깐?!! 결국 반대말 이었다. (이것이 바로 ◎ ◎ x ○ 의 오답 구조다)
➡ 그래서 답은 결국 ①번이다!

Rules can be thought of as formal types of game cues. They tell us the structure of the test, that is, what should be accomplished and how we should accomplish it. In this sense, _____. Only within the rules of the game of, say, basketball or baseball do the activities of jump shooting and fielding ground balls make sense and take on value. It is precisely the artificiality created by the rules, the distinctive problem to be solved, that gives sport its special meaning. That is why getting a basketball through a hoop while not using a ladder or pitching a baseball across home plate while standing a certain distance away becomes an important human project. It appears that respecting the rules not only preserves sport but also makes room for the creation of excellence and the emergence of meaning. Engaging in acts that would be considered inconsequential in ordinary life also liberates us a bit, making it possible to explore our capabilities in a protected environment. [3점]

*inconsequential: 중요하지 않은

① rules prevent sports from developing a special meaning
② rules create a problem that is artificial yet intelligible
③ game structures can apply to other areas
④ sports become similar to real life due to rules
⑤ game cues are provided by player and spectator interaction

🎯 먼저, 첫 문장~빈칸 문장부터 들어가서 빈칸의 틀을 잡아보아라.

Rules can be thought of as formal types of game cues. They tell us the structure of the test, that is, what should be accomplished and how we should accomplish it. In this sense, _____.

: 규칙은 격식을 갖춘 게임 단서의 종류로서 생각된다. 그들은 시험의 구조를 말한다. 즉 무엇이 성취되어야 하는지, 그리고 어떻게 그것을 성취할 수 있는지 말해준다. 이러한 느낌에서 보았을 때 〈빈칸〉이다!

맨 앞 문장은 아니었고, 이렇게 맨 앞에 한 두 마디 비장하게 해주고 그 다음 통문장으로 빈칸이 출제된 케이스다. 이런 '통문장 빈칸'이 환산할 필요가 없어서 틀 잡기는 더 쉽다. 그냥 주제를 잡으면 된다. 좀 더 읽으면서 틀을 잡아보자.

🐟 좋다. 이제 다음 문장부터 들어가서 주제의 틀을 잡아보아라.

우리의 영혼독해 실력으로! 소통하면서! 주제를 휘어잡아라!

Only within the rules of the game of, say, basketball or baseball do the activities of jump shooting and fielding ground balls make sense and take on value.

: 말하자면 오직 게임의 룰 안에서, 농구는 또는 야구는 점프 슈팅하고, 필드를 돌고~한다는 것이다. 그것이 가치 있는 룰에 맞는 행동이라는 것.

> ★ 사고하는 자아
> 앞이랑 똑같은 이야기 하네. 룰이 중요한 역할을 한다는 거잖아? 그만 읽고 싶지만 한 줄만 더 읽어보자!

It is precisely the artificiality created by the rules, the distinctive problem to be solved, that gives sport its special meaning.

: 그것이 룰에 의해 만들어진 인공적인 특성이고, 해결되도록 구별되는 문제이다. 스포츠에 특별한 의미를 주는~

> ★ 사고하는 자아
> 또 룰이 특별하다고, 좋다고. 그만 읽을래. 틀 잡혔다! (뒤에 스캔해보아도 같은 방향을 띄고 있다.)

💬 내가 잡은 틀, 말바꿔서 3번 말해보기!

1- 룰은 중요하다
2- 룰이 있어야 게임이 된다.
3- 룰은 꼭 필요하다!

💬 그럼 이제 고퀄리티 선택지 작업에 들어가자.

① rules prevent sports from developing a special meaning
➡ 룰은 스포츠가 특별한 의미를 못 만들게 해? 반대다. 땡 X

② rules create a problem that is artificial yet intelligible
: 룰은 생산한다 인공적이지만(intelligible) 지능적인 문제를 생산한다.
➡ 인공적이지만 지능적인 문제? 흠. *intelligible*이 긍정적인 단어라서 일단 △

> *만약 problem 이니까 무조건 x를 쳤다면 하수다. 언제나 답은 자신이 답인 것을 숨긴다. 여기서 problem만 나왔으면 부정적인 단어이지만 that is artificial yet intelligible이 뒤에 붙었기 때문에 저 problem은 긍정적인 problem이 된다! 그리고 애매한 것은 언제나 일단 세모다!

③ game structures can apply to other areas
: 게임 구조는 다른 것에 적용될 수 있다. → 생똥맞음. 땡 X

④ sports become similar to real life due to rules
: 스포츠는 룰 때문에 실제 삶과 비슷하다. → 생똥맞음. 땡 X

⑤ game cues are provided by player and spectator interaction
: 게임 단서는 플레이어와 관중의 상호작용으로 … → 생똥맞음. 땡 X

X가 4개고 △가 하나다. △가 맘에 쏙들지는 않지만 답이 된다. 언제나 최선의 답을 고를 뿐이다. 그것은 ②이다!

다음은 정답률 34%로 2025 수능 중 두 번째로 어려운 문제였다.

Centralized, formal rules can _____. The rules of baseball don't just regulate the behavior of the players; they determine the behavior that constitutes playing the game. Rules do not prevent people from playing baseball; they create the very practice that allows people to play baseball. A score of music imposes rules, but it also creates a pattern of conduct that enables people to produce music. Legal rules that enable the formation of corporations, that enable the use of wills and trusts, that create negotiable instruments, and that establish the practice of contracting all make practices that create new opportunities for individuals. And we have legal rules that establish roles individuals play within the legal system, such as judges, trustees, partners, and guardians. True, the legal rules that establish these roles constrain the behavior of individuals who occupy them, but rules also create the roles themselves. Without them an individual would not have the opportunity to occupy the role.

*constrain 속박하다

① categorize one's patterns of conduct in legal and productive ways
② lead people to reevaluate their roles and practices in a society
③ encourage new ways of thinking which promote creative ideas
④ reinforce one's behavior within legal and established contexts
⑤ facilitate productive activity by establishing roles and practices

빈칸 문장 공들여 읽기!

Centralized, formal rules can _____.

: 중앙 집권화되고 공식적인 규칙은 〈빈칸〉할 수 있다.

　좋다. 빈칸문장이 어렵지 않다. 중앙집권화 되고 공식적인 규칙은 무엇을 하는지 참 궁금하다!

 다음 부분 쭉쭉 주제 틀 생각하면서 읽기

The rules of baseball don't just regulate the behavior of the players; they determine the behavior that constitutes playing the game.

: 야구 규칙은 그저 선수들의 행동을 규제하는 것만이 아니라, 경기하는 것을 구성하는 행동을 결정한다.

> **사고하는 자아**
> – 야구의 예를 들고 있군. 야구에서 규칙은 단순한 규제가 아니라, 행동을 구성한다고!

Rules do not prevent people from playing baseball; they create the very practice that allows people to play baseball.

: 규칙은 사람들이 야구를 하지 못하게 막는 게 아니라, 사람들이 야구를 할 수 있게 하는 바로 그 관행을 만들어 낸다.

> **사고하는 자아**
> – 아하, 규칙이란 뭔가 막고, 통제하고 이런 느낌이 아니라 오히려 더 잘하게 한다고! 이 글에서는 규칙(rule)을 긍정적으로 바라보고 있군.

A score of music imposes rules, but it also creates a pattern of conduct that enables people to produce music.

: 악보는 규칙을 부과하지만, 그것은 또한 사람들이 음악을 만들 수 있게 하는 행동 양식을 만들어 내기도 한다.

사고하는 자아

– 어, 야구 예시가 끝나고 음악 예시 나오면서 또 똑같은 말하네. 규칙은 좋은 것이라는 것이 이 글의 주제 같은데 맞을까? 뒤쪽도 scan해서 확인해 보자.

 ## 틀 잡힌 뒤 뒤쪽 부분도 같은 방향성인지 Scaning&Skimming 으로 확인하기

Legal rules that enable the formation of corporations, that enable the use of wills and trusts, that create negotiable instruments, and that establish the practice of contracting all make practices that create new opportunities for individuals. And we have legal rules that establish roles individuals play within the legal system, such as judges, trustees, partners, and guardians. True, the legal rules that establish these roles constrain the behavior of individuals who occupy them, but rules also create the roles themselves. Without them an individual would not have the opportunity to occupy the role.

➡ 그래, 계속 rule이 좋다고 이야기하고 끝나는 것을 알 수 있다!

빈칸문장 틀 잡아서 내 언어로 3번 말하기

Centralized, formal rules can _____.

: 중앙 집권화되고 공식적인 규칙은 〈빈칸〉할 수 있다.

　참고로 나는 이 문제를 풀면서 '뭔가 혹시 rule 중에서도 중앙집권화(centralized)되고 공식적인(formal) 규칙은 어떻다고 따로 이야기하려고 한 게 아닌가?'라고 의심도 했었다. 그러나 본문에서는 관련한 이야기 대신 rule의 장점, 필요성만 이야기하고 있었다. Rule은 행동 양식, 관행을 만드는데 그 관행이 이롭게 작용하는 예시가 나열되었다. 야구 경기 규칙은 야구 경기를 할 수 있게 하고, 악보는 음악을 만들 수 있게 하고, 법은 새로운 기회를 만들기도 하고 사람들의 역할을 만든다. 이 예시들을 생각하며 틀을 잡아보자!

〈빈칸의 틀〉
할 수 있게 한다 (예: 야구 경기)
만들게 한다 (예: 음악)
기회를 만든다
역할을 만든다
등등!

① categorize one's patterns of conduct in legal and productive ways

: 사람들의 행동 패턴을 카테고리화 한다. 합법적이고 생산적인 방식으로.

➡ 행동을 분류한다는 이야기가 중심이 전혀 아니었음! 'pattern'이 본문에 있다고 이 선택지를 골랐다면 당신은 초보자! 땡X

② lead people to reevaluate their roles and practices in a society

: 사람들이 사회에서의 자기 역할과 행동을 재평가하도록 유도할 수 있다.

➡ 재평가하라는 거 아님! 자기 역할을 찾아서 움직이라는 쪽이었음. 땡! X

③ encourage new ways of thinking which promote creative ideas

: 창의적인 생각을 촉진하는 새로운 사고방식을 장려할 수 있다.

➡ 뭔가 기회를 만들어낸다고 하긴 했지만 창의적으로 해라가 중심은 아니었다! 땡X

④ reinforce one's behavior within legal and established contexts

: 합법적이고 확립된 맥락 내에서 자기의 행동을 강화할 수 있다.

➡ 자기 행동을 강화한다는 쪽은 그래도 괜찮지 않나…? 세모 △

⑤ facilitate productive activity by establishing roles and practices

: 역할과 관행을 확립함으로써 생산적인 활동을 촉진할 수 있다.

➡ 생산적인 활동 촉진 오케이. 이것도 세모 △

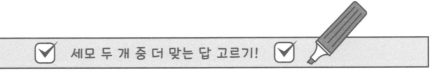

☑ 세 모 두 개 중 더 맞 는 답 고 르 기! ☑

　　이 문제가 정답률이 낮은 이유는 선택지를 잘 만들었기 때문이다. 자 두 개중에 더 맞는 답을 골라보자. 가장 답을 고르는 방법은 세모 두 개만 놓고 뭐가 더 맘에 드는지 서로 비교하는 게 아니라, 내가 처음에 잡은 틀을 각각의 선택지와 비교하는 것이다.

<빈칸의 틀>
할 수 있게 한다 (예: 야구 경기)
만들게 한다 (예: 음악)
기회를 만든다
역할을 만든다
등등!

④ reinforce one's behavior within legal and established contexts
: 합법적이고 확립된 맥락 내에서 자기의 행동을 강화할 수 있다.

⑤ facilitate productive activity by establishing roles and practices
: 역할과 관행을 확립함으로써 생산적인 활동을 촉진할 수 있다.

둘 중에 몇 번이라고 생각하는가? 답은 ⑤번이다.

④번도 언뜻 틀린 말은 아닌 듯 보이지만, 한번 이 글 전체의 뉘앙스를 생각해 보라. Rule로 인해서 '합법적/확립된 맥락속에서' '행동을 강화'한다 이런 쪽을 강조하고 싶은 것이 아니었다. Rule로 인해서 사람들이 시스템 내에서 제 역할도 찾고 기회도 만들어 낸다는 것을 강조하고 있다. 이런 모습을 ⑤번에서 'facilitate productive activity'라고 재진술한 것이다. ⑤번이 없었다면 ④번이 답이 될지도 모르겠지만 ⑤번이 더 이 글의 취지에 맞다고 볼 수 있다.

다음 문제도 풀어보자. 어렵지 않은데 정답률이 25%였다.

Everyone who drives, walks, or swipes a transit card in a city views herself as a transportation expert from the moment she walks out the front door. And how she views the street _____. That's why we find so many well-intentioned and civic-minded citizens arguing past one another. At neighborhood meetings in school auditoriums, and in back rooms at libraries and churches, local residents across the nation gather for often-contentious discussions about transportation proposals that would change a city's streets. And like all politics, all transportation is local and intensely personal. A transit project that could speed travel for tens of thousands of people can be stopped by objections to the loss of a few parking spaces or by the simple fear that the project won't work. It's not a challenge of the data or the traffic engineering or the planning. Public debates about streets are typically rooted in emotional assumptions about how a change will affect a person's commute, ability to park, belief about what is safe and what isn't, or the bottom line of a local business. [3점]

*swipe 판독기에 통과시키다 **contentious 논쟁적인 ***commute 통근

① relies heavily on how others see her city's streets
② updates itself with each new public transit policy
③ arises independently of the streets she travels on
④ tracks pretty closely with how she gets around
⑤ ties firmly in with how her city operates

🫧 빈칸 문장 공들여 읽기

이 문제는 빈칸이 앞에서 두 번째 문장에 위치하고 있다. 거의 맨 앞에 위치하고 있으니 맨 앞문장부터 살펴보자.

Everyone who drives, walks, or swipes a transit card in a city views herself as a transportation expert from the moment she walks out the front door.

: 도시에서 운전하거나 걷거나 교통 카드를 판독기에 통과시키는 모든 사람은 현관문을 나서는 순간부터 자신을 교통 전문가로 여긴다.

사고하는 자아

– 내가 문 밖으로 나가면 교통을 제일 잘 안다고 생각한다 이건가? 가령 버스는 어떻게 갈아타고, 지하철은 어떻게 타고 이런 걸 내가 잘 판단한다고 생각한다?
[예시 떠올리면서 이해하려고 노력하기]

And how she views the street _____.

: 그리고 그녀가(그 사람)이 도로를 바라보는 방식은 〈빈칸〉이다.

"그녀가 도로를 어떻게 바라보는지는 〈빈칸〉한다구?!"

〈빈칸〉 문장 구조를 곱씹으며 궁금해하기

– 빈칸이 '동사' 자리니까 서술하는 자리군.
– 자신이 교통 전문가라고 생각하는 사람이 '도로를 어떻게 바라보는지' 참 궁금하다!
  [이렇게 지금 할 수 있는 최대한의 정보를 꺼내서 곱씹어라!]
– 자신을 교통 전문가라고 생각하니까 아마 도로를 자기중심적으로 생각하지 않을까?
  [궁금증을 높이기 위해 이렇게 간단히 예상을 해보아도 좋다.]

That's why we find so many well-intentioned and civic-minded citizens arguing past one another.

: 그런 이유로 우리는 선의의 시민 의식을 가진 매우 많은 사람들이 서로 의견을 듣지 않고 언쟁하는 것을 보게 된다.

⚠ 'argue past one another'은 서로 무시하고 다투듯이 자기 주장을 한다는 의미인데, 이런 표현을 정확히 모른다고 해서 당황하면 해석이 무너진다. 멘탈을 잡자. 정확하지 않더라도 스스로 각 단어의 의미를 살려 '서로 지나치며 논쟁한다' 정도로 의미처리를 했어야 한다.

사고하는 자아
- 좋은 의도와 시민의식을 가진 사람들이 논쟁을 한다! 빈칸이 그 이유다!
- 논쟁을 한다구? 어떤 논쟁인지 좀더 읽어보자.

At neighborhood meetings in school auditoriums, and in back rooms at libraries and churches, local residents across the nation gather for often-contentious discussions about transportation proposals that would change a city's streets.

: 학교 강당, 도서관, 교회에서 열리는 주민 회의에서, 전국의 지역 주민들은 도시의 거리를 바꿀 교통 제안에 대해 자주 논쟁이 되는 토론을 하려고 모인다.

사고하는 자아
- 교통이 어떻게 바뀌어야 하는지 서로 논쟁적으로 토론한다고.
- 아, 그러니까 지하철을 우리 동네 놓아달라, GTX 놓아달라 이런 건가?
  [나름대로 예시 생각하며 이해하려고 노력하기]

And like all politics, all transportation is local and intensely personal.

: 그리고 모든 정치와 마찬가지로, 모든 교통은 지역적이고 지극히 개인적이다.

사고하는 자아
- 틀 나왔네. 도로를 바라보는 관점은 지역적이고, 개인적이다! 자기 중심적이다!
  [이제 주제 나왔으니 이제 뒷부분은 Scan하면서 흐름만 짚으면 되겠다]

A transit project that could speed travel for tens of thousands of people can be stopped by objections to the loss of a few parking spaces or by the simple fear that the project won't work.

: 수만 명의 이동 속도를 높일 수 있는 교통 프로젝트는 몇 개의 주차 공간 상실에 대한 반대나 프로젝트가 효과가 없을 것이라는 단순한 두려움 때문에 중단될 수 있다.

Scan하며 틀 확인

－누구한테는 이 정책이 좋고, 누구한테는 안 좋고 이렇다고! 각자 생각이 다르다고~

It's not a challenge of the data or the traffic engineering or the planning.

: 그것은 데이터나 교통 공학 또는 계획의 과제가 아니다.

Public debates about streets are typically rooted in emotional assumptions about how a change will affect a person's commute, ability to park, belief about what is safe and what isn't, or the bottom line of a local business.

: 도로에 대한 대중 토론은 보통 변화가 개인의 통근, 주차 능력, 안전한 것과 안전하지 않은 것에 대한 믿음, 또는 지역 사업체의 순익에 어떤 영향을 미칠지에 대한 감정적인 추정에 뿌리를 두고 있다.

*bottom line: 최종 결산 결과, 순익

Scan하며 틀 확인

－역시 교통에 대한 판단은 개인적이고 감정적이다! 확인사살 끝!

🍃 **선택지 들어가기 전 빈칸 틀 잡기 (스스로 3번 이상 말 바꾸기!)**

And how she views the street _____.

: 그리고 그녀가(그 사람)이 도로를 바라보는 방식은 〈빈칸〉이다.

－ 개인적, 주관적이다
－ 감정적이다
－ 상황에 따라 그때그때 판단이 다르다 등등

고퀄리티 선택지 작업

: 내가 원하는 예쁜 답은 없으리라 기대 낮추기. 아닌 것부터 지워보자!

① relies heavily on how others see her city's streets

: 다른 사람이 그 사람의 도시 도로를 어떻게 보느냐에 크게 의존한다.

➡ 다들 내 말이 맞고, 다들 주관적이라니까! 다른 사람 의견이 중요하다는 건 완전 반대! 땡 X

② updates itself with each new public transit policy

: 각각의 새로운 대중교통 정책에 맞춰 자체를 업데이트한다.

➡ 뭘 업데이트 한다구?? 갑자기 어렵게 느껴진다. 이럴 땐 일단 빈칸문장 구조를 곱씹으면서 주체를 생각해보라. ★빈칸은 동사자리고 주어는 [how she views the street]였다는 걸 잊지 말자. 주어에 맞게 다시 선택지를 생각해보자. '그녀가 도로를 보는 방식'이 대중교통 정책에 맞춰서 새롭게 변해진다? 그녀는 자기중심적인 사람이지 정책을 고려하는 사람이 아니라고! 땡x

③ arises independently of the streets she travels on

: 그 사람이 이동하는 도로와 관계없이 발생한다.

➡ 그녀가 이동하는 도로와 독립적으로! 그녀는 도로에 대해 생각한다? 그녀가 돌아다니는 도로와 관련해서 주관적으로 생각하겠지! 반댓말이다. 땡X

④ tracks pretty closely with how she gets around

: 그 사람이 돌아다니는 방식과 매우 밀접하게 추적된다.

➡ '그 사람이' 돌아다니는 방식와 매우 밀접! 그니까 이제 자기중심적이라는 것과 그나마 일치한다. 답인 것 같다.

⑤ ties firmly in with how her city operates

: 그 사람의 도시가 운영되는 방식과 긴밀하게 연계되어 있다.

➡ 도시가 어떻게 운영되는지와 연관되어 있어?! 자기 외에 것들은 상관없다니까 땡. X

이 문제의 정답률이 25%인 이유는 아마도 ④번에 'tracks pretty closely with how she gets around' 라는 선택지 표현에서 track / get around같은 표현이 왠지 거슬려서 해석이 안 와닿았거나, 틀이 '주관적'이라고 생각은 하는데 막상 선택지를 보면서 '도시와 연관되어 있나?' '정책이 연관되어있나?' '그게 업데이트 하는건가?' 하면서 애초에 틀의 중심을 확고하게 잡지 못해서 그랬을 것이다.

그렇기에 선택지를 들어가기 전에 단단히 준비를 하는 것이 더욱더 중요해지고 있다. 1)틀을 세 번 잡는 것, 2)뻔히 방향이 다른 말에 괜히 솔깃하지 말고 과감히 지우는 것, 3)예쁜 답은 없다고 기대를 낮추는 것. 이 3가지 훈련을 철저히 하지 않으면 지문해석은 곧잘 해놓고 답을 틀리게 될 것이다. 명심하라!

이제 빈칸이 맨 앞에 뚫린 기출문제만 공략해보자. 리딩스킬을 반드시 1문제당, 한 번의 스톱워치(2~3분), 한 번의 피드백을 하면서, '앞으로 이렇게 풀어야지' 하는 것을 피드백 노트에 스스로 적어가면서 한 문제씩 이 유형을 완전히 정복하는 것이다. 나약하게 '나는 혼자 못해요' 라고 하지 마라! 시험시간에 어차피 당신은 혼자다. 당신만이 가지고 있는 사고 구멍을 막아놓지 않으면 1년을 운에 맡기게 될 것이다. 주제 유형에서 얘기했지만, 틀린 문제를 정리하는 것에 대한 조언을 한 번 더 반복하겠다.

Q. 틀린 문제는 해설지를 보나요?

물론 해석이 잘 안 되었던 문장 자체는 해설지를 보며 다시 공부해야 한다. 그러나 답을 찾는 방법에 대해서는, 왜 3번이 답이 아니고 4번이 답이지? 할 때에는 혼자서 해결하는 것이 낫다. 혼자서 왜 답이 4번인지 고민해서, '아! 그러네!' 하는 깨달음을 얻는 것이 당신에게 훨씬 유익하다. 그 깨달음을 계속해서 피드백 노트에 적고, 고난도 문제는 스크랩해두고 '앞으로 이렇게 하자!'라고 주의점을 써야 한다. 수학과 달리 그 깨달음은 개인마다 다를 수밖에 없다. '나는 이런 고정관념이 있었어!'라든지, '이 부분을 중요하게 읽지 않았어!'라든지, '생각하지 않고 훑어 읽어 버렸어'라든지! 자신이 문제를 대하는 태도와 사고를 계속 정립해가는 말을 스스로에게 해주어야 한다. 그리고 그렇게 했는데도 정~! 모르겠으면 해설 강의를 찾아서 보거나, 해설지를 참고해야 한다. 하지만 누군가 '이래서 답은 이렇지?' 하며 풀어주는 것은 당신에게(특히 2등급~3등급 초반의 학생은 더욱) 별 도움이 되지 않는다. 우리의 뇌의 사고방식을 수능에 맞게 '직접' 고쳐야 한다. 남의 풀이를 지켜볼 시간이 없다.

※틀린 문제는 왜 틀렸는지, 왜 이것이 답이 아니고 저것인지, 해설을 보려고 하지 말고 반드시(최대한!) 스스로 납득시켜 보라. 이 과정이 당신의 사고를 수능형으로 고쳐줄 것이다. 정 어려운 경우에만 해설이나 해설 강의를 참조할 것!
(각종 인강 사이트, 특히 메가스터디 강사별 페이지 해설 강의를 참조할 것)

이제 기출문제집을 펴라. <빈칸이 맨 앞에 뚫린 유형>을 마스터해보자.

☑ '마스터'한다는 것은?

어떤 유형을 마스터 한다는 것은 한 문제씩 스톱워치를 재고 풀고, 채점하고, 피드백을 하는 과정을 반복하여, '아 이제는 이 유형에 좀 자신감이 생겼어!', '시험에 나와도 왠지 맞출 수 있을 것 같아!'라는 때까지 푸는 것이다. 15문제든, 20문제든, 30문제든 좋다. 이런 자신감 이 생길 때까지만 풀면 된다.

※ 앞에서 이야기 했지만 이 유형훈련은 문제풀이에 집중하라. 풀고 나서 지문 전체를 다시 영혼 독해할 필요는 없다.

하지만 당부하고 싶은 것이 있다. 빈칸에서는 완전한 정복이란 수능 전날까지 사실 없다. 빈 칸의 선택지는 정말 교묘하게 출제가 되고, 끝까지 언어적이고 사고적인 싸움이 될 것이다. 그렇기에 지금 이렇게 어느 정도 알겠다 싶을 정도까지 마스터작업을 해놓고, 매일 4문제(평가원, 교육청 기출로 반복)를 겸손한 마음으로 계속 연습해야 한다. 당신이 틀린 어떤 기출 문제는 '너무 했다' 싶을 정도의 몇 문제가 분명 있을 것이다. 나도 그랬다. 그러나 하는 수 없다. 겸손하게 그 문제를 피드백하고, '아직 어렵지만 이렇게 이렇게 해서 이게 답이라고 한다. 이러한 사고과정을 갖도록 노력하자'라고 피드백 노트에 적을 수밖에 없다. 빈칸에서 완전한 100%정복은 없다고 생각하되, 다만 그 성공 확률을 높여서 자신이 할 수 있는 최고의 성공률을 만들어 놓고 수능장에 가는 것이다. 그렇게 했을 때 비로소 다 맞는 역사가 일어날 수 있다. 빈칸 때문에 스트레스 받지 말고 매일 매일 체력을 기르듯이 우직하게 연습해야 한다!

어쨌든, 다음 유형을 들어가기 전에 충분히 연습하고 돌아오자. 기다리고 있겠다.

빈칸이 중간에 있는 유형

이제 빈칸이 다른 곳에 뚫린 유형들을 들어갈 것이다. 빈칸이 맨 앞에 뚫린 것보다는 어렵지만, 주제를 환산한다는 핵심과 선택지 접근법은 다 공통적으로 적용이 된다.

1. 당연히 빈칸부터 읽는다.

앞에서 한 것과 똑같다. 빈칸을 읽고 주제의 반을 잡으며, 원하는 것을 딱 저격하자! 공들여서 문장 구조를 살려서 해석하고, '참 궁금하다!'고 외쳐라.

2. 빈칸문장의 뉘앙스를 음미하여 빈칸 문장 앞쪽 글에서 힌트를 찾을 건지, 뒤쪽에서 힌트를 찾을 건지 결정한다.

빈칸부터 읽어서 우리는 목표를 저격했다. 이제 그 목표를 그 앞에서 찾을 것인지 읽을 것인지, 뒤를 읽을 것인지 결정해야 한다. 사실 앞을 읽든 뒤를 읽든, 다 읽든 대부분 찾아낼 수는 있다. 하지만 가장 똑똑한 방법을 충분히 찾아낼 수 있다. 그것은 멍 때리지 말고, 상식적인 수준에서 조금만 글을 느껴보면 된다. 예를 들어,

> 사람들을 평가하
> 는 가장 좋은 방법
> 은 _____이다.

이 경우 이 앞부분을 읽는 것이 현명할까, 뒤를 읽는 것이 현명할까? 생각해보라. 저 빈칸 문장 밑에 나오는 많은 말들이 저 가장 좋은 방법에 대해 설명해주지 않겠는가? 뒤에 나오는 말들이 저 가장 좋은 방법과 상관없을 리가 없다! 예시를 들거나 이유를 들거나 할 것이다. 뒷부분을 읽어야 한다. (물론 앞을 읽어도 답이 나올 수 있겠지만 확률적으로 뒤가 더 낫다는 것이다.)

> 다시 말해서, 아동들은
> 아름다움에 대해
> _____한다.

이 경우는 어떠한가? '다시 말해서 (in other words)' 라고 하고 있다. 앞의 것을 다시 말하겠다는 것이다. 앞을 읽어야 한다.

```
┌─────────────────────────┐
│                         │
│      따라서, 이러한       │
│     문제를 해결하는       │
│    방법은 _____이다.     │
│                         │
└─────────────────────────┘
```

이 경우는 어떻게 생각하는가? 꽤 많은 학생들이 앞을 읽겠다고 한다. 하지만 잘 생각해보라. 문제는 하나여도, 해결 방법은 여러 가지 방법이 있다.

예를 들어

```
┌───────────────────────────────────────────┐
│ 범죄가 많이 일어난다.                          │
│                 그러므로                      │
│                                            │
│              - cctv를 많이 설치하자!           │
│              - 순찰을 많이 돌자!               │
│              - 사형제도를 부활하자!  등          │
└───────────────────────────────────────────┘
```

즉 앞에는 해결 방안이 아니라 범죄 얘기밖에 나오지 않을 수도 있다. 지문에서 제시하는 구체적인 방안을 알기 위해서는 뒤를 읽는 것이 확률적으로 낫지 않겠는가? 참고로 앞보다는 뒤를 읽어야 하는 경우가 더 많다. 어쨌든 아무 곳이나 읽지 말고, 한번만 글의 뉘앙스를 음미하고 나서 결정하자. 상식적인 수준으로 조금만 그 문장을 생각해보라. 앞에서 찾을 것인지, 뒤에서 찾을 것인지 충분히 더 현명한 결정을 내릴 수 있다.

3. 빈칸 문장의 문맥에 맞게 빈칸의 내용을 환산한다.

4. 내가 잡은 〈빈칸〉의 틀을 확실히 하고, 선택지 작업에 들어간다

*3,4번은 앞에서(빈칸에 맨 앞에 있는 유형) 설명한 방식과 동일하다. 기억이 나지 않으면 다시 보고 돌아오자.

이제 기출 문제로 적용해보겠다.

In the less developed world, the percentage of the population involved in agriculture is declining, but at the same time, those remaining in agriculture are not benefiting from technological advances. The typical scenario in the less developed world is one in which a very few commercial agriculturalists are technologically advanced while the vast majority are incapable of competing. Indeed, this vast majority_____because of larger global causes. As an example, in Kenya, farmers are actively encouraged to grow export crops such as tea and coffee at the expense of basic food production. The result is that a staple crop, such as maize, is not being produced in a sufficient amount. The essential argument here is that the capitalist mode of production is affecting peasant production in the less developed world in such a way as to limit the production of staple foods, thus causing a food problem. [3점]

*staple: 주요한 **maize: 옥수수 ***peasant : 소농

① have lost control over their own production
② have turned to technology for food production
③ have challenged the capitalist mode of production
④ have reduced their involvement in growing cash crops
⑤ have regained their competitiveness in the world market

🗣 자, 중간에 있는 빈칸 문장을 구조를 살려서 정확하게 해석하고, 목표를 설정하라.

Indeed, the vast majority _____ because of larger global causes.

해석: 사실, 거대한 군중들은 〈빈칸〉한다. 넓은 세계적인 이유 때문에!

★혼잣말- 세계적인 이유 때문에 사람들이 무엇을 하는지가 참 궁금하다!!

🗨 그리고 생각하라, 뒤를 읽을 것인지, 앞을 읽을 것인지!

Indeed, the vast majority _____ because of larger global causes.

해석: 사실, 거대한 군중들은 〈빈칸〉한다. 넓은 세계적인 이유 때문에!

★혼잣말– 세계적인 이유 때문에 사람들이 무엇을 하는지가 참 궁금하다!!

뉘앙스를 보라. '사실,~'하고 이야기하고 있다. 답을 맞히기에 앞이 나을 것 같은가, 뒤가 나을 것 같은가? 그렇다 당연히 뒤를 읽는 것이 낫겠다. 자, 이제 뒤에 가서 사람들이 세계적인 이유 때문에 무엇을 하고 있는지 살펴보자.

 ※ 훑어 읽지 말고 영혼독해 + 답을 찾는 사고력 독해를 발휘하라!

As an example, in Kenya, farmers are actively encouraged to grow export crops such as tea and coffee at the expense of basic food production.

: 예를 들어 케냐에서, 농부들은 적극적으로 장려된다. 수출작물을 기르라고!
 차나 커피 같은. 기본적인 음식의 생산을 희생하면서~

The result is that a staple crop, such as maize is not being produced in a sufficient amount. The essential argument here is that the capitalist mode of production is affecting peasant production in the less developed world in such a way as to limit the production of staple foods, thus causing a food problem.

: 결과는 주요한 작물들은 충분히 생산되지 않는다. 중요한 것은 생산의 자본주의 모드가 개발도상국에서 주요 작물의 생산을 막고, 결국 식량 문제를 발생시킨다는 것이다.

그럼 이 주제에 맞게 빈칸을 틀을 환산해보자!

[주제의 틀]
자본주의적인 농사는 개발도상국의 식량 문제를 초래한다.

먹을 건 안 기르고, 수출할 것만 길러서 먹을 것이 없다.

자본주의는 개발도상국을 못살게 군다!! 등

→

[빈칸 문장]
많은 군중들은, 세계적인 이유 때문에 _____ 한다.

↓

[빈칸의 틀]
굶는다.
먹지 못할 것을 기른다.
돈은 생겨도 먹을 게 없다.
맘대로 먹고 살지도 못한다. 등
어쨌든 안 좋은 말!
*이렇게 스스로 여러 개 잡아라!!

이렇게 확실하게 여러 번 스스로 각인시켰다면, 선택지에 들어가도 좋다!

고퀄리티 선택지 작업

이 문제의 경우 어렵지 않은 문제이지만 정교한 선택지 사고과정을 보여주고자 한다.

① have lost control over their own production
➡ 그들의 생산력에 대해 컨트롤 능력을 잃는다. 괜춘 △

② have turned to technology for food production
➡ 기술? 보자마자 땡! X

③ have challenged the capitalist mode of production
➡ 자본주의 모드에 도전해?! 반대말이네. 땡 X
: 3번을 골랐다면, challenge에 대해 뉘앙스를 부정적으로 잡았기 때문일 것이다. challenge 는 도전한다, 해 본다 이런 느낌으로 해석해야 한다.

④ have reduced their involvement in growing cash crops

➡ 자본 작물에 개입되는 것을 줄인다? △

⑤ have regained their competitiveness in the world market

➡ 세계 시장에서 자신의 경쟁력을 재확보한다. 좋은 말~ 땡 X.

△가 두 개 나왔다면 틀과 비교하여 어절 단위로 판단하라!

① have lost control /over their own production

➡ 그들의 생산력에 대해 컨트롤 능력을 잃는다. △

④ have reduced/ their involvement / in growing cash crops

➡ x   자본 작물에 포함되는 것을 줄인다? △

애매하다. 하지만 언제나 내 틀과 비교하라. 자본작물 때문에 안 좋다고, 힘들다고, 굶고 있다고…! 줄여버린다는 말은 없었음. 1번이 더 낫겠다.

🗨 나의 중심이 흔들리면 안 된다는 것, 그리고 너무 깊이 들어가면 안 된다는 것을 명심하라.

최대한 순수(?)하게, 예를 들어 '그 여자는 나빠! 그 여자가 문제야!' 하고 틀을 딱 정해놓고 시작해야 한다. 선택지를 들어가기 전에 나의 틀을 스스로 굳히지 않고 어설프게 잡으면 선택지의 '미끼'들을 보고 방향이 틀어지기 쉽다. 결국 '이것도 맞는 말~저것도 맞는 말~ 알고 보면 그 여자도 착하다고~ 그 남자 때문이야~ 이것도 따지고 보면 맞는 말인 것 같기도 하고~~' 하는 식의 답이 나와 버리고, 사고가 꼬이는 것이다. 중심을 딱 잡고, 방향성이 다른 선지에 대해 '에잇 너는 땡!!'을 외치는 연습을 해야 한다.

다음 정답률 18%의 문제도 풀어보자. 흘러가는 대로 푸는 것이 아니라 '끊임없이 머리를 굴려서' 풀어야 한다는 것을 잊지 말 것!

There have been psychological studies in which subjects were shown photographs of people's faces and asked to identify the expression or state of mind evinced. The results are invariably very mixed. In the 17th century the French painter and theorist Charles Le Brun drew a series of faces illustrating the various emotions that painters could be called upon to represent. What is striking about them is that _____. What is missing in all this is any setting or context to make the emotion determinate. We must know who this person is, who these other people are, what their relationship is, what is at stake in the scene, and the like. In real life as well as in painting we do not come across just faces; we encounter people in particular situations and our understanding of people cannot somehow be precipitated and held isolated from the social and human circumstances in which they, and we, live and breathe and have our being.

*evince (감정 따위를) 분명히 나타내다 **precipitate 촉발하다

① all of them could be matched consistently with their intended emotions
② every one of them was illustrated with photographic precision
③ each of them definitively displayed its own social narrative
④ most of them would be seen as representing unique characteristics
⑤ any number of them could be substituted for one another without loss

1. 빈칸문장부터 읽는다. 빈칸 문장의 뉘앙스를 음미하면서 앞쪽을 먼저 읽어야 할지 뒤쪽을 읽어야 할지 결정한다.

앞에서 한 것과 똑같다. 빈칸을 읽고 주제의 반을 잡으며, 원하는 것을 딱 저격하자! 공들여서 문장 구조를 살려서 해석하고, '참 궁금하다!'고 외쳐라.

What is striking about them is that _____.

: 그것들에서 두드러지는 점은 〈빈칸〉이다.

※주도면밀하게 전략 생각하기〉

두드러지는 점이 〈빈칸〉이라고? '두드러지는 점'이라… 이건 문장 구조에 맞게 특정하게 환산해서 넣어야 하는 것이 아니라, 그냥 가장 큰 특징, 넓은 주제를 넣으라는 것 같다. '그것들'의 특징 중 가장 큰 특징, 가장 주제가 될 만한 이야기를 그냥 넣으면 되겠다! '그것들!'에서 두드러지는 특징이 무엇일지 궁금하다!

※앞을 읽을까? 뒤를 읽을까?〉

보통 빈칸문장에 대한 부연과 힌트가 뒤에서 서술되므로 뒤를 먼저 읽고 싶다. 그러나 이 문장은 바로 뒤로 가기에는 'them'이 거슬린다. '그것들'이 무엇인지 모르고 뒤를 읽어봤자 찝찝할 것 같다. 이럴 땐 앞을 읽어주자. 바로 앞문장을 슬쩍보니 예시같이 생겼다. 그냥 처음부터 읽자.

(그럼 앞도 뒤도 거의 다 읽어야하니까 싫다고? 그런 생각은 하지 말자. 스스로 전략적으로 이 문제는 다 읽어야 한다고 판단했으면 다 읽는 거다. 다 읽는 것을 두려워하지 말고 어디를 읽어야 할지 모르고 지문 위에서 눈알만 굴리는 상황을 두려워할 것!)

 앞부분을 읽고 them을 찾는다.

There have been psychological studies in which subjects were shown photographs of people's faces and asked to identify the expression or state of mind evinced.

: 피실험자에게 사람들의 얼굴 사진을 보여주고 분명히 나타나는 표정이나 마음 상태를 파악하도록 요청하는 심리학 연구가 있었다.

The results are invariably very mixed.

: 그 결과는 언제나 매우 뒤섞여 있었다. (여러가지로 엇갈린다)

★ 사고하는 자아
감정을 파악하라는 실험이 있었는데 그 결과는 항상 다양하게 엇갈렸다! 왜 반응이 엇갈렸을까? 그런데 일단 우리가 먼저 파악해야 하는 'them'은 뒷문장에 있으니까 'them'이 뭔지 파악하러 뒷문장을 가보자.

In the 17th century the French painter and theorist Charles Le Brun drew <u>a series of</u> <u>faces</u> illustrating the various emotions that painters could be called upon to represent.

: 17세기에 프랑스의 화가이자 이론가인 Charles Le Brun은 화가가 표현해 달라고 어쩌면 요청받았을 다양한 감정을 분명히 보여주는 일련의 얼굴 그림을 그렸다.

★ 사고하는 자아

17세기의 예시가 시작되고 있군. 왜 그림/사진을 보고 마음상태를 판단 할 때 반응이 엇갈리는지 알려주기 위해 예시를 부연하고 있는 것 같다. them의 대상은 '<u>a series of faces</u>' <u>그림들</u>이다!

🎙 them을 넣어서 빈칸 내용 확인&생각하기

What is striking about them is that _____.

: 그것들에서 두드러지는 점은 〈빈칸〉이다.

※맥락에 맞게 다시 생각

➡ 그 그림들은 어떤 두드러지는 큰 특징이 있었길래! 반응이 엇갈렸을까!

['반응이 엇갈렸다' 라는 내용에 대한 예시이므로 연관지어서 해설하기]

※Important Tip!

정신을 놓지 말고, 유기적인 독해를 하기 위해 힘써라. 머리를 굴려라. 글을 읽어나갈 때 한 발짝 떨어져서 앞에서 '읽은 것'을 연관지어서 해설하려고 자꾸 노력해야 한다. 그래야 문제풀이를 내가 휘어잡을 수 있다.

🗨 확실한 힌트 찾으러 뒤쪽 읽기

What is missing in all this is any setting or context to make the emotion determinate.

: 이 모든 것에서 빠진 것은 감정을 확정적인 것으로 만드는 어떤 환경이나 맥락이다.

➡ 좋은 힌트가 나온 듯하다. 그림에 환경이나 맥락이 없었군! 조금 더 읽어보자.

We must know who this person is, who these other people are, what their relationship is, what is at stake in the scene, and the like.

: 우리는 이 사람이 누구인지, 이 다른 사람들이 누구인지, 그들은 어떤 관계인지, 그 장면에서 관건이 되는 것이 무엇인지 등을 알아야 한다.

➡ 역시 맥락이 중요하다는 말! 그런데 그 그림에는 맥락이 없었어!   *at stake: 관건이 되는

In real life as well as in painting we do not come across just faces; we encounter people in particular situations and our understanding of people cannot somehow be precipitated and held isolated from the social and human circumstances in which they, and we, live and breathe and have our being.

: 그림에서뿐만 아니라 실생활에서도 우리는 단지 얼굴만 우연히 마주치는 것이 아니다; 우리는 특정한 상황에서 사람들을 마주치고, 사람들에 대한 우리의 이해는 촉발될 수 없다/ 그리고 보유될 수 없다 / 그들과 우리가 살아 숨쉬고 존재하는 사회적, 인간적 상황으로부터 괴리된 채 (보유될 수 없다)

➡ 역시 '상황(맥락)'이 중요하다는 말 부연하는 중!(Scan)

🗨 빈칸 틀 잡아서 스스로 3번 이상 바꿔서 말하기!

What is striking about them is that _____.

: 그 그림들에서 두드러지는 점은 〈빈칸〉이다.

 – 맥락(환경)이 없다는 것이다!
 – 뭔가 감정을 추론할만한 근거가 없었다!
 – 보는 사람마다 다르게 보인다. 결과가 엇갈린다!

원래도 그랬지만 최근 문제는 더욱 더 선택지가 애매한 표현으로 나오고 있다. 선택지 중에서 '애매하지만 그나마 맞는 것'을 고를 수 있으려면 이렇게 스스로 답을 말 바꿔서 표현하는 과정이 반드시 필요하다! 하나의 단어에 꽂히지 말고 반드시 여러 번 틀을 잡아라!

고퀄리티 선택지 작업

① all of them could be matched consistently with their intended emotions
: 모든 얼굴 그림이 의도된 감정과 일관되게 일치할 수 있었다.

➡ 일관된다? 벌써 틀렸다. X

② every one of them was illustrated with photographic precision
: 모든 얼굴 그림이 사진과 같이 정밀하게 그려졌다.

➡ 사진같이 정밀? 틀렸다. X

③ each of them definitively displayed its own social narrative
: 얼굴 그림 각각이 자체의 사회적 이야기를 명확하게 보여주었다.

➡ 사회적 이야기를 보여줘? 맥락이 없었다니까. 땡 X

④ most of them would be seen as representing unique characteristics
: 얼굴 그림 대부분이 고유한 특징을 나타내는 것으로 여겨질 것이다.

➡ 고유한 특징이 나타났다는건 명확하다는 건데. 땡 X

⑤ any number of them could be substituted for one another without loss
: 어떤 얼굴 그림이든지 손실 없이 서로 대체될 수 있었다.

➡ 솔직히 이 표현이 그렇게 와닿지 않는다. 그러나 ①~④번이 영 답이 아니었고, '대체될 수 있다' 라는 표현이 <뚜렷한 맥락이 없어서 사람마다 반응이 엇갈리게 해석할 수 있다>라는 틀에 그나마 맞겠다. ⑤번이 정답이다.

이제 빈칸이 중간에 뚫린 유형을 모아서 풀어라. 틀린 문제는 왜 틀렸는지, 왜 이것이 답이 아니고 저것인지, 해설을 보려고 하지 말고 반드시 스스로 납득시켜야 한다. 이 과정이 당신의 사고를 수능형으로 고쳐줄 것이다.

When trying to establish what is meant by digital preservation, the first question that must be addressed is: what are you actually trying to preserve? This is clear in the analog environment where the information content is inextricably fixed to the physical medium. In the digital environment, the medium is not part of the _____. A bit stream looks the same to a computer regardless of the media it is read from. A physical carrier is necessary, but as long as the source media can be read, bit-perfect copies can be made cheaply and easily on other devices, making the preservation of the original carrier of diminishing importance. As the physical media that carry digital information are quite delicate relative to most analog media, it is expected that digital information will necessarily need to be migrated from one physical carrier to another as part of the ongoing preservation process. It is not the media itself but the information on the media that needs to be preserved.

* inextricably: 풀 수 없게

① platform
② storage
③ message
④ challenge
⑤ transformation

　보다시피 오답률 83%에 빛나는 문제다. 개인적으로 이 문제는 답을 내기가 어렵기보다 문장들 자체가 읽기가 너무 싫었던 문제였다. 내용 자체가 재미가 없는 지문이라 그렇다. 문장도 별로 안 예쁘다. 아마 수험생들도 그렇게 느끼지 않았을까. 만약 당신도 그랬다면 이 문제를 푼 뒤 지문을 반복해서 영혼독해를 해보면 좋겠다. 유난히 읽기 싫고 재미없었던 지문은 보물처럼 모아두고 읽기 바란다. 재미없고 안 읽히는 문장들도 질문하고 반응하며 소중히 읽는 연습을 해야 한다. 수능장에서 모든 지문을 재미있게 읽기 위하여.

🍃 빈칸문장 힘주어 정확하게 읽기

In the digital environment, the medium is not part of the _____.

: 디지털! 환경에서는 매체(medium)!는 빈칸의 일부 가 아니다!!

➡ 디지털에서는 매체가 뭐가 아니라는 걸까? 일단 '매체'라는 게 추상적이라 뭘지 조금 애매한 데… 아무튼 매체가 무엇의 일부가 아니라는 건지 궁금하다!

🍃 앞을 읽을까? 뒤를 읽을까?

분명 뒤에 '매체가 무엇의 일부가 아닌지'에 대해 부연설명이 나올 것이다. 그런데 앞부분의 양이 얼마 되지 않으니까 그냥 맨 앞에서부터 읽자.

When trying to establish what is meant by digital preservation, the first question that must be addressed is: what are you actually trying to preserve?

: 디지털 보존이 의미하는 바를 정립하려고 할 때 가장 먼저 다루어야 할 질문은 '실제로 무엇을 보존하려고 하는가?'이다.

➡ 추상적인 문장이다. 의미가 실리는 부분에 힘을 주어 의미를 잘 생각해보자.

디지털 보존!(preservation)이 의미하는 것!을 정립할 때 이런 질문을 해야 한다.	디지털 보존이라면, 디지털 환경에서 비밀번호로 하는 보안 같은 건가?
실제로 무엇을! 보존하려고 하는가?	무엇을 보존하냐고? 개인정보 같은 것을 보존하는건가? 이렇게 의문을 제기하면서 시작하는군. (음, 왠지 말투가 약간 비판적인 느낌도 있는 것 같기도 하고…)

This is clear in the analog environment where the information content is *inextricably fixed to the physical medium.

* inextricably: 풀 수 없게

: 이는 정보 콘텐츠가 물리적 매체에 풀 수 없게 고정된 아날로그 환경에서는 명확하다.

이는 아날로그 환경에서는 명확해.	처음에 디지털이 나오고, 아날로그가 나오니까 서로 비교하는 건가보다. 아무래도 디지털보다는 아날로그가 뭐든 명확하긴 하지.
정보 콘텐츠가 물리적 매체에 풀 수 없게 고정된 아날로그 환경!	솔직히 계속 너무 추상적이다. 재미없고 읽기 싫다;; 그래도 정신 차려보자. 아날로그는 고정되어 있다?! 구체적으로 무엇을 예시로 들 수 있을지 고민된다. 아날로그에 정보가 고정되어 있다면 '종이책' 같은 것인가? 아무튼 아날로그는 정보가 꽉 고정되어 있어서 명확하다! 왠지 디지털은 명확하지 않다고 할 것 같다.

In the digital environment, the medium is not part of the _____.

다시 빈칸문장으로 왔다.

➡ 디지털! 환경에서는 매체(medium)!는 빈칸의 일부가 아니다!!

💬 **빈칸 앞쪽 읽었으니 '앞쪽만 읽고 풀 수 있나?' 생각해보기**

앞문장에서 아날로그는 콘텐츠가 매체에 고정되어, 무엇을 보존할지 명확하다고 했다. 그렇다면 아날로그와 비교하여 디지털에서는 무엇을 보존해야 할지 명확하지 않고, 정보가 매체에 고정되어 있지 않다는 비교점을 말하고 싶은 것 같다. 이 앞부분으로만 쉽게 풀린다면 빈칸의 틀이 '명확', '고정'을 뜻하는 쪽으로 방향이 잡히는 듯하다.

하고 보기를 보니까

① platform
② storage
③ message
④ challenge
⑤ transformation

웬걸 그런 내용이 없음. ㅠㅠ 그냥 더 읽어서 다른 방향으로 잡아보는 수밖에 없겠다.

 ## 빈칸문장 뒤쪽 읽기 시작하기

A bit stream looks the same to a computer regardless of the media it is read from.

: 비트 스트림은 그것이 읽히는 매체와 관계없이 컴퓨터에서 동일하게 보인다.

➡ 비트 스트림이 뭔지 모르겠지만, 디지털 쪽 이야기인 것 같다. 매체와 상관없이 컴퓨터에 동일하게 보인다? '매체'는 일단 중요하게 작용하는 건 아니군.

(추상적일수록 나의 언어로 적당히 가다듬기!)

A physical carrier is necessary, but as long as the source media can be read, bit-perfect copies can be made cheaply and easily on other devices, making the preservation of the original carrier of diminishing importance.

: 물리적 이동 장치가 필요하지만, 원본 매체를 읽을 수 있는 한, 다른 기기에서도 비트 단위의 완벽한 복사본을 저렴하고 쉽게 만들 수 있다. 원본 이동 장치 보존의 중요성을 줄어들게 만들면서.

➡ 문장구조가 쉽지 않다. 만약 해석이 정확하게 안 되었다면 아래 분석을 따라오자.

잠깐! 고난도 문장 수업!!

A physical carrier is necessary,
✅ 해석: 물리적인 이동장치는 필요하다.

but as long as the source media can be read,
✅ 해석: 그러나 원본 매체가 읽혀지는 한,

bit-perfect copies can be made cheaply and easily on other devices
✅ 해석: 비트 단위로 완벽한 복사본(비트 하나 틀리지 않고 똑같은 복사본)이
다른 장치에서 저렴하고 쉽게 만들어질 수 있다.

,making the preservation of the original carrier of diminishing importance.

여기가 좀 어려운데 분사구문이면서 5형식동사(사역동사)+목적어+목적보어 구문이다!

,making	만들면서 (사역동사 make)
the preservation of the original carrier	원본이동장치의 보존을 (목적어)
of diminishing importance	중요성이 줄어들도록 (목적보어: 'of diminishing importance'을 중요성이 줄어드는 이라는 형용사로 취급)

 빈칸에 넣을 뜻이 윤곽이 잡히는지 생각해보자.

In the digital environment, the medium is not part of the _____.

빈칸문장을 다시 보면 **"디지털 환경에서, 매체는 (빈칸)의 일부가 아니다."** 라고 하고 있다. 빈칸문장 뒤쪽에서는 계속 두 번이나, '매체나 이동장치는 중요한 게 아니다'라는 식으로 이야기를 하고 있다. 좋다, 매체(이동장치)는 중요한 것이 아니다. 그럼 저 빈칸에는 '중요한 것'

과 비슷한 틀이 나올 것이다.

자, 여기서 그냥 두루뭉술하게만 잡지 말고 좀더 깊은 틀을 대비해두어야 한다. 선택지에는 내 입맛에 맞는 이야기가 안 나올 테니까! 왜 매체는 중요하지 않다고 했지? 매체는 무엇이든 간에 상관없이, 원본이 바로 복사가 가능하니까 원본 비트스트림, 내용 자체가 중요하다고 했다!

🔍 빈칸에 넣을 뜻을 내 말로 세 번 이상 정리해보자.

In the digital environment, the medium is not part of the _____.

⬆

중요한 것
원본 내용
비트, 본질적인 것

🔍 선택지에서 아닌 것 X표 치기

① platform
➡ 플랫폼? 플랫폼을 기반이 되는 시스템을 이야기한다. 매체는 플랫폼이 맞다고 볼 수 있다. 이 글에서 플랫폼은 중요한 게 아니다. 땡이다. X

② storage
➡ '매체에 정보가 저장되는 것? 매체는 저장공간으로 볼 수 있을 것이다. 저장공간 역시 중요한 게 아니다. 땡 X!

③ message
➡ 메시지. 가장 내용물에 가까운 내용인 것 같다. 세모!

④ challenge
➡ 도전? 갑자기? 땡;;

⑤ transformation
➡ 변형, 변화… 그렇게 아니라 우리의 틀은 '내용물'이라니까? 땡

답은 ③번이다.

다음 문제의 정답률은 23%로, 2025 수능에서 오답률 1위에 오른 문제다. 별로 어렵지 않았는데 말이다.

Education, at its best, teaches more than just knowledge. It teaches critical thinking: the ability to stop and think before acting, to avoid succumbing to emotional pressures. This is not thought control. It is the very reverse: mental liberation. Even the most advanced intellectual will be imperfect at this skill. But even imperfect possession of it _____of being 'stimulus-driven', constantly reacting to the immediate environment, the brightest colors or loudest sounds. Being driven by heuristic responses, living by instinct and emotion all the time, is a very easy way to live, in many ways: thought is effortful, especially for the inexperienced. But emotions are also exhausting, and short-term reactions may not, in the long term, be the most beneficial for health and survival. Just as we reach for burgers for the sake of convenience, storing up the arterial fat which may one day kill us, so our reliance on feelings can do us great harm.

*succumb 굴복하다 **arterial 동맥의

① allows us to accept the inevitability
② frees a person from the burden
③ intensifies people's danger
④ enhances our understanding
⑤ requires one to have the experience

🍈 빈칸에 넣을 뜻이 윤곽이 잡히는지 생각해보자.

But even imperfect possession of it _____ of being 'stimulus-driven', constantly reacting to the immediate environment, the brightest colors or loudest sounds.

그러나 그것의 불완전한 소유 조차 '~ 되는 것의(of being)' 무엇!을 동사!한다. 즉 인접한 주변환경, 가장 밝은 색이나 가장 큰 소리에 끊임없이 반응하면서 자극에 의해 움직이는 것 (stimulus-driven)의 '무엇'을 '동사'한다.

이 문제가 정답률이 낮은 것은 빈칸이 다소 머리를 복잡하게 하는 위치에 있었기 때문이었으리라 생각한다. 빈칸의 위치가 그냥 주어면 주어부 전체, 동사면 서술부 전체에 있는 것처럼 구조상 깔끔하게 떨어지는 곳에 있으면 생각이 복잡해지지 않는다. 그러나 이 문제는 문장의 한가운데에 빈칸이 살짝 뚫려 있고, 빈칸 부분 다음에 또 다른 구조가 딸려있지 않은가. 이럴 때는 빈칸 속에 어떤 역할의 말이 들어가야 하는지 잠시 멈추고 생각해 주어야 한다.

일단 문장 전체에 동사가 없다. 빈칸은 동사 자리다. 그런데 바로 뒤에 of being~(~이 되는 것)이 딸려있으니까 동사 + 명사가 와야 한다. 그 위치를 살려서 나 자신이 알아듣기 쉽게 말을 만들어야 한다. 다시 한번 해보자.

But even imperfect possession of it ____V + n____ of being ~

➡ 그러나 그것의 불완전한 소유조차 '~가 되는 것'의 무엇을 (동사)한다!

🍈 앞을 읽을 것인가? 뒤를 읽을 것인가?

빈칸 문장이 'But even imperfect possession of it ~' 하고 시작되고 있는 것만 보아도, 'it 이 뭐지?'하는 생각에 앞을 봐야겠다는 결정을 할 수 있다. 앞으로 가자.

🗨 앞쪽 읽고 답의 틀을 잡을 수 있는지 생각해보기

Education, at its best, teaches more than just knowledge.

: 교육은 최고의 모습에서는 단순한 지식 이상을 가르친다.

➡ 교육은 지식 이상의 것을 가르친다고? 그게 어떤 건데?

It teaches critical thinking: the ability to stop and think before acting, to avoid succumbing to emotional pressures   *succumb 굴복하다

: 그것은 비판적 사고, 즉 행동하기 전에 멈추어 생각할 수 있는, 감정적 압박에 굴복하는 것을 피하는 능력을 가르친다.

➡ 그러니까 감정적으로 행동하기 전에 한번 더 생각하고 신중하게 판단하도록 이성적인 능력을 가르치는 거구나.

This is not thought control. It is the very reverse: mental liberation.

: 이것은 사고 통제가 아니다. 그것은 바로 정반대인 정신적 해방이다.

➡ 통제적인 것은 아니다! 해방이다! 즉, 감정적으로 행동하지 않도록 하는 교육이 좋은 것이라고 설파하고 있음!

Even the most advanced intellectual will be imperfect at this skill.

: 심지어 가장 지적으로 발달한 사람조차도 이 기능은 불완전할 것이다.

➡ 그런데 똑똑한 사람도 이런 조절이 사실 힘들다.

🗨 지금까지 읽은 것으로 빈칸의 틀 잡을 수 있나 생각해보기

But even imperfect possession of it ＿＿＿＿＿＿＿＿of being 'stimulus-driven', constantly reacting to the immediate environment, the brightest colors or loudest sounds.

: 그러나 그것의 불완전한 소유조차 자극에 유도되는 것, 인접한 주변 환경, 가장 밝은 컬러나 가장 큰 소리에 끊임없이 반응하는 것의 '무엇'을 '동사'한다.

　뒤를 더 읽을 것인가? 이제 틀을 잡을 것인가? 그 판단은 너의 자유이다. 나는 이 문제는 앞부분만으로도 충분히 답이 나오겠다고 판단했고, 그렇게 풀었다. 물론 뒷부분도 읽어서 더 확

실히 하고 싶겠지만, 그렇게 질척거리면서 푸는 습관을 버리기 바란다. 그런식으로 풀면 모든 지문을 다 읽게 될 것이다. 단호한 결단력이 시간 안에 답을 내게 해주는 것이다.

어렵지 않다. 생각해 보라. But의 앞뒤를!

앞부분

교육은 감정적으로 행동하지 않고 멈추어 생각하는 비판적 사고/신중함 같은 것을 가르친다. 비판적 사고는 통제가 아니라 좋은 것(정신적 해방)이다! 하지만 똑똑한 사람도 이것을 완벽하게 하는 것은 어렵다.

빈칸

그러나! 그것의 불완전한 소유조차 '~ 되는 것의(of being)' 무엇!을 동사!한다. (즉) 인접한 주변환경, 가장 밝은 색이나 가장 큰 소리에 끊임없이 반응하면서 자극에 의해 움직이는 것 (stimulus-driven)의 '무엇'을 '동사'한다.

똑똑한 사람도 이것이 불완전할 것이다. 그러나 불완전한 소유조차, '빈칸' 이다!!

그냥 문맥만 생각을 놓고 해봐도, 불완전한 소유조차, 결국 '도움이 될거다' 라는 긍정적인 방향의 내용이 나올 것이라는 것을 알수 있다. 이 글에서 '도움이 된다'는 것은?

> 감정적으로 대처를 안 하게 된다
> 신중하게 된다
> 감정에 끌려다니지 않는다
> 정신적으로 해방된다

이런 이야기가 올 것이다.

좀더 빈칸의 완전한 해석에 맞춰보자. 불완전한 소유조차 자극에 유도되는 것, 밝은 컬러, 큰 소리 이런 자극에 끊임없이 반응하게 되는 것을 어떻게 해줄까? 감정적으로 덜 반응하도록 해주고, 끌려다니지 않게 해주고, 해방시켜주고 등등이 틀이 될 것이다!

※앞부분만 가지고 이렇게 답을 내도 될지 정 찜찜하다면 뒷부분을 단어중심으로 Scan 하여 크게 방향성이 뒤집히는 내용이 있는지 확인해 보고 풀어도 좋다. 혹은 앞부분만 가지고 일단 답을 내서 풀고, 장문까지 다 풀고 와서 뒷부분을 더 읽어서 한번 더 확인하는 전략을 세우길 바란다.

고퀄리티 선택지 작업

① allows us to accept the inevitability
➡ 불가피함을 받아들이도록 허락해? 땡X

② frees a person from the burden
➡ 짐으로부터 자유롭게 한다. 오케이. 방향성과 맞는 편!

③ intensifies people's danger
➡ 사람들의 위험을 강화한다? 땡 X

④ enhances our understanding
➡ 우리들의 이해를 향상시켜? 글쎄 이해를 향상시킨다기보다 자극에 따라 움직이는 것을 '덜 하게 한다' 이런 쪽이 더 맞음. 땡X

⑤ requires one to have the experience
➡ 그 경험을 갖도록 요구한다? 그럼 자극에 계속 반응하는 경험을 하라고? 땡! X

빈칸이 맨 마지막 직전 문장에 뚫린 경우

이 경우가 설명하기 제일 까다로운데, 우선 이렇게 이야기할 수 있겠다.

> 90%는 맨 마지막 문장에 있는 그 한 문장에 답이 들어있다.
> 10%는 앞 문장에 있다.

90%는, 그러니까 거의 대부분은 빈칸 문장 뒤 맨 마지막 한 문장에 승부를 걸면 된다. 이것은 어떻게 보면 상식적으로 당연히 그렇지 않겠는가? 가장 중요한 Topic Sentence인 빈칸 문장에 Topic을 이야기한다. 그리고 나서 바로 연결되어 비장한 한 문장을 남겨놓고 끝났다. 그 마지막 한 문장이 중요 단서가 되는 것은 당연하다.

그러면 10%는 무엇인가? 빈칸 문장이 앞의 내용과 많은 연관성을 지닌 경우다. 18학년도 9월 모의평가에 그런 경우가 나왔다. (18학년도 9월 모의고사 33번 문항. 정답률이 37퍼센트였다.)

These _____ help the child create a new and preferred story.

이 빈칸 문장이 맨 마지막 문장 직전에 있었다. These <빈칸>, 즉, 이러한~!!<빈칸> 이란다. 반드시 앞 문장 읽어야 했다. '이러한' 이 무엇인지 알아야하기 때문이다. 앞 문장에서 'These'의 의미를 찾았으면 답을 쉽게 맞힐 수 있는 문제였다. 그러니까 이 유형은 '빈칸이 중간에 뚫린 유형'의 연장선에 있다고 보면 된다. 요약하자면 이렇다.

그럼 한번 적용해보자. 2014학년도 수능 정답률 36퍼센트의 문제다.

2014학년도 수능(정답률 36%)

Like many errors and biases that seem irrational on the surface, auditory looming turns out, on closer examination, to be pretty smart. Animals like rhesus monkeys have evolved the same bias. This intentional error functions as an advance warning system, manned by the self-protection subself, providing individuals with a margin of safety when they are confronted with potentially dangerous approaching objects. If you spot a rhinoceros or hear an avalanche speeding toward you, auditory looming will motivate you to jump out of the way now rather than wait until the last second. The evolutionary benefits of immediately getting out of the way of approaching dangers were so strong that natural selection endowed us — and other mammals — with brains that _____. Although this kind of bias might inhibit economically rational judgment in laboratory tasks, it leads us to behave in a deeply rational manner in the real world. Being accurate is not always smart. [3점]

*avalanche : 눈사태

① intentionally see and hear the world inaccurately
② are geared to evaluate aural information precisely
③ deliberately make rational yet ineffective decisions
④ prompt us to overlook dangers without thinking rationally
⑤ accurately detect, but irrationally ignore, approaching dangers

🗨 빈칸문장을 공들여 해석하라.

> The evolutionary benefits of immediately getting out of the way of approaching dangers were so strong that natural selection endowed us- and other mammals- with brains that _____.

앞에서 말했듯이 빈칸문장은 <빈칸>이라는 용어를 넣어서 평소보다 완벽하게 해석해야 한다. 빈칸 문장 자체가 길다. 아마 이 문장 자체를 해결하지 못해서 틀린 사람도 많을 것이다. 절대 겁먹지 말고 적당히 끊어가며 정면 돌파하라. 빈칸에서 시간이 좀 들더라도 당황하지 마라. 빈칸에만 특별히 주어지는 'Maximum 3분'은 절대 짧은 시간이 아니다. 자, were 전까지가 주어다.

> 다가오는 위험을 당장 피하는 것의 진화적인 이득은/
> 너~무 강해서 / 자연 선택은 우리-또 다른 포유류에게- 뇌를 부여한다.
> 그게 어떤 뇌냐면 <빈칸> 하는 뇌!!

말이 좀 추상적이니까 내 언어로 다시 처리하며 빈칸 목표 느끼기

> 진화론적으로, 어떤 위험한 것에서 벗어나는 것에 대해 우리에게 이득이 되도록! 자연선택은 우리에게 어떤 ~~뇌를 부여한다.
> ➡ 인류의 진화가 위험 상황에서 벗어나는 것에 대해 어떤 뇌를 부여하는지 참 궁금하다!!

🗨 빈칸문장의 앞과의 필수적인 연관성을 지니는지 확인하라. 또 마지막 문장도 너무 정보가 없거나 짧지 않은지 확인하라. 앞을 보아야 하는 10%인가, 뒤를 보아야 하는 90%인가?

Although this kind of bias might inhibit economically rational judgment in labo-ratory tasks, it leads us to behave in a deeply rational manner in the real world. Being accurate is not always smart.

어떤가, 이 정도 마지막 문장이면, 믿어도 괜찮지 않겠는가?

🔍 이제 마지막 문장에 집중해서 주제를 잡아라

Although this kind of bias might inhibit economically rational judgment in laboratory tasks, it leads us to behave in a deeply rational manner in the real world. Being accurate is not always smart.

: 비록 이러한 편견이 실험실의 일에서는 경제적으로 합리적인 판단을 방해할지라도, 이것은 실세계에서 우리가 더 합리적인 방식으로 행동하도록 한다. 정확한 것이 언제나 똑똑한 것은 아니다!

이렇게 번역은 해보았으나, 주제잡기는 영혼독해 실력으로, 의미를 받아들여야 하는 부분이다. 일대일 대응 번역은 이제 집어치우고, 네모박스 안에 주제만 직설적으로, 단순하게 몇 개 정리해보자. 아마 이런 것들이 될 것이다.

> 정확하지 않더라도 똑똑하다
> 이성적인 판단을 하지 않더라도 더 이성적으로 잘 행동한다.
> 따라서 bias는 여기서 좋은 것!

🔍 이제 환산 작업에 들어가자. 이 유형은 환산이 아주 중요하다. 두 문장이 전혀 동떨어져 있어도(여기서 보더라도 뒷문장에 '뇌'이야기가 없다) 반드시 연결지어야 한다.

정확하지 않더라도 똑똑하다
이성적인 판단을 하지 않더라도 더 이성
적으로 잘 행동한다.
bias는 여기서 좋은 것.

인류의 진화는 이득이며 위험 상황에서 벗
어나는 것에 대해 〈빈칸〉의 뇌를 부여한다.

- 정확하지 않은데, 행동은 잘하도록 해주는 뇌
- 이성적이지 않은데 알고 보면 더 똑똑한 뇌
- 계산하지 않고 잘 본능적으로 위험을 피하게 해주는 뇌
- 아무튼 되게 똑똑한 뇌. 직관적으로 뛰어난 뇌

좋다. 선택지를 볼 자격이 충분하다. 이제 고퀄리티 선택지 작업에 들어가자.

① intentionally see and hear the world inaccurately
② are geared to evaluate aural information precisely
③ deliberately make rational yet ineffective decisions
④ prompt us to overlook dangers without thinking rationally
⑤ accurately detect, but irrationally ignore, approach dangers

아래 규칙을 상기하며 직접 선택지 작업을 해보라.

핵심 1.
내가 원하는 답을 요구하지 말고, 아닌 것을 지우는 게 빠르다!

핵심 2.
선택지를 신중하게 독해하고, 조금이라도 가능성이 있으면 △ 표시를 쳐야 한다!

핵심 3.
내가 잡은 틀과 아주 조금이라도 가까운 것을 답으로 고른다!

① intentionally see and hear the world inaccurately
: 의도적으로 부정확하게 세상을 보고 듣는
➡ 음… 의도적이라는 말이 좀 맘에 안 들지만 '부정확하다'는 내 틀에 어느 정도 같은 방향이므로 △

② are geared to evaluate aural information precisely
: 청각적인 정보를 정확하게 평가하도록 맞추는
➡ 정확하지 않다니깐 X

③ deliberately make rational yet ineffective decisions
: 의도적으로 이성적이지만 효과적이지 않은 결정들을 만드는

➡ 이성적이지 않다니깐. 땡 X

④ prompt us to overlook dangers without thinking rationally
: 이성적으로 생각하지 않으면서(O) 위험을 간과하도록 유도하는
➡ 이성적이지 않고, 우리에게 이득이어야한다고 했다. 위험을 간과해버리면 안된
   다. 땡 X

⑤ accurately detect, but irrationally ignore, approaching dangers
: 정확하게 감지하고, 그러나 비이성적으로 무시하는. 위험에 접근하면서
➡ 정확하지 않다니깐 X

   역시 결국 '맘에 안 드는 △'인 1번이 답이다!

   어떤가? 할 만하지 않은가? 왜 정답률이 34%였는지 이해할 수 없다!

한 문제를 더 보여주겠다. 무려 정답률 19%의 문제다.

2016학년도 수능(정답률 19%)

Long before Walt Whitman wrote Leaves of Grass, poets had addressed themselves to fame. Horace, Petrarch, Shakespeare, Milton, and Keats all hoped that poetic greatness would grant them a kind of earthly immortality. Whitman held a similar faith that for centuries the world would value his poems. But to this ancient desire to live forever on the page, he added a new sense of fame. Readers would not simply attend to the poet's work; they would be attracted to the greatness of his personality. They would see in his poems a vibrant cultural performance, an individual springing from the book with tremendous charisma and appeal. Out of the political rallies and electoral parades that marked Jacksonian America, Whitman defined poetic fame in relation to the crowd. Other poets might look for their inspiration from goddess of poetry. Whitman's poet sought ＿＿＿＿＿＿＿＿＿＿＿ . In the instability of American democracy, fame would be dependent on celebrity, on the degree to which the people rejoiced in the poet and his work. [3점]

*rally : 집회

① a refuge from public attention
② poetic purity out of political chaos
③ immortality in literature itself
④ the approval of his contemporaries
⑤ fame with political celebrities

빈칸문장을 공들여 해석하라.

Whitman's poet sought ＿＿＿＿＿＿＿＿＿ .

간단한 문장이었다. 나는 Whitman 의 시가 무엇을 찾는지 참 궁금하다!

💭 빈칸문장의 앞과의 필수적인 연관성을 지니는지 확인하라. 또 마지막 문장이 너무 정보가 없거나 짧지 않은지도 확인하자. 판단하라. 앞을 보아야하는 10%인가, 뒤를 보아야 하는 90%인가?

➡️ 빈칸문장이 앞문장과 필수적인 연관성을 지니는 것 같지는 않다. 뒷문장도 짧지 않다. 비장하게 남은 마지막 한 문장에 올인하라!

In the instability of American democracy, fame would be dependent on celebrity, on the degree to which the people rejoiced in the poet and his work.

: 미국 민주주의가 불안정했던 시기에, 명성은 유명인사(여기선 인기도!)에 의존했다. 사람들이 시와 그의 작품을 즐거워하는 정도에 따라!

영혼독해로 영어를 영어로 읽어서 의미가 와 닿았다면 핵심만 남겨서 다시 쉽게 말해보자.

명성을 얻으려면 유명해져야 하고 사람들이 좋아해주어야 한다!!

💭 그리고 빈칸 문장은 '그의 시는 <빈칸>을 찾는다'였다. 환산해보라.

그러니까 <빈칸>에 들어갈 틀은

그의 시는 <명성, 유명도, 인기>를 찾아야한다!

주제에 맞게 빈칸에 들어갈 내용을 이렇게 연관짓는 것이다! 아무튼 틀을 스스로 명확하게 했다면 선택지에 들어가자!

① a refuge from public attention

➡ 군중의 관심으로부터 피난처…?땡! X

② poetic purity out of political chaos

➡ 정치적 혼돈으로부터 시적인 순수성을 찾아? 땡 X

③ immortality in literature itself

➡ 문학 그 자체로 불멸… 인기를 얻어야 한다니까 무슨 불멸… X

④ the approval of his contemporaries : 그의 동시대의 승인.

➡ 당장 무슨 말인지 아리까리한가? 의미를 음미하라!!

　‘동시대 사람들이 승인, 인정’ = 괜춘하다!! 세모△

⑤ fame with political celebrities

: 정치적인(X) 인사(celebrities. ◎)들과 함께하는 명성(◎)

➡ 본문에 나오는 단어들로 날 꼬시고(?) 있지만, 정치적이라는 말은 없었다. 땡! X

이렇게 우리는 저 19% 안에 들 것이다!

그럼 이번에는 앞을 선택해야 했던 경우를 다시 살펴보자.

Externalization is the foundation from which many narrative conversations are built. This requires a particular shift in the use of language. Often externalizing conversations involve tracing the influence of the problem in a child's life over time and how the problem has disempowered the child by limiting his ability to see things in a different light. The counsellor helps the child to change by deconstructing old stories and reconstructing preferred stories about himself and his life. To help the child to develop a new story, the counsellor and child search for times when the problem has not influenced the child or the child's life and focus on the different ways the child thought, felt and behaved. These _____ help the child create a new and preferred story. As a new and preferred story begins to emerge, it is important to assist the child to hold on to, or stay connected to, the new story. [3점]

① exceptions to the problem story
② distance from the alternative story
③ problems that originate from the counsellor
④ efforts to combine old and new experiences
⑤ methods of linking the child's stories to another's

These _____ help the child create a new and preferred story.

"이러한 <빈칸>은 아이들이 새롭고 선호되는 스토리를 만들도록 돕는다."

이미 말했듯이, 빈칸문장에서 These라는 앞과의 큰 연관성을 가지는 어휘가 나왔기 때문에, 빈칸 문장의 앞 문장부터 읽어야 한다!

To help the child to develop a new story, the counsellor and child search for times when the problem has not influenced the child or the child's life and focus on the different ways the child thought, felt and behaved.

: 이 아이들이 새로운 스토리를 세우도록 돕기 위해, 상담가와 아이들은 그 문제들이 아이들에게 영향을 끼치지 않을 수 있는 시간을 찾아야 한다. 그리고 아이들이 생각하고, 느끼고 행동한 다양한 방식에 집중한다.

그리고 이 맥락을 참고하여 마지막 문장까지 해석하자.

As a new and preferred story begins to emerge, it is important to assist the child to hold on to, or stay connected to, the new story.

: 새롭고 선호되는 이야기가 나타나기 시작할 때, 아이가 새로운 이야기를 붙잡거나 새로운 이야기에 연결이 되어 있도록 돕는 것이 중요하다.

자, 주제는 무엇인가? 과거에 연연하지 않고 새로운 것에 집중하도록 도우라는 것, 지나간 것이 아닌 새로운 것에 연결되어야 하는 것!

좋다. 그러나 이 유형에서 앞을 보아야 했을 때 유념해야 할 것은 주제보다도 <u>앞과 연결된 맥락</u>이 중요하다는 것이다! 주제에만 매몰되지 말고, 맥락을 살려서 빈칸을 채워야 한다. '이러한~' <빈칸>이 아이들을 도운다고 했다. [These 빈칸]의 틀은 무엇이겠는가?

이전의 문제들이 아이들에게 영향을 끼치지 않는 것
아이들만의 생각이나 느낌이나 행동에 집중하는 것!
새롭고 좋은 것에 집중할 수 있도록 하는 것

이제 직접 선택지 작업을 해보라.

① exceptions to the problem story
② distance from the alternative story
③ problems that originate from the counsellor
④ efforts to combine old and new experiences
⑤ methods of linking the child's stories to another's

이 예외적인 케이스 때문에 조금 설명하기도 까다로운 유형이었다. 하지만 상대의 통계적인 케이스를 꿰뚫고 주도적으로 들어가는 것과, 위치에 상관없이 무작정 해석해서 답을 내려고 하는 것은 매우 다르다. 영어는 심리적인 요인이 많이 작용하기 때문이다.

'내가 너를 알고, 이 문제 풀이를 주도할 수 있다'는 그 자신감을 갖고 있느냐가 정답률을 매우 좌지우지한다. 그렇기에 이렇게 빈틈없는 전략을 알려주고자 하는 것이다. 유형 훈련을 직접 하기 전에 이렇게 전략적으로 상대의 모든 것을 알고 있다는 자신감을 채우자!

　몇 번이겠는가? '문제를 배제시키는 것' = 정답은 ①번이다. 나머지 문제들은 모두 반대말을 하고 있다.

　마지막으로, 2024학년도 9월 모의고사에 나왔던 오답률 78%의 고난도 문제를 풀어보자. 이 문제를 통해서 출제자는 우리가 두루뭉술하게 문제를 푸는 것을 원하지 않는다는 것을, 끊임없이 글의 핵심 의미를 놓치지 말고 머리가 뜨겁도록 생각하기를 원하고 있다는 것을 알 수 있을 것이다.

An invention or discovery that is too far ahead of its time is worthless; no one can follow. Ideally, an innovation opens up only the next step from what is known and invites the culture to move forward one hop. An overly futuristic, unconventional, or visionary invention can fail initially (it may lack essential not-yet-invented materials or a critical market or proper understanding) yet succeed later, when the ecology of supporting ideas catches up. Gregor Mendel's 1865 theories of genetic heredity were correct but ignored for 35 years. His sharp insights were not accepted because they did not explain the problems biologists had at the time, nor did his explanation operate by known mechanisms, so his discoveries were out of reach even for the early adopters. Decades later science faced the urgent questions that Mendel's discoveries could answer. Now his insights _____ . Within a few years of one another, three different scientists each independently rediscovered Mendel's forgotten work, which of course had been there all along. [3점]

* ecology: 생태 환경 ** heredity: 유전

① caught up to modern problems
② raised even more questions
③ addressed past and current topics alike
④ were only one step away
⑤ regained acceptance of the public

🌀 빈칸 문장부터 공들여 읽기

Now his insights _____ .

: 이제 그의 통찰력은(   ) 이다.

빈칸 곱씹으며 생각하기

➡ 그의 통찰력이 이제 뭐 어쨌다고? Now, 라고 했으니까 뭔가 변화가 있었나. '그'의 '통찰력' 이 이제 어떻게 된 건지 궁금하다! 워낙 빈칸문장에서 나온 힌트가 적은데('Now his insights~' 밖에 없음) 맨 마지막 문장을 읽으면 답이 나오려나?

맨 마지막 문장 읽기

Within a few years of one another, three different scientists each independently rediscovered Mendel's forgotten work, which of course had been there all along.

: 서로 몇 년 간격으로, 세 명의 다른 과학자들이 각각 독립적으로 Mendel의 잊혀진 연구를 재발견했는데, 물론 그 연구는 줄곧 그곳에 있었다.

★그냥 읽지 말고 마음에 심으면서 포인트를 잡아보자.

→ Mendel의 잊혀진 연구!를 재발견!하다. 새로운 연구가 아니라 늘 있던 연구였음!

곱씹으며 생각하기

➡ 잊혀진 연구가 재발견되었다고? 이것만 생각하면 빈칸 문장은 "그의 인사이트가 이제, 재발견되었다, 인정받게 되었다" 이런 건가? 아무튼 마지막 문장이 이렇게 얘기하고 있는데 부정적인 것은 올 수 없을 듯하다. 나는 일단 선택지로 가서 답이 될만한 것이 있는지 살펴보고 부정적인 선택지를 지워보기로 했다.

① caught up to modern problems
: 현대의 문제를 따라잡았다

➡ 흠, 현대의 문제를 만났다/따라잡았다? 문제를 해결했다도 아니고 catch up/따라잡았다는 뭐지. 일단 보류 △

② raised even more questions
: 훨씬 더 많은 의문을 제기했다

➡ X. 이런 부정적인 얘기는 답이 될 수 없음

③ addressed past and current topics alike
: 과거와 현재의 주제를 동일하게 다루었다

➡ '잊혀진' 연구를 재발견하는 내용인데 그의 인사이트가 '이제'(Now) 과거, 현재를 비슷하게 다루었다? 아닌 것 같다. X

④ were only one step away

: 단 한 걸음만 떨어져 있었다

➡ '오직 한 걸음만 떨어져 있었다'는게 뭐지… 이건 너무 뭉뚱그린(?)표현이 아닌가. 이제 그의 인사이트는 한 걸음만 떨어진 위치, '가까이에' 있다?는 내용인가. 이건 부정도 긍정도 아닌 것 같다. 일단 보류 △

⑤ regained acceptance of the public

: 대중에게 다시 수용되었다

➡ X. '과학자'가 다시 재발견했다고 한 것을 보면 '대중'은 아닌 것 같음. 게다가 regain이라고 하면 '다시 얻은 것'인데, 이전에도 acceptance를 얻지 않았음. 본문에 His sharp insights were not accepted가 나와서 acceptence에 낚일 수도 있겠지만 regain도 the public도 땡!

이렇게 선택지를 봤을 때 느낌이 어떠한가? 사실 △를 친 ①번도, ④번도 뭔 소린지 잘 모르겠고 표현도 애매해서 화딱지가 난다. 그렇다. 고난도 빈칸은 원래 이런 식으로 애매하다. 내가 잡은 틀과 딱 맞는 예쁜 답을 주지 않는다. 애매함을 느꼈으니 맨 앞부분부터 읽으면서 좀 더 포인트를 잡아야겠다.

🔍 좀 더 확실한 포인트를 잡기 위해 맨 앞으로 가서 읽어보자

An invention or discovery that is too far ahead of its time is worthless; no one can follow.

: 시대를 너무 앞서간 발명이나 발견은 가치가 없는데, 누구도 따라갈 수 없기 때문이다.

💡 생각&반응

시대를 너무(too) 앞서간 것은 가치가 없다? 그럼 아까 본 Mendel의 연구는 시대를 너무 앞서간 사례인가?

Ideally, an innovation opens up only the next step from what is known and invites the culture to move forward one hop.

: 이상적으로, 혁신은 알려진 것으로부터 단지 다음 단계만을 가능하게 하고, 그 문화가 한 걸음 앞으로 나아가도록 초청(권유)한다.

💡 생각&반응

혁신은, 오직! 지금 알려진 것에서 딱 한 단계를 업그레이드 해준다고! 앞 문장과 연결지어서 보자면 '딱! 한단계 업그레이드 하는 게 혁신이지 처음부터 너무 앞서가는 발견은 가치가 없다' 이런건가? 너무 앞서가지 말라고, 딱 한 단계만 앞서가는 것이 중요함을 강조하고 있네!

※Important Tip!

두루뭉술하게 큰 의미만 해석하고 넘어가려고 하지 말고 지문이 원하고 있는 포인트를 구체적으로 느끼는 연습을 해야한다. 위 문장들에서도 too far! ahead of its time is worthless; / 'opens up only the next step' 같이 강조하고 있는 뉘앙스가 있다면 영혼독해를 하면서 새겨서 읽었어야 했다.

An overly **futuristic, unconventional, or visionary invention** can fail initially **(it may lack essential not-yet-invented materials or a critical market or proper understanding)** yet succeed later, **when the ecology of supporting ideas catches up.**

: 지나치게 미래지향적이거나 관행을 벗어나는 혹은 비현실적인 발명은 처음에는 실패할 수도 있지만(아직 발명되지 않은 필수적인 재료나 중요한 시장 또는 적절한 이해가 부족할 수 있다) 아이디어를 뒷받침하는 생태 환경이 따라잡을 때 나중에 성공할 수도 있다.

💡 생각&반응

역시 너무 미래지향적인 건 실패할 수 있다! 근데 나중에 발전이 따라잡을 때!! 성공할 수는 있다고 하네.

➡ 아 그러니까, 현재랑 너무 멀리 떨어진 것은 인정 못 받아. 그런데 시대가 아이디어를 따라잡으면(시대와 너무 멀지 않게 되면!) 그때서야 성공할 수 있어. 이런 얘기구나!!

<주제 나온 뒤 예시의 시작>

Gregor Mendel's 1865 theories of genetic heredity were correct but ignored for 35 years.

: Gregor Mendel의 1865년 유전 이론은 옳았지만 35년 동안 무시되었다.

💡 생각&반응

자 드디어 Mendel의 이야기가 예시로 왔다! 그의 이론은 무시되었어!

그런데 마지막 문장에 재발견되었다고 했지. 처음에는 너무 앞서간 이론이었는데

시대가 발전하면서 그의 이론을 따라잡고 가까이에 온 거야.

<Scan>

His sharp insights were not accepted because they did not explain the problems biologists had at the time, nor did his explanation operate by known mechanisms, so his discoveries were out of reach even for the early adopters.

: 그의 날카로운 통찰력은 생물학자들이 그 당시에 가졌던 문제들을 설명하지 않았기 때문에 받아들여지지 않았고, 그의 설명 역시 알려진 메커니즘에 의해 작동하지 않았기 때문에 그의 발견은 얼리 어답터들에게도 이해하기 어려웠다.

Decades later science faced the urgent questions that Mendel's discoveries could answer.

: 수십 년 후 과학은 Mendel의 발견이 답할 수 있는 긴급한 질문에 직면했다.

🧠 답 부분 다시 생각! 빈칸 틀잡기!

Now his insights _____. Within a few years of one another, three different scientists each independently rediscovered Mendel's forgotten work, which of course had been there all along.

그렇다면 빈칸은 무슨 얘기가 오겠는가?!

☑ 빈칸 틀 3번 이상 잡기!

Now, 이제 그의 인사이트는 받아들여질 준비가 되었다!

이제, 그의 인사이트는 시대와 그렇게 멀리 떨어져 있는 발견이 아니다!

이제, 그의 인사이트는 인정받게 된다!

🎈 선택지 다시 보기!

① caught up to modern problems

: 현대의 문제를 따라잡았다

➡ 이건 거꾸로 되어있는 답이었다! 그의 인사이트는 워낙 앞서있어서 시간이 흘러서 현대가 그의 이론을 따라잡은 거지, 그의 이론이 현대를 따라 잡은 게 아니다. 땡!

④ were only one step away

: 단 한 걸음만 떨어져 있었다

➡ 이제 '멀지 않다!' 비유적인 표현이지만 이게 답이겠다!

오답률 78%에 달하는 문제에 걸맞게 긴밀한 독해와 사고를 요하고 있을뿐더러, 비유적인 느낌의 선택지로 갈등하게 만드는 문제였다. 우리는 독해를 하면서 '이 글을 뿌순다' 라는 생각으로 마음을 다해서 읽고, 답을 고르기 전에 정답의 틀을 3번 바꾸어서 말할 수 있어야 한다. 그리고 선택지에는 내 맘에 드는 예쁘고 명확한 표현이 있을 것이라 기대하지 말아야 한다. 절차탁마(切磋琢磨)의 자세로 수능날까지 이 빈칸추론 유형을 갈고 닦자.

빈칸이 '맨 마지막 문장'에 있는 경우

빈칸 시리즈의 마지막! 빈칸이 맨 마지막 줄에 있는 유형이다. 이 경우가 빈칸 중에서 가장 난이도가 높지만, 접근방법은 명확하다.

1. 당연히 빈칸부터 읽는다.

앞에서 배운 대로 구조 속에서 명확히, 우리말로 명확히 원하는 것을 스스로에게 충분히 인식 시킨다.

2. 맨 앞 문장과 맨 마지막 직전 문장의 내용을 결합하여 결정적 힌트를 잡는다.

즉, 맨 앞 문장을 제대로 사고력 독해 → 글 전체의 소재와 방향성을 잡고, 빈칸 문장에 대한 큰 힌트가 되는 직전 문장을 연결하는 것이다.

※ 단 저 두 문장이 너무 짧거나 지시대명사 등 그것만으로는 정체를 알 수 없는 단어가 있을 때는 이어진 한 문장을 더 읽는 유연성은 발휘해야 한다!

3. 빈칸 문장의 문맥에 맞게 빈칸의 내용을 환산한다.

4. 내가 잡은 <빈칸>의 틀을 확실히 하고, 선택지 작업에 들어 간다.

3, 4번은 앞에서(빈칸에 맨 앞에 있는 유형) 설명한 방식과 동일하다.

역시 역대급 고난도 기출을 통해 적용해보자.

2014학년도 수능 (정답률 21%)

Mathematics will attract those it can attract, but it will do nothing to overcome resistance to science. Science is universal in principle but in practice it speaks to very few. Mathematics may be considered a communication skill of the highest type, frictionless so to speak; and at the opposite pole from mathematics, the fruits of science show the practical benefits of science without the use of words. But those fruits are ambivalent. Science as science does not speak; ideally, all scientific concepts are mathematized when scientists communicate with one another, and when science displays its products to non-scientists it need not, and indeed is not able to, resort to salesmanship. When science speaks to others, it is no longer science, and the scientist becomes or has to hire a publicist who dilutes the exactness of mathematics. In doing so, the scientist reverses his drive toward mathematical exactness in favor of rhetorical vagueness and metaphor, thus _____ . [3점]

① degrading his ability to use the scientific language needed for good salesmanship
② surmounting the barrier to science by associating science with mathematics
③ inevitably making others who are unskillful in mathematics hostile to science
④ neglecting his duty of bridging the gap between science and the public
⑤ violating the code of intellectual conduct that defines him as a scientist

빈칸부터 공들여 읽는다.

In doing so, the scientist reverses his drive toward mathematical exactness in favor of rhetorical vagueness and metaphor, thus _____.

: 그렇게 함으로써, 과학자는 수학적인 정확함을 향한 그의 진행방향을 모호함과 은유로 바꾼다. 그래서 〈빈칸~〉한다!

> ★내 언어로 쉽게 한 번 더 정리!
> 과학자가 수학적으로 정확한 게 좋은 게 아니고, 모호하고 비유적인 거를 좋아하도록 한다고. 그래서 어쩐다는 것인지 참 궁금하다!

맨 첫 번째 문장 읽기

Mathematics will attract those it can attract, but it will do nothing to overcome resistance to science.

: 수학은 그것이 끌어당길 수 있는 사람들을 끌어당길 것이다. 하지만 그것은 아무것도 하지 않는다, 과학에 대한 저항성을 극복하기 위해서는.

★ 이대로만 직독직해하면 뭔 소린지 나도 모르겠다! 모르겠다고 다른 문장을 더 읽는 것이 아니고 자신만의 언어로 나름대로, 빗질하듯이 정리해야 한다. 언제나 해석에 대해서는 자신을 믿고 '정면돌파'하라. 해석을 더 배워야 하는 것이 아니다. 해석능력은 당신 안에 있다!

> ★ 성찰 후 내 언어로 정리하기!
>
> 수학은 좋아하는 사람들은 끌어당길 수 있는데, 과학(수학을 사용하고 수학과 비슷한 과목)을 싫어하는 것은 뭔가 수학으로 해결이 안 된다는 말인 것 같다. 그러니까 수학은 과학을 극복하게 하는데 한계가 있다.
>
> 아무튼 그러니까 수학은 좋다 나쁘다? '나쁘다'에 가깝네!

오케이, 이것을 잡아두자.

마지막 직전 문장 해석(공들여! 영혼독해!)

When science speaks to others, it is no~ longer science, and the scientist be-comes or has to hire a publicist who dilutes the exactness of mathematics.

: 과학이 다른 이에게 말을 할 때, 이것은 더 이상 과학이 아니고, 과학자는 수학적인 정확함을 희석시킬 수 있는 출판자가 스스로 되거나 고용이라도 해야 한다.

★ 성찰 후 내 언어로 정리하기!

과학을 막 다른 사람한테 수학적으로 이야기하면 어려우니까. 다른 사람한테 얘기 할 때는 쉽게 말해야 한다는 것이군.

 맨 앞과 직전 문장 결합 ★★

수학, 과학은
한계가 있다!

+   = **수학적인 것보다 더 쉽게 가자!**

다른 사람에게 전달할
때는 수학적으로 말고
쉽게 말해라!

이렇게 맨 앞 문장 읽은 것을 놓치지 말고, 직전 문장 읽은 것과 반드시 결합해야 한다!

Tip

그런데 맨 앞문장이 단순한 도입적인 이야기로 별로 영양가가 없을 때도 있다. 그럴 때는 다른 문장을 더 읽는 것이 아니라, 그 영양가가 빈칸 문장 직전 문장에 집중되어 있는 경우이니 직전 문장의 비중을 높게 두어야 한다!

둘을 결합한 의미를 빈칸 문장에 맞게 환산하라.

In doing so, the scientist reverses his drive toward mathematical exactness in favor of rhetorical vagueness and metaphor, thus _____.

그렇게 함으로서 과학자는 수학보다 비유 은유, 수학보다는 모호한 말 같은 것을 좋아하게 되고, 따라서 _____

다른 이에게 잘 전달할 수 있다.
과학의 한계를 극복할 수 있다.
일반인도 잘 이해할 수 있다 등등

이제 선택지에 들어가자!

① degrading his ability to use the scientific language needed for good salesmanship
② surmounting the barrier to science by associating science with mathematics
③ inevitably making others who are unskillful in mathematics hostile to science
④ neglecting his duty of bridging the gap between science and the public
⑤ violating the code of intellectual conduct that defines him as a scientist

① degrading his ability to use the scientific language needed for good salesmanship

➡ 능력을 강등시켜? 땡 X

② surmounting the barrier(◎) to science by associating science with ~~mathematics~~

➡ 벽을 넘은 것은 좋은데, 수학과 연관 시키는 것 땡 X

③ inevitably making others who are unskillful in mathematics ~~hostile~~ to science

➡ 과학에 혐오감을… 땡 X

④ neglecting his duty of bridging the gap between science and the public

➡ 과학과 대중을 연결하는 것을 무시해? 반대말이다 땡 X

⑤ violating the code of intellectual conduct that defines him as a scientist

*다시 말하지만, 선택지를 해석할 때는 단편적인 일부 어휘(violate같은)에 속지 말고 선택지 전체를 음미해야 한다!!

➡ 그를 과학자라고 정의해주는 지적인 conduct를 무너뜨린다.

   즉, 똑똑하고 지적인 것에서 벗어난다.

≒ 내 틀. △!

분명 혼자서 이런 말을 생각해내긴 어렵다. 하지만 ⑤번만이 내가 잡은 틀 '과학의 한계(너무 수학적이고 정확해서 어려운)를 극복한다'와 일맥상통한다. 5개 중에서 이것밖에 내 틀과 일맥상통하는 것이 없다!

알겠는가? 오답을 고른 79%에 들지 않으려면, 우왕좌왕 하지 말고 이렇게 문제풀이를 이끌어야 한다!

또 한 번 보여주고 싶은 고난도 기출은 13학년도 9월 모의평가에 나온 문제다. 이 문제는 우리의 선택지 결정 훈련을 제대로 도와줄 것이다. 한번 풀어보라.

Guys lost on unfamiliar streets often avoid asking for directions from locals. We try to tough it out with map and compass. Admitting being lost feels like admitting stupidity. This is a stereotype, but it has a large grain of truth. It's also a good metaphor for a big overlooked problem in the human sciences. We're trying to find our way around the dark continent of human nature. We scientists are being paid to be the bus-driving tour guides for the rest of humanity. They expect us to know our way around the human mind, but we don't. So we try to fake it, without asking the locals for directions. We try to find our way from first principles of geography('theory'), and from maps of our own making('empirical research'). The roadside is crowded with locals, and their brains are crowded with local knowledge, but we are too arrogant and embarrassed to ask the way. So we drive around in circles, _____ about where to find the scenic vistas that would entertain and enlighten the tourists. [3점]

① waiting for the local brains to inquire
② accumulating and examining the locals' knowledge
③ going against the findings of our empirical research
④ relying on passengers' knowledge and experience
⑤ inventing and rejecting successive hypotheses

 빈칸 문장 공들여 해석

So we drive around in circles, _____ about where to find the scenic vistas that would entertain and enlighten the tourists.
: 우리는 원 주위를 빙빙 돌면서, 여행객들을 기쁘게 해줄 멋진 곳을 찾아 헤매며 〈빈칸〉 한다!!!

 맨 앞 문장 해석

Guys lost on unfamiliar streets often avoid asking for directions from locals.
: 길을 잃은 Guy들은 locals (지역민들) 에게 길을 묻는 것을 꺼린다!

마지막 직전 문장 해석

The roadside is crowded with locals, and their brains are crowded with local knowledge, but we are too arrogant and embarrassed to ask the way.

: 길은 지역민들로 북적이고, 그들의 뇌는 지역에 대한 지식으로 가득하지만, 우리는 너무나 거만하고 당황해서, 길을 묻지 않는다! (내신에서 지겹게 배운 too~to구문이다)

　오, 맨 앞문장하고 직전문장하고 거의 같은 말을 하고 있다!!

　이 경우 결합할 것도 없다!

 ★★
<빈칸>의 틀을 환산하고 충분히 정리하기

So we drive around in circles, ＿＿＿＿＿＿＿＿＿＿＿＿＿＿＿＿＿ about where to find the scenic vistas that would entertain and enlighten the tourists.

: 우리는 원 주위를 빙빙 돌면서, 여행객들을 기쁘게 해줄 멋진 곳을 찾아 헤매며 〈빈칸〉 한다!!!

– 지역 사람들에게 물으면 될 걸 길을 묻지 않는다!
– 너무 거만하다!
– 물어서 가면 될 걸 괜히 혼자 고생이다. 등등

★ 자신의 목소리로 충분히, 직접적으로 설명하며 들어가야 할 내용을 잡아라.

① waiting for the local brains to inquire

➡ 지역 브레인에 묻는다. 반대말. (X)

② accumulating and examining the locals' knowledge

➡ 지역민들의 지식을 축적한다… 역시 반대말 (X)

③ going against the findings of our empirical research

➡ 경험적 연구 결과(◎)에 반대로 간다. (X)

가장 오답 비율이 높았던 선지다. 경험을 이야기 한 것은 좋지만 going against 때문에 반대가 된다. ★이렇게 선택지는 어절, 어절 꼼꼼하게 보아야 한다!

④ relying on passengers' knowledge and experience

➡ 승객의 지식과 경험에… 생뚱맞은 소리. X

⑤ inventing and rejecting successive hypotheses (△)

➡ 연속적인 가정들을 개발하고 거부한다…

??? 무슨 말일까 ???

혼자서는 절대 생각할 수 없는 말이다. 하지만 이럴수록 섣불리 X치지 말고 선택지를 음미하라! 나의 틀을 먼저 떠올려보라.

- 지역 사람들에게 물으면 될 걸 길을 묻지 않는다!
- 너무 거만하다!
- 물어서 가면 될 걸 혼자 고생이다.

⑤ **연속적인 가정들을 개발하고 거부한다. (△)**

연속적으로 가정들을 생각했다 거부했다 한다는 말을 내 틀과 비교하여 음미해보자. 남들에게 묻지 않고, 혼자 고생하며 연속적으로 '여길까? 아니네 저길까?' 하는 모습을 그린 것과 연결 지을 수 있다. 다소 억지스럽긴 하지만 다짜고짜 추상적으로 제시한 이 표현을 잠자코 생각해보면 그렇단 말이다. △정도는 쳐줄 수 있다.

나머지 4개가 명확히 X 였고, 그러면 '가장 답'은 이 세모△가 된다.

이 문제를 잘 기억해두라. XXXX△를 훈련시켜주는 고마운 문제가 될 것이다.

Important Tip!
선택지에서 혼자 지나치게 생각이 깊어지는 것을 주의하라!!

"이 단어도 이렇게 보면 ~~로 볼 수 있지 않나요? ㅠ"

왜인지는 모르겠지만 특히 여학생들이 이런 어려움을 호소하는 경우가 많았다. 나 역시도 제목이나 빈칸에서 그런 어려움을 겪던 기억이 난다. 말이라는 게 '코에 걸면 코걸이, 귀에 걸면 귀걸이'가 되어서 조금만 깊게 들어가면 한도 끝도 없이 의미가 연결되기 때문이다. 이럴 때 가끔 빈칸 맞히기를 포기하고 싶어진다.

하지만 Tradition이 지문에서 부정적인 예시로 나온 것이 아니었다면, Tradition 기본적으로 그냥 전통(예전부터 내려오는 문화) 그 자체일 뿐이다. 선택지에 갑자기 나온 단어는 사전으로 치면 1번 의미에 나올 만한 대표적이고 전형적인 의미로 해석을 해야 한다. 소통하면서 드는 개인의 생각은 자유이지만 적어도 선택지를 보며 답을 고를 땐 선을 지켜야 한다. 혼자서 2차,3차 의미로 빠져버리면 이것도 저것도 답이 되니 말이다. '전통은 옛날 것이니까 나쁜 것!' 이런 식으로 혼자만의 세계로 빠지지 말아야 한다. 혼자서 땅굴파고 깊이 들어가면 답하고 멀어질 뿐이다. 나도 그랬고, 분명 여러 문제풀이를 하면서 이런 경우를 만나게 될 것이다. 그럴 때마다 선택지 해석에서 상식적인 선을 넘지 않도록, 너무 주관적으로 깊이 들어가지 않도록 훈련해야 한다.

물론 '자신을 돌아보라'→ '나를 비추는 거울(Mirror)'처럼 비유적인 표현도 있다. 이런 비유적인 표현은 잠시 음미해서 의미를 떠올려야 한다. 이런 비유적인 표현은 단어 자체는 비슷한 의미를 가진 생뚱맞은 단어(반성-거울)가 쓰이기 때문에 어렵지 않게 알아차릴 수 있다. 내가 말하고자 하는 것은 비유적인 표현이 아니라, 분명 보자마자 X표를 칠만한 어휘에서 혼자 깊어지는 경우를 주의하라는 것이다. 명심하라. 혼자 깊어지면 5개 선지 모두 코에 걸면 '코걸이, 귀에 걸면 귀걸이'가 된다. 선택지 단어는 일단 1차원적으로, 좀 더 과감하게 판단할 필요가 있다!

마지막으로 다음 정답률 25%의 문제를 보자

The growth of academic disciplines and sub-disciplines, such as art history or palaeontology, and of particular figures such as the art critic, helped produce principles and practices for selecting and organizing what was worthy of keeping, though it remained a struggle. Moreover, as museums and universities drew further apart toward the end of the nineteenth century, and as the idea of objects as a highly valued route to knowing the world went into decline, collecting began to lose its status as a worthy intellectual pursuit, especially in the sciences. The really interesting and important aspects of science were increasingly those invisible to the naked eye, and the classification of things collected no longer promised to produce cutting-edge knowledge. The term "butterfly collecting" could come to be used with the adjective "mere" to indicate a pursuit of _____ academic status.

* palaeontology: 고생물학 ** adjective: 형용사

① competitive   ② novel
③ secondary   ④ reliable
⑤ unconditional

빈칸추론의 실력을 크게 기를 수 있는 요소들이 많은 문제다. 설명해줄 것이 많으니 꼭 잘 배워둘 것.

🔍 빈칸부터 공들여 읽는다.

The term "butterfly collecting" could come to be used with the adjective "mere" to indicate a pursuit of _____ academic status.

: 나비수집은 '단지(겨우)'라는 형용사를 가지고 사용될 수 있는 용어인데, [빈칸하는] 학문적 지위의 추구를 나타내기 위해서 쓰는 말이다!

빈칸 곱씹으며 상기하기

➡ 아, 그러니까. 나비수집은 단지, 겨우 같은 말과 함께 사용되는데, 빈칸이 어떤 학문적 지위를 추구하는 걸 나타내는지 참 궁금하다!

여기서 '나비수집'이라는 말이 뭔지 낯설다고 해서 자신감을 잃지 말라. '나비수집'을 우리가 정확히 아는가? 진짜 나비를 수집한다는 건지 비유적인 표현인지 당연히 아직 모른다. 그저 이렇게 빈칸문장을 태연하게 곱씹고, 마음에 심는 것이다. 그보다 나는 이 부분에 반응했다. '단지, 겨우(mere)' 같은 얕잡아 보는 말과 함께 사용되며 빈칸하는! 학문적 지위라는 것을. 그러니까, 'mere'과 함께 사용되는 것과 연관된다. 그러므로 의미가 중요하거나 특별하거나 무게감 있는 것이 빈칸의 답일리는? 없다. 이 문제 선택지에서 ①, ②, ④, ⑤번은 벌써 답이 아닐 확률이 높다는 것이다.

① competitive (경쟁적인)
② novel (새로운)
③ secondary (부차적인 : mere처럼 얕잡아보는 말. 후보!)
④ reliable (신뢰할만한)
⑤ unconditional (무조건적인)

이 한 문장을 읽고 저 mere이 주는 힌트를 캐치해보았는가? 나는 벌써 눈치를 채고 들어갔다. 실제로 내가 수험생이었다면 분명 ③번을 고르고 그냥 다음 문제로 넘어갔을 것이다. '너무 쉽게 풀었나?'하는 약간의 불안한 마음에 우선 장문까지 풀고 남는 시간에 한번 더 검토하는 정도였을 것이다. 나는 실전에서 시간을 아끼기 위해 이런 문제는 그렇게 하기로 훈련했다. 특히 이렇게 빈칸에 한 단어만 나오는 단어빈칸의 경우는 빈칸문장만으로 풀리는 경우가 아주 많다.

그냥 그저 그렇게 읽으려 하지 마라. 우리는 언제나 용의자의 눈빛과 말끝 한마디, 그 뉘앙스조차 날카롭게 캐치하는 형사가 되어야 한다.

무튼 답의 근거를 좀더 확인해 보기로 하자.

👆 맨 첫번째 문장 읽기

The growth of academic disciplines and sub-disciplines, such as art history or palaeontology, and of particular figures such as the art critic, / helped produce principles and practices for selecting and organizing what was worthy of keeping, though it remained a struggle.

해석	알아듣기
학과의 성장과 미술사학이나 고생물학과 같은 하위 학과의 성장, 그리고 미술평론가와 같은 특정 인물의 성장은/ 원칙과 관행의 도출에 도움이 되었다/ 보관할 가치가 있는 것을 선택하고 정리하기 위한! 비록 힘든 일로 남게 되었지만	미술사, 고생물학 같은 학과의 성장이, 무언가 선택하고, 정리하는 원칙을 살리는데 도움이 되었다.

➡ 빈칸 문장에서 읽었던 나비수집과 아무런 관련이 없고. 그냥 학과의 성장이 뭔가 정리하는 원칙을 도출하는데 도움이 되었다는 내용. 알겠어, 일단 킵해두자!

맨 마지막 직전 문장 해석

The really interesting and important aspects of science were increasingly those invisible to the naked eye, and the classification of things collected no longer promised to produce cutting-edge knowledge.

해석	알아듣기
과학의 참으로 흥미롭고 중요한 측면은 점점 더 육안에 보이지 않는 것들이었고, 수집된 것들에 대한 분류는 더 이상 최첨단의 지식을 생산할 가망이 없었다.	우리의 흥미로운 과학은 안보이는 걸 연구해. (이제 과학이 너무 발달해서) 수집, 분류하고 그런 건 더 이상 최첨단의 지식을 생산하지 않아. 그런 건 너무 구닥다리라는 뜻이군.

➡ 그러니까 아까 '학과의 발전은 수집, 분류 이런거 도와준다'고 했던 첫 문장은 과학 때문에 무용지물이 되었다는 뜻이네? 맨 첫 문장보다 이 문장에 근거의 무게가 실린 것이 분명하다!

★Important Tip : 단어의 추론법

저 'cutting-edge' 라는 단어 때문에 이 문제의 정답률이 한층 더 낮아졌을 것이다. cutting-edge라는 말은 '최첨단의'라는 뜻이다. 나야 지문을 많이 보아서 배운 적이 있지만, 만약 저 단어를 본 적도 없다면? 생각이 나지 않는다면? 나는 주눅들지 않고 추론할 것이다. 어떻게? 문맥과 단어의 생김새를 보아라.

no longer promised to produce cutting-edge knowledge.
더 이상 약속해주지 않는다 ➡ cutting-edge 한 지식의 생산을.

컷팅된 모서리, 뭔가 날카로운게 아닐까? 그런 지식의 생산을 더 이상 보장해주지 않는다. 뭔지 몰라도 '더 이상 cutting-edge 한 지식의 생산을 약속해주지 못한다!'는 말투라면, cutting-edge 는 "더 좋은, 날카로운, 똑똑한" 지식을 생산할 수 없다는 것이라고 추론해보는 것이다. 정확하지 않더라도 이렇게라도 처리해야 '주눅 들어서' 정신을 잃는 것을 방지할 수 있다.

🦋 맨 앞과 직전 문장 결합

미술사, 고생물학 같은 학과의 성장이, 무언가 선택하고, 정리하는 원칙을 살리는데 도움이 되었다.

· · · · · · ▶

The term "butterfly collecting" could come to be used with the adjective "mere" to indicate a pursuit of _____ academic status.

: 나비수집은 '단지(겨우)'라는 형용사를 가지고 사용될 수 있는 용어인데, [빈칸하는] 학문적 지위의 추구를 나타내기 위해서 쓰는 용어!

우리의 흥미로운 과학은 안보이는 걸 연구해. (이제 과학이 너무 발달해서) 수집,분류하고 그런건 더이상 최첨단이 아니야.

🦋 빈칸에 들어갈 말 혼자서 3번 이상 말 바꾸어 말하기!

The term "butterfly collecting" could come to be used with the adjective "mere" to indicate a pursuit of _____ academic status.

: 나비수집은 '단지(겨우)'라는 형용사를 가지고 사용될 수 있는 용어인데, [빈칸하는] 학문적 지위의 추구를 나타내기 위해서!

mere, 하찮은, 별로 중요하지 않은, 구닥다리의

① competitive(경쟁적인)

➡ 경쟁적인?? '하찮은, 작은' 같은 뜻과 거리가 멀다. 땡! (X)

② novel (새로운)

➡ 땡 (X)

③ secondary (두 번째의; 부차적인 : mere처럼 얕잡아보는 말. 후보!)

➡ 세모 (△)

④ reliable (신뢰할만한)

➡ 땡 (X)

⑤ unconditional (무조건적인)

➡ 무조건적이다. 조건없이 항상 오케이다? 땡 (X)

가장 답인 것은 ③번이다.

'다 읽는 것'에 대하여

해설이 길어서 미안하지만 이 문제에서 할 얘기가 더 남았다. 만약, 시험 상황에서 당황하여 'cutting-edge'라는 단어가 너무 해석이 안 되어서 맨 마지막 문장 직전 문장의 의미를 잘 알아듣지 못했다면? 우리는 그 위의 한 문장을 더 읽어야 한다. 그러니까 이 지문을 다 읽게 된다는 것이다.

그렇다. 빈칸이 맨 마지막 직전 문장에 뚫렸을 때, 맨 윗문장에서 두괄식을 의심하고, 직전 문장과의 연관성을 따져서 그 둘을 합쳐서 근거를 추론하는 것이 기본 전략이다. 하지만 그 둘로 해결이 안 된다, 싶으면 그 직전 문장 앞에 한 문장을 더 읽을 수 있어야 한다. 다 읽으라고? 그럼 어디를 읽자는 전략이 소용없는 것 아닌가? 그렇지 않다. 다 읽는 것은 글에서 명확한 근거가 부족하거나 혹은 개인의 역량이 부족하여 근거를 더 원할 경우, 이렇게 심심치 않게 발생한다. 또 주제를 계속 빙빙 돌려서 말하는 지문을 만날 경우 역시 다 읽게 되기도 한다. 이렇게 다 읽는다는 것을 이상한 행위로 생각하면 안 된다.

다만 그 전략적 태도와 중심을 지키길 바란다. 우린 처음부터 주구장창 읽지 않는다. 맹목적으로 어느 문장만 읽는 것도 아니다. 우리는 배운대로 전략을 펼친다. 그리고 스스로 묻는다.

"그래서 이것으로 답을 말할 수 있겠는가?

–그렇다. 답은 '~~' 하는 의미를 지닌 단어가 답이다
–아니다, 답을 말하기에 아직 근거가 부족하다, 그럼 한 문장을 더 읽어야겠다"

이 의사결정을 하는 것이 리딩스킬이며 진정한 문제풀이 실력이다. 이렇게 당당하게 의사결정을 하는 연습이 결국 실전에서 '답이 나올 만큼만' 경제적으로 읽게 해줄 것이다.

빈칸추론 리딩스킬 전수를 마무리하며…

이렇게 두 번째 단원인 빈칸 시리즈를 마무리한다. 어렵다. 빈칸은 원래 어렵다. 아예 내 맘에 드는 선택지를 주지 않으려고 하니까. 하지만 빈칸은 내가 제일 좋아하는 유형이다. 분명 빈칸은 제일 재미있는 유형이다.

자, 모든 무기는 당신에게 전달했다. 기출을 펴고 빈칸이 맨 마지막에 뚫린 이 유형까지 적용 연습해보라. 급하게 마음먹지 말고, 처음엔 시간이 걸리더라도, 한 문제씩 공들여서 틀을 잡고 선택지에 직접 X와 △를 쳐보라! 그리고 더 이상 빈칸 때문에 스트레스를 받지 말 것. 다른 유형과 달리 100% 정복을 먼저 욕심내면 안 된다. 앞으로 이 매뉴얼을 옆에 두고 반복하면서 빈칸추론을 하루 4문제씩, 매일 겸손하게 연습하라. 어느 순간 당신도 '빈칸이 제일 재밌네' 라고 말할 때가 분명 오며, 앞으로 당신은 지금보다 빈칸을 훨씬 잘 풀게 될 것이다!

Reading Skills.4
순서 추론

　순서를 맞추는 유형도 학생들이 어려워하는 유형 중 하나다. 사실 어렵다기보다, 그냥 순서 문제를 보면 '싫은 마음'이 든다. 문제 덩치가 크고, 읽는 것이 부담스럽게 느껴지기 때문이다. 그렇다고 답이 딱 나오는 것 같지도 않고, 이래도 괜찮고 저래도 괜찮아 보인다. 종종 두 문제씩도 나오니, 말 그대로 그저 마음에 부담을 주는 껄끄러운 유형이다.

　내가 재수 때 9월 모의고사에서 처음으로 순서 유형이 두 문제가 출제되었다. 그리고 나는 그 두 문제를 모두 틀렸다. 그 9월 모의고사를 못 본 것은 나에게 엄청난 피드백을 주었다. 9월 모의고사 덕분에 나는 영혼독해를 발견했고, 유형별 접근법을 완벽하게 깨달았다. 그렇게 수능이 두 달도 안 남은 시점에서 한 땀 한 땀, 장인정신으로 완벽한 분석노트를 제작했다. 그리고 그 중에서 가장 명확한 깨달음이('내가 진짜 엉터리로 풀고 있었구나' 하는) 있었던 유형이 바로 이 순서유형이다. 이제 순서 문제를 마음 놓고 풀 수 있게 해주는 접근법을 알려주겠다. 순서는 당신이 틀릴 유형이 아니다!

순서는 '왜 틀리는가'를 아는 것이 접근법이었다!

1. 순서를 틀리는 이유는 무엇인가

　문장 순서가 쉽게 풀리는 경우부터 생각해보자. 연결사, 정관사, 지시대명사 등의 연결고리가 명확히 존재하며, 글이 잘 읽히는 경우가 그렇다. 내가 9월 모의고사에서 순서를 두 개 다 틀렸던 이유는 이 '연결고리'를 믿고 만만히 보아서 그렇다. 그것밖에는 틀린 이유가 없다. 아마 당신도 그럴 것이다.

　다시 말해, 만만하게 훑어 읽고 그저 그럴 듯하게 맞추느라 틀리는 것이다. 그렇다. 높은 사고력을 요하는 빈칸 문제와 다르게, 당신이 순서를 틀린 이유는 아주 단순하다. 당신이 안 읽은 것이다. 예를 들어, 'However 가 나왔으니 이것은 마지막은 아니겠지 중간에 있어야 하잖아, Therefore 가 나왔으니, 마지막이겠지.' 하는 생각으로 풀었거나, 아예 시간에 쫓겨 훑어 읽어버리고 그냥 '감대로 푼 것이다'.

　정말 당신도 이래서 틀린 것인지 궁금하면 지난 모의고사에서 틀린 순서 문제를 다시 보아라. 해설지를 다시 보거나 해설 강의를 들어보라. 당신은 예전의 내가 그랬듯, 눈이 있는 것과 별개로(?) 정말로 글을 읽지 않았음을 보게 될 것이다.

　실제 내가 틀렸던 문제를 한번 보자.

A former resident of Canton, Ohio, was trying to describe her image of the city to her classmates. She found they had no image of this mid-sized city. She described Canton as a city with major manufacturing facilities and a downtown revitalization program.

(A) That fact suddenly crystallized the concept of Canton. If Canton is destroyed, the nation might fall. That's an image that gave meaning and fullness to what it meant to live in Canton.

(B) Her explanation moved the city from the position of no image to that of a negative image. The class concluded that Canton is a typical, boring, industrialized city.

(C) Then she suddenly recalled an experience: "I remember hearing from a teacher that during World War II Canton was a major U.S. target of the Germans." Imagine, right after the cities of Chicago, New York, and Los Angeles, appears the name of Canton.

모의고사를 볼 때 항상 시간이 부족했던 나는 어서 순서를 벗어나고 싶었다. 그런데 순서가 두 문제가 나오자 더 마음은 조급해지고, '어서 답을 찾아, 어서 답을 찾아' 스스로에게 압박을 주며 답을 찾는데 급급하였다. 게다가 이 문제는 딱히 연결사도 없고 유난히 눈에 잘 안 들어오는 글이었다.

"무슨 말인지 잘 모르겠다, 순서가 뭐지, 뭐라는 거지 순서가 뭐지, 시간 없는데…"

이러다가 나는 C-A-B를 골랐다. 나름, 꽤 자신 있게! 생각해보니 어쨌든 (A)는 처음이 아닐 것 같고, (C)에서 그녀가 설명을 하고 (A)에서 개념을 정립하고, (B)에서 'The class concluded that' 결론을 내린다 하니, 꽤 그럴듯해 보였다. 나는 이 문제를 맞힌 줄 알았다.

이것이 예전의 나와 여러분이 순서 유형을 풀 때의 상황이다.

2. 그럼 해결책은 무엇인가?

해결책을 말하기에 앞서 다음 그림의 순서를 맞춰보라.

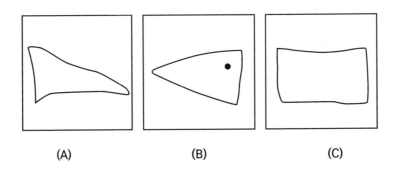

(A)   (B)   (C)

그렇다. (B)-(C)-(A)다. 정체가 무엇이라고 생각하는가? 나는 뱀을 그린 것인데, 어떤 학생들은 물고기라고 한다. 하지만 뱀이든, 물고기든, B가 머리이고, C가 몸통이고, A가 꼬리인 것은 맞히는데 아무 문제가 없다. 상식적으로, 논리적으로 또 본능적으로 그러하다.

글의 순서를 맞추는 것은 뱀의 머리, 몸통, 꼬리의 순서를 맞추는 것과 같다. 즉, 내용을 알면 순서를 맞추는 건 본능적으로 일어나는 일이라는 것이다. 자꾸 순서가 무엇이냐고 닦달하고, 잘 읽지 않고 수박겉핥기 식으로 답만 내려고 하니, '뱀의 몸통-머리-꼬리'와 같은 이상한 선지를 답인 줄 알고 고르게 되는 것이다.

그래서 순서를 어떻게 푸는가? 이 물음에 한마디로 대답하라고 한다면 나는 '편안한 마음'이라고 대답할 것이다. 무조건 순서를 맞추려고 읽는 것이 아니라 그저 편안하게 읽다보니 자연스레 순서를 알겠다, 하는 것, 진정 이것이 핵심이다. 주제나 빈칸을 풀 때처럼 '이 문장의 의도는?', '이 글의 주제는?' 이런 식의 치밀한 사고는 하지 않아도 된다. 그저 쭉쭉 읽어서 각 문단의 내용을 정리하는 것. 그다음 한 발짝 떨어져서 내용의 그림을 맞추는 것. 이것이 내가 깨달은 것이었고 이렇게 훈련한 이후 나는 순서를 절대 틀리지 않았다.

★★ 하지만 우리가 대비해야 할 것은 '내용적 연결고리'

일반적인 순서 문제 리딩스킬에서는 흔히 이렇게 연결사와 정관사, 지칭대명사 등을 유의해서 풀라고만 안내한다. 하지만 문제는 고난도 순서문제의 경우 연결사, 정관사, 지칭대명사와 같은 연결고리로 쉽게 풀리지 않는 문제를 준다는 것이다. 우리는 이에 대비해야 한다. 그 해답이 앞에서 말한 '쭉쭉 읽어라' 식의 독해다. 연결사나, 정관사나, 지칭대명사와 같은 표면적 연결고리가 없어도, 쭉쭉 읽어서 '내용적 연결고리'를 느껴야 한다. 내용적으로 순서를 맞추는 것은 쭉쭉 읽고 난 후, 한 발짝 떨어져서 세 부분을 바라보았을 때 본능적으로 일어나는 일이다. 이 때 가장 중요한 것은 '힘빼기'다. 편하게 각 부분을 읽고, 음~ 하고 무덤덤하게 쉬운 그림조각을 맞추듯 순서를 맞추어야 한다. 예를 들어, 다음과 같은 스토리의 조각들이 있다고 하자.

(A)	(B)	(C)
갑자기 움직이기 시작했다.	단단해서 절대 움직이지 않는 물질이다.	어떤 시약을 부었더니 내부 결합이 깨졌다.

순서를 추론해보라. 그렇다 B-C-A. 이렇게 두드러지는 연결사가 없어도, 내용을 요약하고 한 발짝 떨어져서 바라보면 마치 그림 퍼즐을 맞추듯 쉽게 순서를 맞힐 수 있다.

3. 그럼 이제 전체적인 접근법을 단계적으로 정리해보겠다.

1. 주어진 네모박스를 읽고 스토리를 쭉 이해한다.

2. (A), (B), (C) 각각의 첫 문장을 읽고 네모박스 마지막 내용과 가장 잘 어울리는 것을 첫 번째 순서로 임시로 정한다. 이것은 나중에 전체적으로 읽어본 후에 바꿀 수 있음을 염두에 둘 것.

```
┌─────────────────────────────────────────┐
│                                         │
│                                         │
│                                         │
│    _____.            │
│                                         │
└─────────────────────────────────────────┘
```

(A)_____.
(B)_____.
(C)_____.

첫째 순서부터 잘 고르라는 이야기가 아니다!
B-C-A인데, C-A-B를 골라서 틀린 적이 있지 않은가? 우리는 생각보다 첫 순서를 잘 고르지 못한다. 각 문단의 첫 번째 문장을 읽고 그냥 첫 번째로 올 수 있겠다 싶은 문단을 임시로 정해두라는 것이다!

"B도 처음에 올 수 있고, C도 괜찮네. 그럼 일단 B로 정하자" 이런 식으로 스스로 대사를 말해라!

Tip 주어진 네모박스의 마지막 부분에 등장하는 단어가 나온 문단이 있다면 첫 번째 순서일 가능성이 높다. 네모박스와 가장 잘 어울리는 문단을 찾아라!

🍃 첫 순서로 정한 문단의 장면을 한 마디로 요약하라.

알다시피 수능 문장이 그렇게 쉽지 않다. 꽤 복잡해 보인다. 그러나 완전히 완벽한 독해를 보일 필요가 없다. 일단 첫 순서로 정한 (B)의 전개를 요약해서 말하라. B의 사진을 찍어라!

ex. "B는 말이 어렵지만 아무튼, 사람들은 서로 다르게 생각한대"

🍃 다음으로 무엇을 읽을지, 편하게 정하라

B를 첫 번째로 두었다. A로 가고 싶은가? A를 읽어라. C로 가고 싶은가? 그럼 C로 가라. 아까 첫 문장을 읽었으니, B와 어울릴 만한 적절한 것을 임의대로 정하라. '그냥 A부터 읽자' 해서 A로 갔는데 B와는 절대로 연결될 수 없는 지시대명사(표면적 연결고리 이용)가 A에 나온다면 더 읽을 것도 없이 B-C-A를 고르고 문제풀이를 끝내면 된다! 이런 경우 덩치가 큰 순서문제가 자연스럽게 1분 만에도 쉽게 풀리는 것이다. 또는 아직 연결 그림이 보이지 않아서 B-A도 괜찮고 B-C도 괜찮게 느껴질 수도 있다. 갈팡질팡 하지 말고, 편안한 마음으로, B 다음에 가고 싶은 곳으로 가라!

ex. "음 B 다음에 A(또는 C)로 가지 뭐. 읽어보자~" 이런 대사를 말하라.

🍃 쭉쭉 읽으며 각 문단의 내용을 한 마디로 요약하라.

가장 어려운 순서 문제라고 가정하고 이야기 해보자. B 다음에 A를 읽었는가? 괜찮게 연결되는 것 같기도 하고 아닌 것 같기도 하는가? 일단 판단하지 말고 A를 요약하라. 이렇게 각각의 세 개 내용을 독립적으로 요약하라. 아까 들었던 예시처럼 말이다.

(B)   단단해서 절대 움직이지 않는 물질이다.

(C)   어떤 시약을 부었더니 내부 결합이 깨졌다.

(A)   갑자기 움직이기 시작했다

각각의 내용을 받아들이며 우선 독립적으로 쭉쭉 읽고, 한 발짝 떨어져서 '내용적 연결고리'를 생각한다.

(B)　　　단단해서 절대 움직이지 않는 물질이다.

(C)　　　어떤 시약을 부었더니 내부 결합이 깨졌다.

(A)　　　갑자기 움직이기 시작했다

어렵지 않게 B-C-A임을 '자연스럽고 우아하게' 맞추고 넘어가면 된다.

잘 숙지하였는가? 이제 아까 그 문제에 다시 적용해보자. 2013학년도 9월에 출제된 이 문제는 순서 기출 문제 중, 겉보기로 보이는 연결고리가 없는 가장 어려운 케이스 중 하나라고 생각한다. 이 한 문제로 제대로 훈련해보자. 거의 모든 문제가 이보다는 쉬울 것이다.

2013학년도 9월 모의평가

A former resident of Canton, Ohio, was trying to describe her image of the city to her classmates. She found they had no image of this mid-sized city. She described Canton as a city with major manufacturing facilities and a downtown revitalization program.

(A) That fact suddenly crystallized the concept of Canton. If Canton is destroyed, the nation might fall. That's an image that gave meaning and fullness to what it meant to live in Canton.

(B) Her explanation moved the city from the position of no image to that of a negative image. The class concluded that Canton is a typical, boring, industrialized city.

(C) Then she suddenly recalled an experience: "I remember hearing from a teacher that during World War II Canton was a major U.S. target of the Germans." Imagine, right after the cities of Chicago, New York, and Los Angeles, appears the name of Canton.

🗨 네모박스 해석

그녀는 친구들이 그 도시에 대해 아무 인상도 가지고 있지 않다는 것을 발견했다. 그녀는 Canton이 주요 제조업 시설을 가지고 있고, 도심 활성화 사업을 하고 있는 도시라고 설명했다.

🗨 각각의 첫 문장 읽고 무엇이 가장 네모박스랑 가장 잘 어울리는지 첫 번째 올 것을 임시로 고르기

(A) 첫 문장 : 그 사실은 **Canton**의 이미지를 결정화 시켰다.
(B) 첫 문장 : 그녀의 설명은 아무 이미지도 없었던 것에서 부정적인 이미지로 바꾸어 버렸다.
(C) 첫 문장 : 그녀는 갑자기 한 경험을 떠올렸다. "나는 우리 선생님이 **Canton**을 2차 세계 대전 때 독일의 중요 목표였던 도시였다고 말씀하신 것을 들었어."

이 경우는 어떤 것이 오더라도 크게 안 될 것은 없다. 그런데 네모박스 안에서 '아무 이미지도 없었다'는 내용이 있었으므로, (B)가 가장 잘 어울려 보인다.

⬆ 이런 것이 내용적 연결고리다!★

🗨 이제 그냥 편하게 읽어라. 서두르지 말고, 훑어 읽지 말아라! 각 문단의 내용의 그림을 찰칵, 요약해보자.

(A)는 이런 내용

: 그 사실은 Canton의 개념을 결정화시켰다. 만약 Canton이 무너지면 그 국가는 무너지는 것이다. 그 이미지는 Canton에 산다는 것에 대한 중요한 의미를 부여했다.

(B)는 이런 내용 (⤎첫째 순서로 정했던 것!)

: 그녀의 설명은 아무 이미지도 없었던 것에서 부정적인 이미지로 바꾸어 버렸다. 그 반 학생들은 Canton을 지루하고 전형적이고 산업화된 도시구나 하고 결론지어 버렸다.

(C)는 이런 내용

: 그녀는 갑자기 한 경험을 떠올렸다. "나는 우리 선생님이 Canton을 2차 세계대전 때 독일의 중요 목표였던 도시였다고 말씀하신 것을 들었어." 상상해봐라. 시카고 뉴욕 로스앤젤레스 옆에 Canton이 있는 것이다.

🗨️ 한 발짝 떨어져서 생각하기

각각의 해석을 한 발짝 떨어져서 조합해보라. 내용상 B-C-A가 될 수밖에 없지 않겠는가?

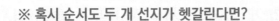

B에서 아무 이미지 없는 것에서→ 지루하고 부정적인 이미지가 되었는데,
C에서 2차 대전 때 중요 도시였다는 것이 떠올랐다-
A에서 그래서 중요한 이미지가 되었다!

어떤가? 시험상황에서 당황할 만큼 아무 재미도 의미도 없는 글이지 않은가? 표면적으로는 아무 연결고리가 없었다. 그냥 쉬운 '이야기 퍼즐'이었다! 이렇게 재미없고 임팩트 없는 순서 문제를 언제나 마음속으로 대비해놓고 있어야 한다!

※ 혹시 순서도 두 개 선지가 헷갈린다면?

종종, B-A-C 인지, B-C-A인지 뒤의 두 개 순서가 고민될 때가 있다. 이럴 때 대충 판단하면 반드시 틀린다. 정신을 잘 차리고 다시 편하게 읽어라. 원칙대로 가야한다. 이런 경우, 팁을 주자면 ★자신이 고른 마지막 부분이 '진짜 마지막다운가'를 확인해 보라! 즉, B-A도 자연스럽고, B-C도 왠지 자연스러운 것 같아서 헷갈린다면, B와의 연결성을 고민하지 말고, A와 C중 하나가 마지막에 놓였을 때 뭔가 마지막스럽지 않게 엉성하게 끝나지 않는지를 살피는 것이다!

Q. 그럼 순서유형은 결국 다 읽어야 할 수도 있는데 시간이 부족하지 않나요?

그렇지 않다. 순서 유형을 다 읽고 풀더라도 대개 2분 안에 해결할 수 있는 이유는 읽는 방식이 주제/제목이나 빈칸추론과는 다르기 때문이다.

주제나 빈칸 문제를 풀 때는 한 문장을 읽고 주제를 뽑아내기 위해 한 문장도 그냥 넘어가지 않고 위에서부터 치밀하게 사고하고 소통하는 방식으로 지문을 대하라고 했다. 그러나 순서를 풀 때는 오로지 각 A/B/C의 이야기, 그림을 요약하고 순서 판단에만 집중해야 한다. 즉, 막 주제의 틀을 잡으려고 깊게 생각하지 말고 '쭉쭉 읽는' 식의 독해를 하는 것이다. 그렇게 각 내용, 그림을 요약하면, 한 발짝 떨어져서 그 그림의 순서를 맞추는 사고는 많은 부분이 본능적으로 이루어지기 때문에, 빈칸추론처럼 깊은 사고는 필요 없어 읽는 양에 비해 시간적 부담이 적다. 우리가 해야할 것은 단지 주어진 글을 외면하지 않고 읽어서, 쓰여 있는 그대로의 스토리를 내놓는 것이다.

또한, 순서 문제의 70% 이상이 다 읽지 않고도 답이 나온다. 예를 들어서, 주어진 네모박스에 이어질 순서가 B인 것이 확실한테, B 다음에 C 의 첫 문장이 절대 올 수 없는 내용이라면 나머지를 다 읽지 않고서도 B-A-C 이렇게 답이 나오고, 그렇게 덩치가 크지만 1분 몇 초 만에도 끝이 난다. 이런 경우 불안하다고 진짜 맞는지 확인해야겠다며 괜히 집착하지 말고, 미련 없이 B-A-C를 고르고 넘어가는 것이다. 그런 검토는 장문까지 다녀와서 하면 되니까!

다음은 순서 유형의 기출 중 33%의 상당히 낮은 정답률을 보인 문제다. EBS 수능완성에서 나온 연계지문인데도 좀만 헷갈리면 정답률이 이렇게나 낮다. 연계에 지나치게 의존하지 말아야 하는 이유다.

푸는 원리는 역시 같다. 이 문제를 좀 더 내 머릿속 대사 그대로 해설을 해보려고 한다.

2020학년도 9월 모의평가(정답률 33%)

A sovereign state is usually defined as one whose citizens are free to determine their own affairs without interference from any agency beyond its territorial borders.

(A) No citizen could be a full member of the community so long as she was tied to ancestral traditions with which the community might wish to break — the problem of Antigone in Sophocles' tragedy. Sovereignty and citizenship thus require not only borders in space, but also borders in time.

(B) Sovereignty and citizenship require freedom from the past at least as much as freedom from contemporary powers. No state could be sovereign if its inhabitants lacked the ability to change a course of action adopted by their forefathers in the past, or even one to which they once committed themselves.

(C) But freedom in space (and limits on its territorial extent) is merely one characteristic of sovereignty. Freedom in time (and limits on its temporal extent) is equally important and probably more fundamental. [3점]

* sovereign: 주권의 ** territorial: 영토의

① (A) - (C) - (B)   ② (B) - (A) - (C)

③ (B) - (C) - (A)   ④ (C) - (A) - (B)

⑤ (C) - (B) - (A)

네모박스 해석

A sovereign state is usually defined as one whose citizens are free to determine their own affairs without interference from any agency beyond its territorial borders.

(일반 해석을 쓰자면)

: 주권 국가는 주로 정의된다 – as one: 이런 국가로서 –whose– 그것의 시민이 그들의 일을 결정하는데 자유로운 – 국경 너머의 어떠한 기관으로부터의 간섭 없이 자유로운!

1등급의 머릿속 해석: 응 주권 국가는 다른 나라 간섭 없이 자유롭지! 식민지가 아니니까!

 각각의 첫 문장 읽고 무엇이 가장 네모박스랑 잘 어울리는지 첫 번째 올 것을 임시로 고르기!

(A)첫 문장

No citizen could be a full member of the community so long as she was tied to ancestral traditions with which the community might wish to break — the problem of Antigone in Sophocles' tragedy.

(이런 젠장, 첫 문장이 뭐 이리 길지?; 그래도 주눅들지 말고 큰 의미를 가리면서 읽자!)

(일반 해석을 쓰자면)

: 소포클레스의 비극에서 안티고네의 문제인 조상 전통을 깨고 싶어하는 한, 공동체의 멤버가 될 수 있는 시민은 없다.

내가 읽기에도, 문장 끝쪽에 나오는 이름도 어렵고 말도 어렵다. 그러나 영혼독해를 통해 적당히 쓸데없는 것을 무시하는 법, 핵심을 새기는 법을 배우지 않았는가? 순서를 맞히기 위한 큰 그림을 남기는 데는 문제가 없다. 즉, 구식 전통에 갇혀 있으면 안 된다는 말! 뒤에 나오는 이상한 이름들은 비유적인 표현이거나 앞에서 나와서 하는 얘기겠지.

➡ 첫째 순서라고 할 수 있나? 없다!! (다른 국가 간섭 없다는 얘기랑 전통을 따르지 말라는 이야기는 안어울려!)

(B)첫 문장:

Sovereignty and citizenship require freedom from the past at least as much as freedom from contemporary powers.

(일반해석)

주권과 시민성은 요구한다. 과거로부터의 자유를! 적어도 현재에서 오는 자유만큼이나.

내 언어로 해석) 주권과 시민성은! 현재뿐만 아니라 과거에서도 자유로워야 한다!!
자연스러운 생각/반응) 음 현재-과거랑 주권과 시민성이 뭔 상관?

➡️ 첫째 순서라고 할 수 있나? 없다!! (다른 국가 간섭 없다는 얘기랑 과거/현재 자유 이야기는 안
어울려!)

(C)가 첫 번째 순서겠군. 그럼 (C) 전체를 잘 읽어보자.

But freedom in space (and limits on its territorial extent) is merely one characteristic of sovereignty. Freedom in time (and limits on its temporal extent) is equally important and probably more fundamental.

: 그러나 공간에서의 자유(그리고 영토적 정도에 한정되는)는 단지 주권 특성의 하나의 캐릭터다. 시간에서의 자유(시간적 정도에 한정되는)는 똑같이 중요하고, 아마도 더 근본적일 것이다.

내 언어로 해석) 주권성은 공간적 자유뿐만 아니라 시간적 자유도 중요하다고!
자연스러운 생각/반응) 오호, 확실히 첫 번째 순서는 C인 것 같아. (주권/영토 이야기 너무 잘 어울려)

💭 ★ 첫번째 순서 정한 후 원칙- 편안한 마음으로, 가고 싶은 곳으로 가기!

처음부터 막 정확하게 답을 맞히면서 가려고 하다가는 오히려 틀린다. A로 먼저 읽어도 되고, B 먼저 읽고 판단해도 된다. 편하게 결정하라. 그 과정에서 빨리 풀릴 문제는 자연스럽게 빨리 풀린다. 결정을 아직 못했다면 아까 첫 문장 읽은 내용을 이렇게 요약해서 생각해보자.

Tip 흐름을 판단할 땐 요약된 한글로 생각하라!

(C) 주권성은 공간적 자유뿐만 아니라 시간적 자유도 중요하다고!

(A) 구식 전통에 갇혀있으면 안된다는 말!

(B) 주권과 시민성은! 현재 뿐만 아니라 과거에서 자유로워야 한다!!

생각해보라. 어디로 가고 싶은가? 어디부터 읽어도 상관없고 다 읽고 전체 내용적으로 맞춰보고 풀어도 되지만 이 문제의 경우 나라면 B로 가고, 여기서 문제풀이를 C-B-A로 과감히 마무리하겠다. 앞에서 보여준 13학년도 문제는 다 읽고 풀어야 하는 문제지만 이 문제는 다 읽지 않아도 풀리는 문제다. 이런 경우 나는 정말로 과감히 시간을 단축해버린다.

왜? C에서는 '시간적 자유'가 중요하다고만 했고, '과거'에서의 자유를 짚어준 적이 없는데 A는 과거 구식 전통에서 벗어나야 한다는, 보다 구체적인 말을 하고 있기 때문이다. B에서 현재뿐만 아니라 '과거'에서 자유로워야 한다는 일반적인 진술을 통해 '과거'라는 소재를 한번 짚어준 다음에 A같은 구체적인 말을 해주는 것이 순서에 더 자연스럽다. ('시간적 자유'에서 바로 '구식 전통'으로 가기에는 약간의 도약이 있으므로)

C-A-B도 되지 않나요?

물론 말의 순서라는 것이 완벽하게 규정된 법칙은 없어서 A 같은 말을 하고 B로 마무리 할 수도 있다. 그래도 요지 전달에는 별 문제가 없을 수도 있다. 이 문제의 경우 그렇게 생각해서 틀린 학생도 있을 것이라고 생각한다. 그러나 수능은 매우 정제된 지문이 나오며 항상 '가장 답'을 묻는다는 것을 기억하라. 보다 자연스러운 것을 짚어야 한다. 〈주권에서 시간적 자유가 중요해-그 말은 과거에서 자유로워야 한다는 말이야-구식 전통에 얽매여 있으면 안 돼〉 이 순서가, 〈시간적 자유 중요-구식 전통 -과거에서 자유로워야 한다〉 보다 더 자연스럽다.

다음은 15%라는 역대급 낮은 정답률을 보여주는, 아주 반가운 순서 유형 최신 기출이다. 지

순서 트레이닝의 유의점

첫째, 순서 유형은 문장 삽입/제거 유형과 마찬가지로 흐름에 관련된 것이라 사설 문제집 (종종 EBS조차도)은 그 논리가 제대로 안 되는 문제도 많다. 왜냐면 원래 말이라는 게 이것 먼저 말하든, 저것을 먼저 말하든 크게 상관없이 말이 되는 경우가 많기 때문이다. 대충 만든 문제를 풀었다간, 그 논리를 억지로 이해하는 데 시간을 낭비하게 되고, 사고도 꼬인다. 유형별 기출문제집으로만 훈련하라.

둘째, 순서만 몰아서 하루 종일 풀어보는 연습을 해야 한다. 그래야 덩치가 큰 순서 문제도 별거 아니라는 것을 느끼고 시험 볼 때 부담감 없이 풀 수 있다. 순서는 하루만에도 정복이 가능한 유형이다!

셋째, 순서를 틀렸다면 본인이 충분히 맞힐 수 있는데 대충 읽어서 틀린 것이라는 걸 깨달아야 한다. 순서유형을 가르칠 때 나는 학생들에게 꼭 이렇게 말한다.

"순서는 나한테 틀린 문제 질문할 필요 없어. 맘 편히 다시 읽어봐. 나 신경 쓰지 말고 편하게 읽고 한 발짝 떨어져서 생각해봐."

그러면 다들 '아아, 알겠어요' 하고 다시 답을 잘 고른다. 빈칸이나 주제와는 분명 다르다. 순서를 틀렸다면 별거 없다. 당신이 대충 읽었을 뿐!

★ 처음에는 A 옆에, B 옆에, C 옆에 간단히 스토리를 한글로 적고 생각해보는 것도 추천한다.

★★
단, 보아도 계속 모르겠다면, 그것은 영혼독해 실력의 문제다. 정확한 구문독해가 필요한 유형이 아니다. 영어를 영어로 받아들이는 훈련이 더 되어야 하는 것이다. 그래야 1분 30초~2분 안에 순서가 풀린다. 그러니 만일 순서가 계속 어렵다면, 영혼독해 훈련이 소홀히 되고 있지 않은지 점검해야 한다. 또한 특히 시간을 재기만 하면 훑어 읽거나 대충 읽어 버리는 습관을 완전히 버리도록 하자!

25학년도 기출 중에 눈에 띄는 순서 문제가 하나 나왔다. 이 문제는 무려 정답률 15%를 기록했다. 한번 풀어보자.

Wildfire is a natural phenomenon in many Australian environments. The intentional setting of fire to manage the landscape was practised by Aboriginal people for millennia.

(A) However, the pattern of burning that stockmen introduced was unlike previous regimes. When conditions allowed, they would set fire to the landscape as they moved their animals out for the winter. This functioned to clear woody vegetation and also stimulated new plant growth in the following spring.

(B) Although grasses were the first kinds of plants to recolonize the burnt areas they were soon succeeded by further woody plants and shrubs. About the only strategy to prevent such regrowth was further burning — essentially using fire to control the consequences of using fire.

(C) The young shoots were a ready food source for their animals when they returned. However, the practice also tended to reinforce the scrubby growth it was intended to control.

* regime: 양식 ** scrubby: 관목이 우거진

① (A) – (C) – (B)   ② (B) – (A) – (C)
③ (B) – (C) – (A)   ④ (C) – (A) – (B)
⑤ (C) – (B) – (A)

풀어보았는가? 자, 이 문제가 기록적인 15%를 기록한 이유를 먼저 밝히고자 한다.

1) 이 문제는 답이 A-C-B다. 출제자는 '설마 순서가 A부터 시작할 줄은 몰랐지? ㅎㅎ' 하면서 냈을 것이다. 너도 '설마 시작이 A겠어?' 하면서 풀었을 것이다. A가 시작이어도 할 말은 없지만 솔직히 푸는 입장에서 괴랄하게 느껴질 수 밖에 없다. 나는 A부터 나온 건 출제자가 귀여운 장난을 친 것이라고 생각한다. 어쨌든 A가 답인 경우도 이렇게 있으니 앞으로 주의하기 바란다.

2) 이 문제는 형식적인 연결고리 몇 개가 은은하게 주어져 헷갈리게 만들었다. 자, 앞서 말했던 내용을 기억하자.

"담담한 마음으로 읽다가, 중간에 답이 명확하게 나오면 고르고 넘어가고,

뭐 연결고리가 딱히 안 보이면 그냥 하나씩 다 읽고

한 발짝 떨어져서 스토리 순서 맞춰야지~"

※ 순서 풀이의 핵심 두가지 상기!

①즉, 형식적인 연결고리는 우선적으로 고려할 대상이다. 대명사나 정관사 The 같은 것은 앞에 나온 것을 짚으면서 나오는 말이니까 명확한 근거가 된다. 이렇게 형식적인 연결고리가 나오면 잘 챙기자. 그런데 형식적인 연결고리가 안보일 수도 있다. 그것에 의존해서 The만 찾다가 해석을 게을리하면 안된다.

②형식적인 연결고리를 눈여겨보되, 딱히 눈에 띄는 게 없다면 내용적인 연결고리, 즉 해석을 통해 한 발짝 떨어져서! 그림 맞추기를 하자. A,B,C의 스토리를 편하게 읽고 자연스러운 그림의 순서를 맞추도록 한다.

평가원은 둘 중에 어떤 방식을 선호할까? 그들은 웬만하면 형식적인 연결고리를 두고 싶어 한다. 이의제기를 피하고 정답의 근거를 명확히 하고 싶기 때문이다. 그런데 예를 들어 만약 Bob이라는 남자 이름이 나오고, 'The man~'이라고 받아친다면 당연히 너무 쉬워진다. 평가원은 근거를 그렇게 호락호락하게 쉽게 주지 않고 싶을 것이다. 그러면 내용적인 연결고리 문제로 가게 된다. 그런데 그렇다고 내용적으로만 하자니 순서의 명확한 '근거'를 대기가 쉽지 않아진다. 그래서 평가원은 한 차원 난이도를 높이기 위해 아래와 같은 방법을 쓴 듯하다.

※어려운 순서를 내고 싶은 출제자는 이렇게 의도한다

"형식적인 연결고리를 주되, 흐리게 주자. 내용적으로 생각을 해야 그 연결고리를 알아챌 수 있게 하자. 확실한 형식적인 연결고리도 한 두개는 던지되, 연결고리 중 일부는 여기를 지칭하는 듯도 하고 저기를 지칭하는 듯도 하게 해서 헷갈리게 만들자. 그렇다고 내용적으로만 순서를 생각했을 때는 이래도 맞고 저래도 맞다고 주장할 수 있으니 뭔가 확실한 장치를 두자."

일단 답에 크리티컬하게 작용했던 연결고리의 전개를 한 눈에 살펴보자.

2025학년도 6월 평가원

Wildfire is a natural phenomenon in many Australian environments. The intentional setting of fire to manage the landscape was practised by Aboriginal people for millennia.

(A) However, the pattern of burning that stockmen introduced was unlike previous regimes. When conditions allowed, they would set fire to the landscape as they moved their animals out for the winter. This functioned to clear woody vegetation and also stimulated new plant growth in the following spring.

(B) Although grasses were the first kinds of plants to recolonize the burnt areas they were soon succeeded by further woody plants and shrubs. About the only strategy to prevent such regrowth was further burning — essentially using fire to control the consequences of using fire.

(C) The young shoots were a ready food source for their animals when they returned. However, the practice also tended to reinforce the scrubby growth it was intended to control.

* regime: 양식 ** scrubby: 관목이 우거진

한눈에 보자면 이런 식의 근거를 두고 있다.

그런데 이 문제가 헷갈리는건 오히려 별로 도움이 안되는 형식적인 연결고리도 있었다는 사실이다.

Wildfire is a natural phenomenon in many Australian environments. The intentional setting of fire to manage the landscape was practised by Aboriginal people for millennia.

(A) However, the pattern of burning that stockmen introduced was unlike previous regimes. When conditions allowed, they would set fire to the landscape as they moved their animals out for the winter. This functioned to clear woody vegetation and also stimulated new plant growth in the following spring.

(B) Although grasses were the first kinds of plants to recolonize the burnt areas they were soon succeeded by further woody plants and shrubs. About the only strategy to prevent such regrowth was further burning — essentially using fire to control the consequences of using fire.

(C) The young shoots were a ready food source for their animals when they returned. However, the practice also tended to reinforce the scrubby growth it was intended to control.

* regime: 양식 ** scrubby: 관목이 우거진

여기서 표시된 the + burn 관련 이야기는 소재가 처음부터 fire로 시작하기 때문에 the+~burning / the + burnt~ 이야기로 받아칠 수 있는 것이라서 특별히 지칭하는게 없었다. 이런 것이 여러번 등장하면 소모적인 생각을 하게 만들고, 긴장감을 풀어지게 만들게 된다.

그리고 the young shoots(새순)가 자칫 grasses를 지칭하는 것으로 충분히 오인할 수도 있는 요소가 있었다.

이렇게 어떤 연결고리는 오히려 나를 오답으로 유인하게 된다. 이런 미끼요소들에 현혹되지 말고, **보다 확실한 연결고리**와 **편안한 해석**으로 순서문제를 압살해야 한다! 이제 풀이 흐름을 잘 보도록 하자.

🗨️ 네모박스를 읽은 다음에 (A)의 첫문장을 읽는다. 여기서 (A)가 첫 번째 순서가 되는 근거는 이렇다.

①먼저 맨처음으로 (A)의 첫줄을 읽었다. 해석을 해보면 '하지만 목축업자들이 도입한 불 지르기 방식은 이전 양식과는 달랐다.' 이다. 여기서 the pattern of burning의 the는 왜 나온걸까? the를 보면 항상 근거를 의심해야 한다. 그런데 앞에 fire 이야기가 있기 때문에 'the ~ burning'이 올 수 있다고 일단 판단할 수 있다. 물론 앞에 'pattern'이야기는 없으니까, 명확하지는 않다고 느낄 수 있지만 불(fire), 불에 탄(burning) 이라는 소재가 반복되니 그렇게 the로 받아쳤다고 할 수 있는거니까. (이렇게 은은하게, 은근히 받아치는 'The'를 주고 있는 것이다)

②하지만 'However가 왜 갑자기 처음부터 나와 있지?'라고 생각할 수 있는데 이 또한 내용적인 근거를 두고 나온 이야기이다. 네모박스에서 '원주민이 오래전부터 의도적인 불지르기를 해왔다' 라고 했고-> (A)에서 '그러나 목축업자들이 다른 방식으로 했다.' 라고 이어지는 것이니 However도 내용상 흐름에 맞다.

③'stockmen'은 Aboriginal people(원주민)을 직접적으로 지칭하는 대상은 아니다. 다만 However를 기점으로 앞에 원주민 vs 'stockmen'으로 받으면서 사람을 비교하는 연결고리를 어필하고 있다. 네모에 있는 문장과, A 첫번째 줄에 '사람'이라는 소재가 반복됨으로서 흐름의 근거를 두고 있는 것이다.

*stockmen 은 목축업자라는 뜻인데 나도 모르는 단어였다. 다만 men이니까 사람이 반복되고 있다고 생각한 것이다. 평가원도 '목축업자'라는 단어를 학생들이 알고 있을 것이라 생각을 안하고 이런 판단을 의도했을 것이다. 이렇게

낯설지만 앞내용과 흐름을 연결할 수 있는 단어로 어필하는 방식이 평가원의 최신 출제 포인트가 될 수 있으니 눈여겨보자.

💬 A를 읽은 다음의 풀이 흐름

자, Ok. 하지만 '(A)가 그래도 설마 첫 번째 오겠어? ㅠㅠ'하는 마음으로 (B)와 (C)의 첫 번째 줄도 읽었을 것이다.

(B) Although grasses were the first kinds of plants to recolonize the burnt areas they were soon succeeded by further woody plants and shrubs. About the only strategy to prevent such regrowth was further burning — essentially using fire to control the consequences of using fire.

(C) The young shoots were a ready food source for their animals when they returned. However, the practice also tended to reinforce the scrubby growth it was intended to control.

그런데 일단 (C)에서는 'The young shoot(새순)'가 나오는 게 이상하다. 정관사 The는 어쨌든 은근하게라도 근거를 갖고 나오지 않겠는가. '불,원주민' 이야기를 하다가 갑자기 '그 어린 새순'이 나올 수가 없다. 그래서 (C)는 첫 번째 순서가 될 수 없는 것 같다. (명심하자! 어쨌든 그냥 나오는 The는 없다!)

아아, 그럼 (B)인가? (B)의 첫문장에서 나오는 the burnt areas 도 일단 네모박스에 fire 이야기 나왔으니 받아친 것일 수 있으니까 말이다. 물론 'grasses' 이야기가 갑자기 나온 것이 수상하긴 하지만 여기는 The라고 받아친 것도 아니고, '뭐, 불을 지르는데 산이나 논에 있는 풀에 불을 지르는 것인가보다' 생각할 수 있다. 오 그래, (B)가 첫 번째로 오나보다! 하고 이제 나름대로 짱구(?)를 굴리기 시작한다. 순서의 풀이가 어려울 땐 이렇게 시나리오에 대해 머리를 굴리는 과정을 거쳐야 한다. 잘 보아라!

🔍 가능한 시나리오 생각하기

B가 첫 번째이면 B-C-A거나, B-A-C가 될 것이다.

● 첫 번째 시나리오)

B-C-A인 경우를 먼저 생각해보자면, 'The young shoot(새순)'이 B에 있는 'grasses'를 받은 것이라고 생각할 수 있다. 오케이. 자 그런데 이렇게 하면 엄청 이상한 일이 생겨버린다. C의 마지막 문장에 However가 있으니 말이다. A도 However로 시작하는 문장이었는데 그럼 B-C-A라고 하면 However로 시작하는 두 문장이 연달아 나오는 꼴이 된다. 그래서 이건 아닌가보다.

● 두 번째 시나리오)

마찬가지로, B-A-C로 가면 이상하다. 해석 내용만 보아도 흐름이 이상해질 뿐더러, C의 마지막 문장에 However가 있으니 글이 However로 시작하는 문장으로 끝나버리게 된다.

● 결론

아, 어쩔 수 없이 이 글은 A로 시작하게 된다. A-B-C가 있을 것이고, A-C-B가 있을 것인데 이 글은 C로 끝나면 내용도 이상하고 모양도 이상해지므로(However로 지문이 끝나게 되는), 결국 A-C-B가 답이 된다!

이 문제는 형식적인 연결고리를 떡밥 주듯이 너무 많이 주었기 때문에 형식에 주의했어야 하는 문제다. 일단 정관사 The 가 여러번 나오고, 연결사 However도 두 번이나 나오니 형식적인 연결고리를 계속해서 의심을 할 수밖에 없고, 이렇게 머리를 굴려서 풀어야 하는 문제였다. 어떻게든 순서 풀이에서 근거를 두고 싶어하는 평가원의 노력이 느껴진다. 이 문제의 풀이를 잘 기억하길 바란다!

앞으로 모의고사 시간에 부담스럽게 생긴 순서 문제를 만나면 이렇게 말하고 시작하라!

"긴장하지 말고 담담한 마음으로 읽기, 형식적 연결고리 있으면 반드시 주의하기,

한 발짝 떨어져서 스토리 판단하기. 중간에 답이 중간에 나왔으면

질질 끌지 말고 일단 고르고 넘어가기!"

한 문제당 1분 30초~2분,

이제 기출문제집을 펴고, 순서를 정복하고 돌아오라.

순서는 당신이 틀릴 유형이 아니다!

유형편

Reading Skills.5
어휘 추론

어휘추론 역시 좀 부담스러운 유형 중 하나다.
그런데 사실 이 문제에서 별로 어려운 어휘를 주는 것이 아닌데
왜 틀리는 것일까?
그 어휘 자체를 몰라서 틀리는 것이 아니라 문맥,
흐름 속에서 올바른 단어를 선택하지 못해서 틀리는 것이다.

문맥에 적절한 것을 고르라고, 말은 쉽다.
그러나 우리에게는 문맥을 보는 능력이 있었던가?
선천적 1등급이 아닌 우리가 문맥을 보는 방법은
아주 의도적이어야만 한다.
이제 아주 주도면밀한 어휘추론 게임을 시작해보자.

※어휘추론을 틀리는 이유는 '무의식적 선호' 때문이다.

그렇다. 무의식적 선호, 즉 문맥을 보고 판단하는 것이 아니라 그냥 자기도 모르게 더 좋은 단어, 자신이 잘 알고, 자신에게 더 와 닿는 단어를 고르고 있는 것이다. 출제자는 문맥에 적절한 것을 고르라고 하지만, 정작 본인은 자신의 취향에 맞는 단어를 수용해버리는 것이다. 예를 들어, [automatically / intentionally]가 있을 때, 문맥을 통해 자동적으로가 맞는지, 의도적으로가 맞을지 판단해야 하는데, 본인이 생각하기에 automatically가 어색한 단어가 같고, intentionally를 '더 고르고 싶어서' 이것을 고른다는 말이다.

'문맥을 보라'는 것은 우리에게 아직 막연하다. 그러나 이 말을 이렇게 한번 바꾸어 생각해보자.

"있는 그대로 보고 답하라. 너는 판단할 권리가 없다."

예를 들어 선생님이 702호실에 불이 켜져 있는지 묻는다면, 그곳에 있는 사람에게 전화를 걸거나 직접 7층에 가서 확인하고, 불이 켜져 있는지 꺼져 있는지를 답변할 수 있을 것이다. 아무 조치도 없이, "왠지 켜져있을 것 같은데요?" 같은 답변은 아무런 소용이 없지 않은가? 그렇다. 직접 확인하고 있는 자신이 본 그대로의 사실을 이야기하면 된다. 당신은 미리 판단할 권리가 없다! 이것이 문맥을 보고 판단하는 것의 진실이다.

그렇다면 어떻게 있는 그대로를 볼 수 있겠는가? 이제 이전까지와는 완전히 다른 시도를 해보자.

어휘추론의 단계적 접근법

1. 글의 처음부터 들어간다.

　어휘를 묻는 부분만 들어가서 보면 안 되냐고? 안 된다. 영어의 거의 모든 글은 두괄식이다. 처음에 힘을 주어서, 공을 들여서 읽을수록 틀이 잡혀서 전반부 이후에 빨리 술술 읽히고 적절한 Skip도 가능한 것이다. 어휘추론은 곧 문맥 추론이다. 어휘의 뜻을 묻는 것이 아니라 흐름을 짚어내는 능력을 보는 유형이다. 흐름을 묻는 모든 유형(순서, 문장 넣기, 빼기 등)은 처음부터 읽어야 한다. 처음부터 읽어야 1번 다음에 2번 다음에 3번과 같은 흐름이라는 것을 알 수 있다.

　그런데 어휘추론의 경우 쭉쭉 읽되 주제를 잡으면서 읽어야 한다. 어떤 때는 글의 주제가 곧 문맥의 근거가 되기 때문이다. 즉 글의 처음부터 들어가서, 주제 유형에서 얘기한 방식으로 소통하며 읽는 것이다. 주제 찾기처럼 아주 힘주어서 치밀하게 사고할 필요는 없지만, 이 글의 주제는 '수박이 맛있다는 것이구나~'하며 가볍게 주제를 생각하며 읽어 내려가라!

2. 술술 읽다가 어휘를 판단해야 하는 부분이 나오면 잠시 멈추고 ★판단을 보류한다.

판단 보류, 이것이 우리의 핵심적 전략이다. 내가 순간 고르고 싶은 걸 자기도 모르게 고르는 것을 방지하고, 나는 근거를 찾겠다는 태도를 갖는 것이다. 어휘를 묻는 문장이 나오면 이렇게 반드시 스스로에게 말하라.

accept ➡ "응 나는 아직 네가 받아들이는지 거절하는지 난 몰라. 한번 봐볼게~"

fixed ➡ "응 나는 네가 아직 고정이 된 건지, 풀어진 건지 몰라. 한번 봐볼게~"

remember ➡ "네가 기억하는지 잊고 사는지 난 아직 몰라!! 한번 봐볼게~"

무턱대고 문맥을 보기 전에 이렇게 스스로 반의어를 생각하면서 혼자 이야기해야 한다. 문맥을 제대로 보기 위해 의도적으로 이런 혼잣말을 하는 것과 안 하는 것의 차이는 매우 크다.

3. 판단 근거를 찾는다.

그렇다면 판단을 보류하고 나서, 그 판단 근거는 어디서 찾을까? 판단 근거를 찾는 방법을 두 가지 케이스로 분류해서 알려주겠다.

case I. 문맥의 이용!

The year 2005 was a year of ②frustration – for example, when the European Union donor countries set a timetable to achieve the international aid target of 0.7 percent of GNP by the year 2015. Yet it was also a year of mass ③suffering. At the start of the year, an Indian Ocean tsunami claimed 275,000 lives.

*이것은 재수 시절 내가 틀린 어휘추론 문제 중 가장 의미 있었던 문제를 오답노트에 붙여놓은 것이다. 나는 이 문제를 통해서 문맥이란 무엇인가에 대해 비로소 깨달을 수 있었다.

‣ The year 2005 was a year of ②frustration
  2005년은 절망의 한해였다. ➡ 절망인지 희망인지 난 몰라! 한번 봐볼게.

자, 정말 한번 봐보자. 2005년은 절망일까 희망일까?
↓
‣ for example, when the European Union donor countries set a timetable to achieve the international aid target of 0.7 percent of GNP by the year 2015.

예를 들어, EU의 기증자 국가(원조국)들이, 2015년 까지 GNP의 0.7%의 국제 구조(aid)의 목표를 달성하는 계획을 세웠다.

한번 판단해보라. 절망인지, 희망인지!

이렇게 상식적으로 판단하면 된다!!

　GNP의 0.7%이고 EU고 뭐고 무엇이든 간에, 구체적으로 잘 몰라도 이것이 좋은 이야기이겠는가, 나쁜 이야기이겠는가?
　: 구조를 위한 계획을 세웠다! 이것은 절망이 아니라 희망에 가깝다!

　나는 이렇게 상식적으로 간단하게, 절망보다는 희망이라고 판단했어야 했다. 하지만 문제는 내가 저 문제를 풀 때 저 부분이 해석이 잘 되고 당황해서 0.7% 어쩌구 하는 것이 좋은 이야기인지 나쁜 이야기인지 판단이 잘 안 되었다는 것이다. (당신도 이런 순간이 있을 것이다. 이어진 다음 문장이 판단이 안 될 때.) 그래도 방법은 있었다. 뒷부분에서 Yet 이라는 아주 좋은 힌트가 있었으니까!

그런데 안타깝게 Yet 뒤에 또 밑줄이 있다. 원칙대로 가보자.

▸ Yet it was also a year of mass ③suffering
  그러나 이것은 또한 큰 고통의 한 해였다. ➡ 고통인지 행복인지 아직 몰라!

▸ At the start of the year, an Indian Ocean tsunami claimed 275,0000 lives.
  그 해가 시작될 무렵, 인도 해안에서 쓰나미가!

쓰나미… 확실히 suffering 맞다. 그럼 Yet이라는 역접 접속사 뒤에가 고통(suffering)이니, 앞에는 희망이 와야지 절망(frustration)이면 확실히 안 된다. ②번이 답이었다.

이렇게 문맥을 이용하는 요령은 두 가지로 볼 수 있겠다.

첫째, 그 어휘 전후로 뭐라고 하는지 편하게! 있는 그대로 해석해서 상식적으로 문맥을 판단하는 것.

둘째, 연결사가 있다면 그것을 적극적으로 활용하는 것

※ 어휘추론은 결국 독해승부다!

결국 흐름문제는 해석 능력이 핵심이고, 이것은 영혼독해 트레이닝이 좌우한다. 영혼독해 연습을 하면서 한 문장의 큰 의미만 받아들이는 연습을 계속 해야 한다. 글이 튕겨져 나가는 것, 이어동사나 전치사와 같이 맘에 안 드는 구절 때문에 기분이 상해서 거부하는 현상을 완전히 극복하라! 배짱만 늘어도 해석이 당장 좋아진다. 완전 노베이스가 아니라면 해석능력은 분명히 당신 안에 있다. 방금 전의 예를 다시 보자.

for example, when the European Union donor countries set a timetable to achieve the international aid target of 0.7 percent of GNP by the year 2015.

⬇

(아무튼) 구조 계획을 세웠다 → 좋은 일 했다 → 판단: 절망이 아니다. 끝!

알겠는가? 문맥을 판단할 땐, 핵심이 아닌 복잡하고 세세한 부분에 얽매이지 않는 게 중요하다는 것을 명심하라!

가끔은 앞뒤 문맥을 보아도, 이것이 무슨 말인지 확실히 판단하기 어려운 경우가 생긴다. 이것은 앞뒤 문맥 자체에 그 어휘를 판단할 만한 명확한 힌트를 주지 않았는데, 게다가 글의 주제도 아직 안 잡혔기 때문이다. 이 경우에 또 당황해서 그럴듯한 것을 자기 맘대로 고르게 된다. 그러지 말고 이렇게 말하라!

"앞뒤만 봐서는 모르겠어. 아직 함부로 고를 수 없어. 넌 아직 보류야!"

그리고 더 읽으면서 주제의 방향성을 잡아 그것에서 도움을 받으면 된다. 왜냐하면 한 문단의 주제는 단 하나이고, 모든 문장은 그 주제를 향해 달려가야 하기 때문이다! 주제는 종종 문맥의 역할을 한다! 그래서 글을 읽다보면 앞뒤 문맥을 면밀히 살피지 않아도 여태 읽어서 잡힌 주제를 근거로, 그냥 바로 판단할 수 있는 경우도 많다. 예를 들어, 글을 읽다보니 '본인에게 긍정적인 말을 잘 기억하게 된다'는 것이 주제라면

The reason was that their brains simply [refused/agreed] to allocate as much processing time to nasty predictions as to the nice ones.

여기서 더 생각할 것도 없이 뇌가 nasty predictions(부정적인 것)은 refused(거절) 하는 것이 맞다. 이렇게 만일 이 앞뒤 문장이 복잡하고 해석이 어렵더라도 그냥 그 문장이 주제를 향해 달려가도록 단어를 고르면 된다는 것이다!

이제 고난도 기출로 적용해보자.

In 2001, researchers at Wayne State University asked a group of college volunteers to exercise for twenty minutes at a (A) [preset / self-selected] pace on each of three machines: a treadmill, a stationary bike, and a stair climber. Measurements of heart rate, oxygen consumption, and perceived effort were taken throughout all three workouts. The researchers expected to find that the subjects unconsciously targeted the same relative physiological intensity in each activity. Perhaps they would (B) [automatically / intentionally] exercise at 65 percent of their maximum heart rate regardless of which machine they were using. Or maybe they would instinctively settle into rhythm at 70 percent of their maximum rate of oxygen consumption in all three workouts. But that's not what happened. There was, in fact, no (C) [consistency / variation] in measurements of heart rate and oxygen consumption across the three disciplines. Instead, the subjects were found to have chosen the same level of perceived effort on the treadmill, the bike, and the stair climber.

* treadmill: 러닝머신   ** physiological: 생리학적인

In 2001, researchers at Wayne State University asked a group of college volunteers to exercise for twenty minutes at a (A) [preset / self-selected] pace on each of three machines: a treadmill, a stationary bike, and a stair climber.

: 2001년에 연구자들이 연구를 했는데, 자원자들한테 20분 동안 운동하라고 했다. **여러 운동 기계에서 [미리 결정된 / 스스로 선택하는] pace로!**

"아직 몰라. 보류!"

※답 찾는데 급급하지 말고 집중해서 글을 면밀히 보아라!

Measurements of heart rate, oxygen consumption, and perceived effort were taken throughout all three workouts. The researchers expected to find that the subjects unconsciously targeted the same relative physiological intensity in each activity.

: 심박수, 산소 소모량, 그리고 인식하는 노력은 그 운동들을 하는 모든 시간에 다 측정이 되었다. 연구자들은 그 피실험자들이 무의식적으로 각각의 운동에서 상대적으로 같은 운동 강도를 목표로 두고 운동하게 될 것이라고 예상했다.

그런데 이것으로는 A를 아직 판단하기가 힘들지 않은가?

우선 B부터 풀어보겠다!

그 예상 내용

Perhaps they would (B)[automatically / intentionally] exercise at 65 percent of their maximum heart rate regardless of which machine they were using. Or maybe they would instinctively settle into rhythm at 70 percent of their maximum rate of oxygen consumption in all three workouts.

: 아마 그들은 [**자동적으로**/ 의도적으로] 운동할 것이다. 65퍼센트의 최대 심박수를 무슨 운동 기구든 간에 보이게 될 것이다. Or 또는 아마 본능적으로 70퍼센트의 산소 소비를 정하게 될 것이다.

➡ 이렇게 '무의식적'이고, '본능적'인 것이라고 했으니 의도적인 것보다는 자동적인 것이 흐름에 맞다고 상식적으로, 가볍고 자신감 있게 판단해주자!

※ 여기서 or을 그렇지 않으면 이라고 오역하는 학생들이 있다. 그러나 여기서의 or는 같은 맥락으로 연결해주는 or임에 주의하라! (or 앞뒤로 나오는 내용 모두 연구자들이 예상하는 내용의 구체적 설명)

그런데 더 읽다보니 B를 풀었을 뿐 아직 A는 판단보류 상태다. 이럴 땐 일단 그냥 C로 가자.

But that's not what happened. There was, in fact, no (C) [consistency / variation] in measurements of heart rate and oxygen consumption across the three disciplines.

: 그러나 그런 것은 일어나지 않았다. 사실 심박수, 산소 소모량 등에서 어떠한 [일관성 / 변화]도 있지 않았다.

일관성이 없었을까 변화가 없었을까?!

난 몰라!(판단보류) 한번 봐볼게!

Instead, the subjects were found to have chosen the same level of perceived effort on the treadmill, the bike, and the stair climber.

: 대신에 그들은 같은 레벨의 인식하는 노력을 선택하는 것으로 보였다. (연구하는 것이 산소 소모량, 심박수, 노력 3가지였음)

💬 **연결사(instead)가 있으니 적극적으로 활용해서 생각해보자!**

: instead(대신에=앞과 반대)가 나왔고, instead 다음에는 같은 레벨이 보였다고 했다. 그러므로 앞은 같은 레벨이라는 맥락의 반대말인 어떠한 '일관성도 보이지 않았다'가 정답이다!

※부정문은 내용과 반대로 골라야 함을 명심할 것!

not [reject / encourage] 인데, 문맥적으로 거절해야 하는 상황이라면 반대로 encourage를 골라야 하는 것이다. 부정문(no나 not과 같은 것이 있는 문장)를 주의하자!

풀다보니 B,C가 먼저 풀리게 되었다. 자, 이제 보류해두었던 A를 풀이보자.

In 2001, researchers at Wayne State University asked a group of college volunteers to exercise for twenty minutes at a (A) [preset / self-selected] pace on each of three machines: a treadmill, a stationary bike, and a stair climber.

: 2001년에 연구자들이 연구를 했는데, 자원자들한테 20분동안 운동하라고 했다. 여러 운동기계에서 [미리 결정된 / 스스로 선택하는] pace(속도)로!

※ 면밀히 보자. pace라는 작은 단어를 놓쳐서 헤매는 학생들이 많다.

내용을 근거로 '상식적으로' 판단하면 된다

연구자들이 연구한 것이 무엇인가? '세 가지 운동을 하면서 무의식적으로 비슷한 강도로 운동하게 되지 않을까?'하는 것이었다. 그렇다면 무의식적으로 강도로 맞추게 되는 것, 즉 피실험자들은 pace를 스스로 선택할 수 있는 상황이어야 하지, 너는 미리 속도 몇으로 뛰라고 정해 놓는 preset의 상황일 수 없지 않겠는가?

이렇게 (A)라고 첫 번째로 풀리는 것이 아니고 전체 내용적으로 생각해서 맞추어야 하는 상황도 있다. (독해력에 따라 사람마다 다를 순 있겠지만) 중요한 건 어휘추론에서 **언제든 아직 근거가 없으면 선택하지 않아야 한다는 것이다.** 절대 내 맘에 드는 것을 고르지 않는다. 근거가 나올 때까지 보류한다!

마찬가지로 이제 유형별 기출 문제집을 펴라! 한 문제씩, 1분 30초 ~ 2분 내외이다!

Reading Skills.6
문장 삽입

빈칸추론 다음으로 가장 어려워하는 유형이 바로 이 문장삽입이다.
이것을 어려워하는 이유는 아마도, 3번에 넣어도 괜찮은 것 같고,
4번에 넣어도 매력적이고, 뭔가 확신하기 어렵고
머리에서 혼동이 일어나기 때문일 것이다.
일반적으로 "네모박스 문장을 잘 읽고, 글의 처음부터 들어가서
2번, 3번, 4번을 차례로 대입해보고, 앞과 뒤와 이어지는지 확인해봐라."
라고 가르치지만 그것을 몰라서 못 푸는 것이 아니지 않는가?
문장삽입은 그런 상식적인 수준을 넘어서 좀 더 디테일하게
준비할 필요가 있다.

이제 문장삽입 접근법의 가장 확실한 방법을 제시하겠다.

문장삽입의 단계적 접근법

1. 네모박스 안에 있는 문장부터 읽는다.

먼저 네모 박스에서 제시하고 있는 문장에 공을 들여서, 한글말로 정확하게 인식해야 한다.

2. 그 앞과 뒤에 올 내용을 ★나름대로 충분히 예상한다.

충분히 예상한다, 무슨 말일까? 주어진 문장을 읽고 우리는 충분히 반응을 해야 한다. 그저 '~한단다', 하고 본문에 들어가지 마라. 그 정도로만 읽으면 당신은 곧 까먹을 거니까. 주어진 네모박스 문장을 충분히 마음에 심어놔야 흐름을 본능적으로 느끼고 자연스럽게 문장이 들어 갈 위치를 맞힐 확률이 높아진다. 그 마음 심기 전략이 바로 '앞 뒤 예상'이라는 반응이다. 그 앞에는 상식적으로 무슨 내용이 올 것인지, 그 뒤에는 아마도 어떤 내용이 올 것인지 한 번이 라도 먼저 생각해보라! 문제를 푸는 몰입도, 스스로 중심을 잡는 수준이 달라질 것이다.

☑ 주어진 문장을 보고 예상하는 법

주제찾기 유형에서 반응하는 독해를 할 때는 '이렇게 전개될 것 같아' 하면서 자유롭게 예상을 해도 된다. 하지만 여기서 말하는 예상은 타당한 수준을 지켜야 한다. 당연히 앞에 와야 마땅한 내용, 뒤에 와야 마땅한 내용의 대략적인 틀을 잡는 것이다. 예를 들어 보겠다.

> 그리고 그 실험자는 맥락을 바꾸었고 그 결과 대상자들은 미묘하게 다른 일을 해야 했다.

직전 내용 예상
일단 무언가 실험자와 피실험자들이 나와야하고, 그들은 앞에서 어떤 일을 했을 것이다!

직후 내용 예상
미묘하게 다른 일에 대한 것이 나올 것이다.
➡ 아마도 뭔가 달라진 조건에서 대상자들이 어떻게 반응했는지, 혹은 어떻게 미묘하게 달랐던 것인지 나올 것이다.

이렇게 당연히 필수적으로 나올만한 것을 생각하는 이 정도의 예상이다! 이렇게 최선의 예상을 함으로써, 생각 없이 글을 훑어 읽는 것을 방지하고 문제에 들어갔을 때 터무니없는 선택지는 쉽게 지울 수 있게 된다.

★
종종 어떤 문제는 예상을 하기가 좀 힘들 때도 있다. 그럴 때는 그냥 주어진 문장을 해석해서 머릿속에 잡아놓는 것에 충실하면 된다. 예상은 할 수 있는 만큼만 하면 된다!

3. 이제 글의 처음부터 들어가면서 이 대사들을 말하며 스스로 수업한다.

수험생인 우리는 능력이 없다. 그러나 영어를 대하는 약간의 관점만 바꾸어도 크게 달라진다. 죄인처럼 끌려다니는 학생이 아니라, 가르치는 선생이 되어보면 흐름을 훨씬 잘 해설할 수 있게 된다. 그래서 강의하듯이 대사를 말하며 풀어야 한다. 누군가에게 수업하고 있다고 생각하고 말이다. 우리가 만나게 되는 케이스는 총 4가지다.

case1   ⓝ번 후보야?

 - 대답: 대사를 하고 보니 음, 절대로 들어갈 수 없다고 느껴진다.

"아직 they가 안 나왔잖아. 후보 아니야 패스!! "

case2) ⓝ번 후보야?

 - 대답: 이곳에 들어가도 괜찮다고 느껴진다.

"후보네. 이런 말에 이어져도 괜찮지. 한번 보자~"

(★스스로에게, 자신이라는 학생에게 이렇게 상냥하게 수업하라!)

 - 그렇게 뒤를 보았더니, ⓝ의 앞과 뒤가 너무 잘 이어진다.

"에잇, 앞이랑 너무 잘 어울리잖아! 앞뒤가 착 붙어버리니까 그냥 패스!!"

★case3) ⓝ번 후보야?

 - 대답: 이곳에 들어가도 괜찮다고 느껴진다.

"후보네. 이런 말에 이어져도 괜찮지. 한번 보자~"

(★스스로에게, 자신이라는 학생에게 이렇게 상냥하게 수업하라!)

 - 그렇게 뒤를 보았더니, ⓝ의 앞과 뒤가 뚝, 끊긴다!

"에잇 갑자기 내용이 바뀌었어. 장점 얘기하다가 갑자기 안좋대/ 갑자기 the latter(흐름을 딱 끊는 작은 단어)가 나왔어/ 갑자기 this가 나왔어 이게 뭐야?! ➡ 딱 끊기네!! 여기가 정답!!"

➡ 기출에 이런 case가 가장 많다. 흐름이 바뀌는지 놓지지 않는 방법은? 훑어 읽지 않는 것이다! 저렇게 흐름을 끊어주는 작은 단어(the latter같은)를 유의하라!!

생각해보자. 사실 말이라는 것이 어떤 한 문장이 나오는 순서가 좀 앞에 나와도 말이 되고, 좀 뒤에 나와도 상관이 없는 경우가 많다. 그러니까 이 문장삽입 문제는 대충 내면 이의제기에 걸릴 확률이 매우 높다. 그래서 이 문장삽입 유형의 기출문제들은 반드시 정답의 근거가 잡히도록 신경 써서 만든 문제들이다. 함부로 시중 문제집을 풀면 안 되는 이유가 여기에 있다. 그저 한 문단에서 한 문장 빼놓고 ①~⑤ 달아놓으면 되는 문제가 아닌데, EBS문제조차도 이 유형에서 엉터리인 경우가 종종 있다. 그래서 이 유형은 반드시 기출만을 풀기를 권한다.

일단 여기까지 두 문제의 기출을 통해 적용을 해보자. 시범을 보여주겠다!

2013학년도 수능

> Despite such evidence of favoritism toward handsome politicians, follow-up research demonstrated that voters did not realize their bias.

Research has shown that we automatically assign to good-looking individuals such favorable traits as talent, kindness, honesty, and intelligence. (①) Furthermore, we make these judgements without being aware that physical attractiveness play a role in the process. (②) Some consequences of this unconscious assumption that "good-looking equals good" scare me. (③) For example, a study of the 1974 Canadian federal elections found that attractive candidates received more than two and a half times as many votes as unattractive candidates. (④) In fact, 73 percent of Canadian voters surveyed denied in the strongest possible terms that their votes had been influenced by physical appearance; only 14 percent even allowed for the possibility of such influence. (⑤) Voters can deny the impact of attractiveness on electability all they want, but evidence has continued to confirm its troubling presence.

네모박스 안에 있는 문장부터 읽는다.

Despite such evidence of favoritism toward handsome politicians, follow-up research demonstrated that voters did not realize their bias.

: 잘생긴 정치인 호감도에 대한 그러한 증거들에도 불구하고, 다음 조사들은 투표자들이 그러한 편견을 깨닫지 못했다는 것을 보여준다.

 그 앞과 뒤에 올 내용을 ★나름대로 충분히 예상한다.

Despite such evidence of favoritism toward handsome politicians, follow-up research demonstrated that voters did not realize their bias.

: 잘생긴 정치인 호감도에 대한 그러한 증거들에도 불구하고, 다음 조사들은 투표자들이 그러한 편견을 깨닫지 못했다는 것을 보여준다.

직전 내용 예상
: 사람들이 외모가 출중한 정치인을 좋아하는가 보다. 그에 대한 such evidence라고 한 것을 보니 분명히 몇 가지 evidence(증거)들이 앞에 나올 것이다. 예를 들면 더 잘생긴 정치인이 선거에서 이겼다? 뭐 이런 것들이려나?

직후 내용 예상
: 그런데 사람들이 자신이 정치인을 선호한다는 것을 인정하지 않았나 보다. 그를 증명하는 follow-up research 가 뒤에 나올 것이다.

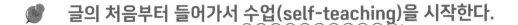

글의 처음부터 들어가서 수업(self-teaching)을 시작한다.

Research has shown that we automatically assign to good-looking individuals such favorable traits as talent, kindness, honesty, and intelligence. (①)

: 우리가 자동적으로 좋은 외모를 갖고 있는 사람에게 재능, 친절, 정직, 지성 등의 선호되는 특징들을 부여한다는 것을 어떤 연구가 보여준다.

★우리 같은 학생들은 판단할 능력이 없다. 선생님처럼 수업을 해보라!

① 후보야? ➡ 아니 아직 such evidence가 없잖아. 패스!

Furthermore, we make these judgements without being aware that physical attractiveness plays a role in the process. (②)

: 더욱이, 우리는 외모적인 매력이 중요한 역할을 한다는 사실을 깨닫지 못한 채로 그러한 판단을 한다는데.

② 후보야? ➡ 음, 역시 such evidence, 증거가 나오지 않았으니 2번도 패스.

(②) Some consequences of this unconscious assumption that "good-looking equals good" scare me. (③)

: 몇몇 이러한 무의식적인 가정의 결과(좋은 외모 = 좋은 사람)들은 나를 충격 받게 한다.

③ 후보야? ➡ 역시 아직 구체적인 증거는 아니므로 3번도 패스.

(③) For example, a study of the 1974 Canadian federal elections found that attractive candidates received more than two and a half times as many votes as unattractive candidates.(④)

: 예를 들어, 1974년 캐나다 선거에서 잘생긴 후보가 못생긴 후보보다 2.5배나 더 많은 표를 받았습니다.

④ 후보야? ➡ 구체적인 증거다. 가능성 up! 이제 뒤에 사람들이 그것을 부정한다는 얘기가 나오면 이 부분이 답일 것이다!

In fact, 73 percent of Canadian voters surveyed denied in the strongest possible terms that their votes had been influenced by physical appearance; only 14 percent even allowed for the possibility of such influence.

➡ 사실, 73퍼센트의 투표자들이 부정했단다. 이게 그 주어진 문장에서 말하는 follow-up research 이었다. 끝. 4번이 답이다.

🗨 4번에 주어진 문장이 들어가지 않는다면 부자연스럽다는 것을 확인하라!

Despite such evidence of favoritism toward handsome politicians, follow-up research demonstrated that voters did not realize their bias.

: 잘생긴 정치인 호감도에 대한 그러한 증거들에도 불구하고, 다음 조사들은 투표자들이 그러한 편견을 깨닫지 못했다는 것을 보여준다.

이 이야기가 4번 부분에 들어가지 않는다면, 사람들이 잘생긴 후보에 투표를 많이 했다, 하고나서 갑자기, 조사된 사람들은 외모에 영향을 받았다는 명백한 지표들을 부정했다. 하는 꼴이니, 부자연스럽다. 이렇게 부자연스러운 경계를 느껴야 한다.

tip 하지만 이렇게 부자연스러운데, 나도 수능 보는 시간엔 긴장해서 순간 다른 것을 골랐었다. 그리고 장문까지 다녀오고 나서 다시 확인했을 때 이상한 답을 골라놓은 것을 보고 깜짝 놀랐다. 문장삽입은 초조하면 절대로 풀 수 없다. 애매하다고 느껴지면 일단 장문까지 갔다오고 나서 편안한 마음으로 꼭 다시 확인해보자!

자, 방금 전의 경우는 주어진 문장을 보고 예상한 것의 도움 효과가 컸다. 그런데 종종 주어진 문장 자체가 확 들어오지 않고 좀 난해하다고 느껴질 때도 있다. 2019학년도 6월 모의고사에 나온 문장삽입이 그런 문제였다. 정답률 34퍼센트로 빈칸 다음으로 어려웠던 문제다.

There are also clinical cases that show the flip side of this coin.

Humans can tell lies with their faces. Although some are specifically trained to detect lies from facial expressions, the average person is often misled into believing false and manipulated facial emotions. One reason for this is that we are "two-faced." By this I mean that we have two different neural systems that manipulate our facial muscles. (①) One neural system is under voluntary control and the other works under involuntary control. (②) There are reported cases of individuals who have damaged the neural system that controls voluntary expressions. (③) They still have facial expressions, but are incapable of producing deceitful ones. (④) The emotion that you see is the emotion they are feeling, since they have lost the needed voluntary control to produce false facial expressions. (⑤) These people have injured the system that controls their involuntary expressions, so that the only changes in their demeanor you will see are actually willed expressions.

*demeanor : 태도, 표정

 네모박스 안에 있는 문장부터 읽는다.

There are also clinical cases that show the flip side of this coin.

: 이 동전의 이면을 보여주는 임상적인(치료적인) 사례가 있다.

　해석자체는 어렵지 않다. 'the flip side of this coin'이라는 비유적인 표현을 알고 있었다면 말이다. 아마 이 표현에 익숙하지 않았다면 주어진 문장이 '머리에 안 들어오는 문장'이 되었을 것이다. 만약 그랬다면 당황하지 말고 차분히 의미를 잡아두려고 노력해야 한다. flip 모르는 것 아니고 side 모르는 것 아니니까! 그냥 큰 그림으로 동전의 어떤 던져진 면을 보여주나 보다! 해버리자.

🌀 그 앞과 뒤에 올 내용을 ★나름대로 충분히 예상한다.

There are also clinical cases that show the flip side of this coin.

앞 예상

'이(this)' 동전의 양면을 보여준다고 하는 것 보니까, 뭔가 일단 어떤 상황이 나올 것이다. 이 정도 예상을 할 수 있으면 훌륭하다.

> 예상이 어렵게 느껴질 때는 억지 부릴 필요 없다. 그냥 이렇게 지칭하는 말이나 지시대명사, 정관사(the) 정도를 잡아두려고 노력하라!

뒤 예상

동전의 양면, 뭔가 반전이 있는 새로운 말을 하려나보다. 아무튼 뒤에도 어떤 상황이 펼쳐질 것이다.

> *사실 the flip side of this coin이라면서 이제 '이 동전'의 반대 면을 보여준다고 하니까, 뒤에는 앞과 대조되는 말을 할 것이라고 처음부터 똑똑하게 생각하면 좋을 것이다. 하지만 사람에 따라 '동전의 반대 면'이라는 표현을 이해하는 것이 어려울 수 있다. 비유적 표현이 나온 것도 꺼려지는데 예상까지 헷갈린다. 그러나 큰 그림을 잡으려고 예상하는 것 뿐이니 부담 갖지 말자. '동전의 반대 면이라고 하기에 적절한 어떤 상황이 나오겠네~' 정도 하면 된다!면 된다!

🌀 글의 처음부터 들어가서 <u>수업을 시작한다.</u>

Humans can tell lies with their faces.

: 인간은 그들의 얼굴로 거짓말한다.

Although some are specifically trained to detect lies from facial expressions, the average person is often misled into believing false and manipulated facial emotions.

: 누군가 얼굴 표현으로부터 거짓말을 감지하도록 훈련되어 있을지라도, 평균적인 사람은 거짓되고 조종된 얼굴 감정에 잘못 이끌려진다(속는다).

One reason for this is that we are "two-faced." By this I mean that we have two different neural systems that manipulate our facial muscles. (①)

: 이것에 대한 하나의 이유는 우리가 두 가지 얼굴을 가졌기 때문이다. 이것의 의미는 우리가 자신의 얼굴 근육을 조종하는 서로 다른 두 가지의 신경 시스템을 가졌다는 것이다.(①)

> ① 후보야?
> 차분히 판단하기 ➡ 동전의 양면을 보여주는 반전의 사례가 있다고 처음부터 갑자기 끼어들어가기에는 무리가 있다.

One neural system is under voluntary control and the other works under involuntary control. (②)

: 하나의 신경 시스템은 자발적인 제어 아래에 있고, 다른 하나는 비자발적인 제어 아래에 있다.

> ② 후보야?
> 차분히 판단하기 ➡ ① 앞에서 말한 두 가지 얼굴에 대한 설명이었고, 두 가지를 이제 이야기 했는데 이 동전의 뒷면?! 뭔가 얘기를 제대로 한 게 있어야 다른 뒷면이 있다고 하지. 아직 이른 것 같다!

There are reported cases of individuals who have damaged the neural system that controls voluntary expressions. (③)

: 자발적인 표정을 컨트롤하는 신경시스템에 손상을 입은 사람이 있다고 보고된 케이스가 있다.(③)

차분히 판단하기 ➡ 글쎄 하나는 자발적인 시스템 아래에 있고, 하나는 비자발적인 것 아래에 있다고 했다. 그리고 방금 자발적인 것에 손상 입은 사람 있다고 한마디 얘기하고 바로 이 동전의 뒷면의 사례가 나온다고 하는 것도 이상하다. 패스.

They still have facial expressions, but are incapable of producing deceitful ones. (④)

: 그들은 여전히 얼굴 표정이 있지만, 거짓된 표정을 만들어내지는 못한다.

차분히 판단하기 ➡ they가 앞에 나온 자발적인 것에 손상 입은 사람을 말하는 듯하다. 이렇게 얘기했고, 그 반대 사례가 있다고 하는 말이 4번에 들어가도 나쁘지는 않을 것 같으니 후보다! 뒤를 보자!

The emotion that you see is the emotion they are feeling, since they have lost the needed voluntary control to produce false facial expressions.

: 네가 보는 감정은 그들이 느끼는 감정이다. 그들은 거짓 얼굴 표현을 생산하는 자발적인 컨트롤을 잃었기 때문에.

➡ 뒤를 보았더니 ④앞과 너무 잘 어울리잖아. 자발적인 표정 생산 능력을 잃어서 속일 수 없다고. 그럼 ④이 패스다! 답은 ⑤일 수밖에 없다.

(⑤) These people have injured the system that controls their involuntary expressions, so that the only changes in their demeanor you will see are actually willed expressions.

: 이러한 사람들은 비자발적인 표현을 컨트롤하는 시스템에 손상을 입어…

자발적 / 비자발적 – 뚝 끊기네. 오케이 ⑤번!

해석을 제대로 했다면 ⑤을 고르지 않을 수 없는 문제였다. 자발적 능력 손상에 대해 이야기하다가, ⑤ 이후에는 갑자기 이 사람들은 비자발적인 것에 손상을 입었다 하니까. ⑤에 들어가지 않으면 아예 말이 되지 않는 것이다. 그런데 왜 34%밖에 정답을 고르지 않았을까? 이렇게 경계가 분명한데도 틀렸다면 정말로 엉터리로 읽은 것이다. 또 ⑤은 아닐 거라는 막연한 편견도 작용했을 것이다. 거의 모든 문장삽입 문제가 이런 문제처럼 그곳에 들어가지 않으면 말이 안 되는, 앞뒤의 경계가 분명한 케이스가 많다.

그러나 소수지만 마지막으로 가장 어려운 케이스로, 그 경계가 불분명한 경우도 있다. 하지만 이 경우에도 이의제기에 걸리지 않을 만큼 충분히 근거가 있지 않겠는가? 이제 4번째 케이스를 보자.

대사case4) Ⓝ번 후보야?

– 역시 이곳에 들어가도 괜찮다고 느껴진다.

"후보네. 이런 말에 이어져도 괜찮지. 한번 보자~"

– 그렇게 뒤를 보았더니, Ⓝ에 들어가도 되고, 안 들어가도 될 것 같은데?!

"넣어도 말 되고, 안 넣어도 말 되겠다. 그럼 보류. 세모△치자!!"

만약 5번까지 면밀히 읽었는데 정 끊기는 부분을 못 느끼겠다면 이렇게 보류를 외치고, 세모를 쳐라. 보류된 세모들 중에서 '가장 답'(조금이라도 주어진 글이 들어가기에 더 어울리는 부분)을 골라야 하는 것이다. 2019학년도 9월 모의고사 39번의 경우가 이런 경우였다.

We become entrusted to teach culturally appropriate behaviors, values, attitude, skills, and information about the world.

Erikson believes that when we reach the adult years, several physical, social, and psychological stimuli trigger a sense of generativity. A central component of this attitude is the desire to care for others. (①) For the majority of people, parenthood is perhaps the most obvious and convenient opportunity to fulfill this desire. (②) Erikson believes that another distinguishing feature of adult-hood is the emergence of an inborn desire to teach. (③) We become aware of this desire when the event of being physically capable of reproducing is joined with the events of participating in a committed relationship, the establish-ment of an adult pattern of living, and the assumption of job responsibilities. (④) According to Erikson, by becoming parents we learn that we have the need to be needed by others who depend on our knowledge, protection, and guidance. (⑤) By assuming the responsibilities of being primary caregivers to children through their long years of physical and social growth, we concretely express what Erikson believes to be an inborn desire to teach. [3점]

네모박스 안에 있는 문장부터 읽는다.

We become entrusted to teach culturally appropriate behaviors, values, atti-tude, skills, and information about the world.

: 우리는 세상에 관해 문화적으로 적절한 행동, 가치, 태도, 기술, 그리고 정보를 가르치는 것을 위탁받는다.

그 앞과 뒤에 올 내용을 ★나름대로 충분히 예상한다.

문화적으로 적절한 내용을 가르칠 것이라고 위탁받는다고? 글쎄, 딱 꼬집어서 예상하기가 어렵다. 그냥 뒷부분에 '적절한 내용을 가르치는 것에 대한 부연설명이 나온다' 정도. 이렇게 지시형용사나 정관사도 없어서 뚜렷한 예상이 어려울 때는 억지로 예상할 필요가 없다. 이럴 땐 내용 자체를 마음 속에 기억하려고 노력하라! (우리는 세상에 대해 문화적으로 적절한 내용을 가르친다고 위탁받는다!)

Erikson believes that when we reach the adult years, several physical, social, and psychological stimuli trigger a sense of generativity.

: 에릭슨은 우리가 어른 나이에 도달할 때, 몇 번의 신체적인, 사회적인, 그리고 정신적인 자극이 생식성을 끌어온다고 믿었다.

A central component of this attitude is the desire to care for others. (①)

: 이러한 태도의 중심 요소는 다른 사람들을 돌보고 싶어 하는 갈망이다.

① 후보야?
차분히 판단하기 ➡ 돌보고 싶어하는 갈망-적절한 것을 가르침- 아직 이르다. 패스!

For the majority of people, parenthood is perhaps the most obvious and convenient opportunity to fulfill this desire. (②)

: 대다수의 사람들에게, 부모성(parenthood)은 이 갈망을 충족하는 가장 명백하고 편리한 기회다.

② 후보야?
차분히 판단하기 ➡ 부모성이 돌보고 싶어하는 갈망을 충족시킨다. 그 다음에 네모박스 문장, 세상에 적절한 것을 가르친다고. 흠, 여기 들어가도 뭐 아주 안 되지는 않는다. 후보! 뒤를 보자! (실제로 이렇게 편안하게 대사를 말하라)

Erikson believes that another distinguishing feature of adulthood is the emergence of an inborn desire to teach. (③)

: 에릭은 어른됨의 다른 구별되는 특징은 가르치는 것에 대한 갈망의 출현이라고 믿는다.

후보자 ② 어때?
차분히 판단하기 ➡ 가르치는 얘기가 여기에 나오니까 ②번은 패스다! ③번이 후보지!

We become aware of this desire when the event of being physically capable of reproducing is joined with the events of participating in a committed relationship, the establishment of an adult pattern of living, and the assumption of job responsibilities. (④)

: 우리는 이 갈망을 인식하게 된다 – 신체적으로 생식이 가능해지는 것이 ~와 연관될 때 – 헌신적인 관계, 성인으로서의 삶의 패턴의 정립, 그리고 직업적인 책임감을 갖는 것과.

이렇게 말이 지나치게 길고 어려울 땐 해석 단순화! 큰 의미를 알아듣기만 하면 된다!
: 신체적으로 어른이 되고, 생활도, 직업도 어른이 되었을 때 우리는 이 갈망(가르치고자 하는 갈망)을 인식하게 된다.

후보자 ③ 뒤를 보니 어때?
차분히 판단하기 ➡ ③번 뒤에서 this desire이라고 해서, ③번 앞의 desire to teach를 받쳐주고 있다. 따라서 ③앞 뒤가 착 붙는 느낌이다. 패스! 가르치는 내용과 관련에서 ④에 들어가도 괜찮으니 ④이 다시 후보다. ④뒤를 보자!

According to Erikson, by becoming parents we learn that we have the need to be needed by others who depend on our knowledge, protection, and guidance. (⑤)

: 에릭슨에 따르면, 부모가 됨으로써, 우리는 우리의 지식, 보호, 지도에 의존하는 다른 이들이 우리를 필요로 한다는 사실을 알게 된다.

후보자 ④ 뒤를 보니 어때?
차분히 판단하기 ➡ ④앞에서 어른이 되면 가르치고 싶다 / ④뒤에서 또 우리를 필요로 하는 이들을 가르치고 싶어한다는 이야기 역시 반복하며 부연한다. ④에 들어가도 되는가? 같은 부연으로서 들어가도 뭐 괜찮다! 하지만 앞뒤가 뚝 끊기는 것은 아니니까 △세모를 치자! ⑤뒤도 한번 보자!

By assuming the responsibilities of being primary caregivers to children through their long years of physical and social growth, we concretely express what Erikson believes to be an inborn desire to teach. [3점]

: 아이들을 첫 번째로 돌보는 사람이 되는 것에 대한 책임감을 가정함으로써(그들의 신체적, 사회적 성장이 이루어지는 다년간), 우리는, 에릭슨이 '가르치려는 타고난 욕망'이라고 칭하는 것을 명확히 드러낸다. (쉽게 말하자면- 양육 책임감 때문에 에릭슨 이야기가 맞다는 것을 우리도 구체적으로 알게 된다는 것)

후보자 ⑤ 뒤를 보니 어때?

차분히 판단하기 ➡ 가르치는 갈망에 대한 같은 이야기다. 주어진 문장은 ⑤에 넣어도 괜찮고, ④에 넣어도 괜찮다. 둘 다 세모다. 그럼 어디가 더 잘 어울리는가? 정신을 똑바로 차리고 더 잘 어울리는 부분을 찾아야 한다. 너무 머리가 복잡해졌으면 장문을 풀고 와서 다시 보는 것을 추천한다. 자정신을 차리고 다시 생각해보자. 이럴 때일수록 의미를 단순하게 나열해서 한 발짝 떨어져서 생각해야 한다.

「어른이 되어서 가르치고자 하는 갈망을 인식한다 ④ 부모가 됨으로서 우리를 필요로 하는 다른 이들을 가르치고 싶다고 느낀다 ⑤ 양육에 대한 책임감 때문에, 우리는 에릭슨 이야기가 더 맞다고 느끼게 된다」

그렇다면, 주어진 문장, 즉 문화적으로 더 올바른 태도 등을 가르친다고 '위임받는다(entrusted)'는 내용은 어디에 어울리는가? 단순히 가르치고 싶다는 내용보다는 부모가 된다, 책임감이 있다는 이야기가 나온 ④번 이후, ⑤번이 더 적절하다. 가르친다고 위임받는다, 이것이 이의제기에 걸릴 수 없는 이유다.

이런 경우는 흔하지 않지만 최근 기출이니 명심해두길 바란다. 만만치 않은 문장삽입 유형, 결국 핵심은 작은 뉘앙스도 영혼독해로 마음에 심었느냐, 선생님처럼 중립적으로 해설을 하였는가 하는 것이다. 문장삽입 실력은 영혼독해 실력에 비례한다. 문제를 풀기 전에 한 시간 정도 영혼독해 훈련을 충분히 한 후에 기출을 꺼내 풀어보기 바란다!

이의제기에 걸리지 않기 위해, 평가원에서는 거의 대부분 그 문장이 들어가지 않으면 안될 부분을 만들어 놓는다. 그래서 지금까지 기출 중에서는 말하자면 앞에는 빨강색, 뒤에는 노란색이 나오는 경우가 가장 많았다. 그 사이에 이들의 중간색깔인 '주황색'을 넣지 않으면 흐름이 뚝 끊기는 경우 말이다.

그런데 최근 기출 중에서는 몇몇 문제가 교묘한 방법으로 난이도를 높이는 경우가 생기고 있다. 극단적으로 '빨강색/노란색'은 아니지만 그나마 흐름을 보았을 때 '가장 답'인 것(case4), 하지만 혹시 모를 이의제기에 걸리지 않기 위해 어느 작은 근거 단어를 두고 '그 단어 때문에' 그곳이 답이 아니면 안 된다고 말한다. case4를 주의하면서 지시대명사와 같은 '작은 단어'에 유의하라. 평가원이 고난도 문장삽입 문제를 만들고 싶을 때 반드시 이렇게 만들 것이다. 다음 문제를 풀어보자.

2022학년도 9월 평가원 (정답률31%)

Personal stories connect with larger narratives to generate new identities.

The growing complexity of the social dynamics determining food choices makes the job of marketers and advertisers increasingly more difficult. (①) In the past, mass production allowed for accessibility and affordability of products, as well as their wide distribution, and was accepted as a sign of progress. (②) Nowadays it is increasingly replaced by the fragmentation of consumers among smaller and smaller segments that are supposed to reflect personal preferences. (③) Everybody feels different and special and expects products serving his or her inclinations. (④) In reality, these supposedly individual preferences end up overlapping with emerging, temporary, always changing, almost tribal formations solidifying around cultural sensibilities, social identifications, political sensibilities, and dietary and health concerns. (⑤) These consumer communities go beyond national boundaries, feeding on global and widely shared repositories of ideas, images, and practices. [3점]

* fragmentation: 파편화 ** repository: 저장소

👆 **네모박스 안에 있는 문장부터 읽는다.**

Personal stories connect with larger narratives to generate new identities.

: 개인의 이야기들은 새로운 정체성들을 생성하며 더 큰 이야기와 연결된다.

앞에는 개인과 관련된 이야기가 나올 수 있겠고, 뒤에는 새로운 것, 뭔가 '큰 이야기' 관련한 것이 나오겠다. (확실하게는 모르겠다, 이 문장 자체를 마음속에 각인!)

👆 **글의 처음부터 들어가서 수업을 시작한다.**

The growing complexity of the social dynamics determining food choices makes the job of marketers and advertisers increasingly more difficult. (①)

: 식품 선택을 결정하는 사회적 역학이 점점 복잡해지면서 마케팅 담당자와 광고주의 업무가 점점 더 어려워지고 있다.

---

① 후보야?
도입부로 식품/마케팅 이야기 하고 있음. '개인 이야기' 넣기에는 후보로 적절하지 않다!
➡️식품 선택을 하는 것이 복잡해지면서 마케팅하는 것이 점점 어려워지고 있다!
(내용 단순화해서 곱씹기)

In the past, mass production allowed for accessibility and affordability of products, as well as their wide distribution, and was accepted as a sign of progress. (②)

: 과거에는 대량 생산이 제품을 광범위하게 분배하게 할 뿐만 아니라 제품을 입수하고 구매 비용을 감당할 수 있게 했으며, 발전의 신호로 받아들여졌다. (예전에는 대량생산에 대한 인식이 좋았다!)

**Nowadays it is increasingly replaced by the fragmentation of consumers among
smaller and smaller segments that are supposed to reflect personal preferences.**
(③)

: 요즘 그것은 개인의 선호를 반영해야 하는 점점 더 작은 규모의 부문 사이에서 소비자 단편화에
의해 점점 더 대체되고 있다. (예전에는 대량으로 생산했지만 요즘에는! 개인의 취향을 반영해야 하
므로 더 부분들이 작아지고 있다!)

(③) **Everybody feels different and special and expects products serving his or
her inclinations.** (④)

: 모든 사람은 각기 다르고 특별하다고 느끼고, 자신의 기호를 만족시키는 제품을 기대한다.

(④) In reality, these supposedly individual preferences end up overlapping with emerging, temporary, always changing, almost tribal formations solidifying around cultural sensibilities, social identifications, political sensibilities, and dietary and health concerns. (⑤)

: 현실에서, 개인적 선호라고 생각되는 이런 것들은 결국 문화적 감수성, 사회 정체성, 정치적 감수성, 식생활과 건강에 관한 관심을 중심으로 확고해지는, 최근에 생겨나고, 일시적이며, 항상 바뀌고, 거의 부족적인 형성물과 겹쳐지게 된다. (개인적인 선호라는 것은 여러 가지 관심과 연계되고 항상 바뀌고, 부족적이기도 하다!= '개인적 선호'의 특성이 이러이러하다)

④ 답 맞아? 한 발짝 떨어져서 의연하게 수업해보라.
④에 넣어도 되는가? 넣어도 되고 안 넣어도 된다!
[개인 스토리는 새로운 정체성을 생성하며 큰 이야기와 연결된다] – [개인적 선호는 여러 관심과 연계되고 잘 바뀌고 겹치는 등등 특성이 있다.] 이 내용의 흐름을 보라. 수험생 수준에서 보았을 때 논리적으로 ④번에 들어가서는 안된다고 생각할 수 있을까? 일반적인 해설은 다른 반박을 피하기 위해서 그렇게 말할지 모르겠지만, 한번 이 문제를 두고 본인이 납득할 수 있는 해설을 해보라. 분명 이 부분은 '넣어도 나쁘지는 않을 것 같은데' 라고 판단하기가 쉬운 부분이다. 그래서 ④번을 선택한 학생이 많은 것이다. 완전히 어울리는 것은 아니지만 여기까지 읽었을 때 저 한마디가 들어간다고 뭐, 글이 크게 이상해지지는 않는다. 이런 판단이 들 때 세모를 치는 것이다! 자, ⑤번이 어떠한가 보고 결정하자!

(⑤) These consumer communities go beyond national boundaries, feeding on global and widely shared repositories of ideas, images, and practices.

: 이들 소비자 집단은 국경을 넘어 개념, 이미지, 관습의 전 세계의 널리 공유된 저장소로 인해 더 강화된다.

흐름으로 따지면 들어갈 수 있는 곳이 2개라고 할 수 있는데 지시형용사/지시대명사 등 '작은 단어'로 인해 결국 논리가 맞는 곳은 그 중에 1개가 되는 교묘한 문제였다. 아마 평가원이 의도적으로 난이도를 올리려고 낸 문제일 것이다. 이런 문제를 잘 풀려면? 한 발짝 떨어져서 선생님처럼 수업하는 연습 + '무언가를 지시하는 작은 단어'에 유의해서 읽기 훈련을 해야 한다. (또 이런 문제는 답이 되는 부분에 약간의 더 끌리는 흐름 단서도 주게 된다.) 이런 패턴의 기출은 아직 많이 없다. 고난도 문장삽입을 대비하기 위해 이 문제를 반복해서 익히길 바란다.

Reading Skills.7
문장 제거

유형편에서 마지막으로 다룰 유형은 문장 제거유형이다.

다른 유형에 비해 어려운 유형은 아니다.

그래도 꼭 해주고 싶은 말이 있다.

문장제거 문제의 핵심 원리는 'Trick'이다.

문장 빼기는 내가 많이 연구한 유형 중 하나이다. 빈칸이나 문장삽입보다는 쉽지만 그래도 꽤 자주 틀렸기 때문이다. 나는 재수 때 영어에 한이 맺혀서 기출과 EBS뿐만 아니라 시중의 문제집을 이것저것 거의 다 주문해서 풀었었다. 시중 교재의 대부분은 다소 허접한 문제들이 많았다. 허접한 문제들은 이렇게 문장제거를 낸다.

커피는 맛있다.
커피는 꽤 맛있다.
커피는 좋다.
커피는 이롭다.
치킨에는 콜라다.
커피는 최고다.

이렇게 아예 생뚱맞은 문장을 끼워 넣으면 아주 쉽게 문제가 풀리게 될 것이다. 난이도가 낮은 문장제거 유형은 이렇게 생겼다.

그런데 내가 종종 틀렸던 문장 제거 문제들은 이렇지 않았다. 나는 이들의 전략은 속임수라는 것을 알게 되었고. 나는 기출문제들이 크게 두 가지의 방법으로 날 속인다는 것을 발견했다. 문장 제거는 속지만 않으면 된다. 한번 살펴보자.

문장 빼기의 출제 전략

첫째, 소재는 같은데, 반대말을 해서 속인다.

커피는 맛있다.
커피는 꽤 맛있다.
커피는 좋다.
커피는 건강에 이롭다.
커피를 마시면 배가 아프다.
커피는 최고다.

이런 경우, 만약 저 문장이 좀 복잡한 문장이나 자잘한 이어동사, 전치사 같은 피곤한 단어로 되어있다면 정신 못 차리고 '아무튼 커피 얘기니깐~'하고 넘어가게 되는 경우가 있다는 것이다. 그리고 답이 안 보이니까 혼자 생각하다가 '그렇다고 커피가 건강에 좋다는 건 아니지!' 하며 죄 없는(?) 문장을 골라버린다.

둘째, 소재는 같은데, 방향이 좀 다른 말을 하는 방법으로 속인다.

커피는 맛있다.
커피는 꽤 맛있다.
커피는 좋다.
커피는 건강에 이롭다.
커피는 에티오피아산 원두를 이렇게 해서 만들어야 향이 살아있다.
커피는 최고다.

이런 경우는 어떠한가? 저 문장이 또 복잡하고 잘 안 읽히는 문장이라면 '그래그래 에티오피아 커피~'하면서 지나간다. 이 경우가 사실 제일 주의해야 하는 부분이다. 커피라는 같은 소재로 둔갑했지만 주제와 방향성이 다른 문장!

출제자의 이 두 가지 Trick 전략을 아는 것이 바로 우리의 전략이 될 것이다.

'문장제거의 접근법의 핵심'

1. 글의 처음부터 들어가서 머릿속에 주제의 틀을 잡으며 읽는다.
   (대부분 두괄식으로 쉽게 잡힌다.)

2. "소재가 같다고 해서 널 함부로 훑어 읽지 않을거야!" 라고 말하며 읽어라. 다소 웃기지만 이렇게 하지 않으면 우리는 꽤 쉽게 넘어간다. 이렇게 한 문장씩 있는 그대로 해석하면서, 당신이 잡은 주제의 틀과 방향성이 같은가 판단하라!

이렇게 우리는 긴장을 늦추지 않고 같은 소재로 둔갑하고서 주제와 반대말을 하거나, 소재가 같으면서 주제와 방향성이 약간 다른 말을 하는 놈을 잡을 것이다! 나도 그랬고, 내 제자들도 그랬고, 이것을 알고 들어가는 것과 '이야 적절하지 않은 것을 골라보자~'하고 무턱대고 들어가는 것은 정답률에 큰 차이가 있었다. 사기꾼에게 처음부터 속지 않으려고 하면 속지 않을 수 있다!

Although organizations are offering telecommuting programs in greater numbers than ever before, acceptance and use of these programs are still limited by a number of factors. ① These factors include manager reliance on face-to-face management practices, lack of telecommuting training within an organization, misperceptions of and discomfort with flexible workplace programs, and a lack of information about the effects of telecommuting on an organization's bottom line. ② Despite these limitations, at the beginning of the 21st century, a new "anytime, anywhere" work culture is emerging. ③ Care must be taken to select employees whose personal and working characteristics are best suited for telecommuting. ④ Continuing advances in information technology, the expansion of a global workforce, and increased desire to balance work and family are only three of the many factors that will gradually reduce the current barriers to telecommuting as a dominant work-force development. ⑤ With implications for organizational cost savings, especially with regard to lower facility costs, increased employee flexibility, and productivity, telecommuting is increasingly of interest to many organizations.

* telecommute: (컴퓨터로) 집에서 근무하다

 글의 처음부터 들어가서 머릿속에 주제의 틀을 잡으며 읽는다.

Although organizations are offering telecommuting programs in greater numbers than ever before, acceptance and use of these programs are still limited by a number of factors.

: 조직들이 과거 어느 때보다 더 많은 수의 재택근무 프로그램을 제공하고 있지만, 이러한 프로그램의 수용과 이용은 여전히 많은 요인에 의해 제한된다.

➡ 재택근무가 중심소재인 듯 하네. 재택근무가 어려운 이유(요인)에 대해서 더 이야기하려나?

① These factors include manager reliance on face-to-face management practices, lack of telecommuting training within an organization, misperceptions of and discomfort with flexible workplace programs, and a lack of information about the effects of telecommuting on an organization's bottom line.

: 이들 요인에는 대면 관리 관행에 대한 관리자의 의존, 조직 내 재택근무 교육 부족, 유연한 업무환경 프로그램에 대한 오해와 불편함, 그리고 재택근무가 조직의 최종 결산 결과에 미치는 영향에 대한 정보 부족 등이 있다.

➡ 역시 그 이유가 나왔군. 그럼 재택근무가 힘드니까 계속 힘들다고 얘기할 것인가, 아니면 문제에 대한 솔루션을 이야기할 것인가 궁금하다! 일단 완전 잘 이어지니까 ①번은 답이 아니다!

② Despite these limitations, at the beginning of the 21st century, a new "anytime, anywhere" work culture is emerging.

: 이러한 한계에도 불구하고, 21세기 초에는, '언제 어디서나' 일할 수 있는 새로운 업무 문화가 등장하고 있다.

➡ 앞에 재택근무가 여러 한계점을 갖고 있다고 했는데, '그럼에도 불구하고' 언제 어디서나 일할 수 있는 문화가 등장했다라… 그럼에도 재택이 좋은 쪽으로 가고 있다는 것이군. 만약 ②번이 답이 아니라 이어지는 말이 맞다면 뒤에는 '어디서나 일하는 재택문화'에 대한 이야기(재택에 대해 좋게 말하는 이야기/여기저기서 일하는 것의 장점 등)가 나올 것이고, ②번이 답이라면 뒷문장은 ①번과 이어지도록 재택의 문제점에 어울리는 내용이 나오겠지. (좋았어, 잘 읽어보자 속지 말자!)

💬 비슷한 소재에 방향성이 다르다 싶을 때 느낌 감지하기

③ Care must be taken to select employees whose personal and working characteristics are best suited for telecommuting.

: 개인적 그리고 업무적 특성이 재택근무에 가장 적합한 직원을 선발하기 위해 주의를 기울여야 한다.

➡ 오잉? 갑자기 재택근무 소재에 묻어가면서도 갑자기 다른 식의 이야기를 하고 있다는 것을 빡 느껴야 한다. 갑자기 직원선발이라고? 갑자기 CEO입장에서 이야기를 하고 있다. 너무 능청스럽게, '주의를 기울여야 한다'고 하면서 앞에 나온 재택근무의 문제점들이 있으니 주의하라는 식으로 연결짓는 듯이 나오고 있다. 자 모르겠으면 일단 다음 문장을 읽어보자.

④ Continuing advances in information technology, the expansion of a global work-force, and increased desire to balance work and family are only three of the many factors that will gradually reduce the current barriers to telecommuting as a dominant workforce development.

: 정보 기술의 지속적인 발전, 글로벌 노동력의 확대, 일과 가정 사이에서 균형을 이루려는 욕구의 증가는 재택근무가 주요한 근로형태로 발전하는 데 있어 현재의 장벽을 점진적으로 낮출 많은 요인 중 세 가지에 불과하다.

➡️ 여기서는 재택근무의 장벽이 낮아지는 요인들이 이렇게 있다고 한다. 게다가 이런 건 세가지 요인에 불과하다면서, 그래서 재택근무가 더 많아질 것이다라는 식으로 이야기하고 있다. 재택이 문제가 있음에도 불구하고, 재택근무를 좋게 이야기하는 ②번의 측면과 같이하고 있다. 일단 ③번에서 말하는 '직원 선발'과는 별로 연결점이 없는 내용을 말하고 있다.

⑤ With implications for organizational cost savings, especially with regard to lower facility costs, increased employee flexibility, and productivity, telecommuting is increasingly of interest to many organizations.

: 조직 비용 절감에 대한 영향과 함께, 특히 시설 비용 절감과 직원의 유연성 증가와 생산성에 관련하여 (이런 장점이 있어서) (많은 조직의) 재택 근무에 대한 관심이 늘고 있다.

나는 이 문제가 잘 만들어진 문제라고 생각한다. 일단 ②번에서 재택근무를 a new "any-time, anywhere" work culture is emerging. 이라고 말하면서 무슨 새로운(new) 업무문화가 나올 것처럼 괜히 말하지 않았는가. 이런 표현이 '앞으로 새로운 소재가 나올 것이라고 기대하게 만드는 trick 역할'을 할 수 있다. 그런데 사실 새로운 뭔가가 아니었고, 이것은 재택근무의 수요가 앞으로도 계속 증가할 것이라는 것에 대한 비유적인 표현이었을 뿐이지 않은가. 재택근무 이야기 외에 아예 새로운 new 문화에 대한 설명을 기대했으면 틀렸을 것이다.

또한 답인 ③번에서는 마치 앞에 나온 재택근무의 문제점을 해결하는 방법을 이야기해주는 듯이 '그러니까 주의해.'라는 식의 말투(Care must be taken to~)를 쓰고 있어서 또한 trick 으로 작용한다. 분명 갑자기 '직원 채용'이라면서 약간 다른 핀트로 가는데 저런 말투로 인해 자칫 속을 수 있다. 비슷한 단어로 갑자기 새로운 이야기꺼내는 문장에서 무언가 '쎄함'을 감지해야 한다.

교묘하게 자꾸 속이는 스킬이 늘어가는 듯하다. 한 발짝 떨어져서 평정심을 가지고 바라보지 못하면 이게 이상한지 모르고 넘어갔을 수도 있다. 이렇게 중간에 비슷한데 약간 다른 문장이 하나 껴있을 때 혼자 너무 깊게 들어가면 이 순서, 저 순서 다 맞는 것 같고 다 상관없어 보이게 된다. 정답률도 낮지 않은데 의외의 복병이 될 수 있다.

다른 유형도 마찬가지이지만 만약 시험장에서 문장빼기가 헷갈리면 일단 반드시 두고, 장문까지 풀고 와서 살짝 리프레시 된 상태로 다시 풀어라. 너무 깊게 읽으면서 여지를 많이 만들지 말고, 한발짝 떨어져서 읽으면 가뿐하게 답이 보일 것이다!

2019학년도 9월에 이 무관한 문장 유형에서 다른 기출에 비해서 역대급으로 낮은 정답률이 나왔다. 정답률 49%로 이 또한 EBS 연계 지문이었다. 역시 원리는 Trick 이었다!

다음 글에서 전체 흐름과 관계 없는 문장은?

While the transportation infrastructure may shape where we travel today, in the early eras of travel, it determined whether people could travel at all. ① The development and improvement of transportation was one of the most important factors in allowing modern tourism to develop on a large scale and become a regular part of the lives of billions of people around the world. ② Another important factor was the industrialization that led to more efficient transportation of factory products to consumers than ever before. ③ Technological advances provided the basis for the explosive expansion of local, regional, and global transportation networks and made travel faster, easier, and cheaper. ④ This not only created new tourist-generating and tourist-receiving regions but also prompted a host of other changes in the tourism infrastructure, such as accommodations. ⑤ As a result, the availability of transportation infrastructure and services has been considered a fundamental precondition for tourism.

*infrastructure 산업 기반 시설

While the transportation infrastructure may shape where we travel today, in the early eras of travel, it determined whether people could travel at all.

일반 해석을 쓰자면〉
운송 기반 시설이 우리가 어디를 여행할지를 만드는 반면 (shape가 동사로 쓰였으니 만들다-결정하다 이런 식으로 적당히 동사화시켜 해석하라), 여행 초기에는, 이것은(운송 기반 시설) 아예 우리가 여행할 수 있을지 없을지 자체를 결정했다.

영어 자체를 받아들이고 내 언어로 좀더 정리해가면서 해석하기〉
운송 시설이 이제 어디까지 갈까를 결정하는데, [KTX/비행기 생각] 예전에는 기술이 부족했을테니 여행이 가능한지 자체를 결정했다! [비행기가 없으면 아예 못 갈 수도 있잖아!-스스로 떠오르는 예시들기]

※문장 제거는 초반을 잘 잡아야 한다. 이 부분을 좀 더 되새김질 해서 읽어도 좋다.
ex. 음~ 운송 시설의 발달을 여행관련해서 과거-현재 비교하는 것 같다!

① The development and improvement of transportation was one of the most important factors in allowing modern tourism to develop on a large scale and become a regular part of the lives of billions of people around the world.

운송의 발달과 개선은 가장 중요한 요소 중의 하나다/
큰 스케일의 현대의 여행을 허락하는 것에서/
그리고 세계의 많은 사람들의 한 일상적인 부분이 되고 간다.
➡ 운송이 발달해서 여행 스케일이 커지고, 더 흔하게 여행한다.

〈멀리 떨어져서 요약 바라보기! 흐름 중간 판단〉

옛날에는 운송시설이 여행 여부 자체를 결정했다!
➡ ①요즘엔 운송 발달해서 여행 잘 간다.

뭐, 나쁘지 않은 흐름. 넘어가자.

자, 이제 첫문장~①번까지는 잡혔다. 이제 그 아래를 읽으면서 "같은 소재여도 속지 않겠어!!"라고 속으로 말하라. 속지 않으면 문장제거는 절대 안틀린다.

② **Another important factor was the industrialization that led to more efficient transportation of factory products to consumers than ever before.**
: 이전보다 소비자들에게 공장 제품의 효율적인 운송을 이끈 또다른 중요한 요소는 산업화다.

여행 관련 이야기 하다가 갑자기 공장제품? 이상하지 않은가? 답은 2번이다. 이건 아주 교묘하게 변장을 한 것이다. 관련된 어휘로 변장을 했다. 일단 앞에 나온 factor에 묻어가려고 Another important factor라고 그리고, transportation 같은 중복 단어를 써서, 여러분에게 걸리지 않으려고 매우 노력했다고 보인다.

답이 앞쪽에 있어서 잘하면 1분 만에도 풀 수 있는 문제인데 이 문제를 틀렸다면, 즉 2번을 그냥 넘겼다면, 그냥 눈만 굴리고 핵심 소재도 마음속에 제대로 안 잡고 읽은 것이다. 훑어 읽는 독해습관을 뼈저리게 반성하라.

아래 ③~⑤ 번은 여행과 운송이야기로 자연스럽게 이어진다.

③ **Technological advances provided the basis for the explosive expansion of local, regional, and global transportation networks and made travel faster, easier, and cheaper. ④ This not only created new tourist-generating and tourist-receiving regions but also prompted a host of other changes in the tourism infrastructure, such as accommodations. ⑤ As a result, the availability of transportation infrastructure and services has been considered a fundamental precondition for tourism.**

기출을 꺼내서 풀어보라. 문제마다 느껴지는 것은 사람마다 다를 수 있지만 모두 이런 식이다. 틀린 문제가 있다면 분명 더 교묘하게 같은 소재로 어울리는 척 둔갑한 지문일 것이다. 같은 소재로 반대말을 하거나, 방향이 다른 말을 한다! 반드시 이런 문제를 만났을 때 스크랩하라! 그리고 내가 이렇게 글을 안 읽어서 속고 있다고 노트에 적어라! 우리는 오답을 피드백하면서 자신이 얼마나 안 읽고 있는지, 훑어 읽고 있는지 깨닫고 깜짝 깜짝 놀라야 한다.

역시 1분 30초, 한 문제당 한 피드백이다!

요약문 완성!

Reading Skills.8
요약문 완성

요약문 완성을 설명하기 전에 묻겠다.

요약문 완성은 주제찾기 문제인가, 흐름 찾기 문제인가?

그렇다. 주제찾기에 가깝다.

그렇다면 주제를 잡아서 요약문에 집어넣으면 되는가?

물론이다. 자신이 잡은 주제를 요약문과 비교해서 맞혀도 된다.

그러나 문제는 그렇게 하기에는 상당한 낭비라는 것이다.

우리에게는 이미 주제를 요약한 것의 80퍼센트가 주어져 있다!

우리는 요약문의 그 두 가지 구멍만 가장 효율적으로 메꾸면 된다.

어떻게? 단계적으로 접근해보자.

요약문 완성의 단계적 접근법

1. 요약문부터 제대로 읽고 마음에 반복해서 심는다.

요약문을 그냥 이해하는 정도가 아닌 완전 번역수준으로 공들여 읽어야 한다. (A),(B)라는 말을 직접 넣어서 말이다. 요약문 자체가 길고 어렵더라도 차분히 반복해서 잊어버리지 않도록 스스로 상기시켜야 한다. 풀이시간의 반을 여기에 투자해도 된다.

ex)

In vertical transfer, lower level knowledge is ____(A)____ before one proceeds to a higher level; however, in the case of lateral transfer, ____(B)____ knowledge can be helpful, but it is not required.

: 수직적인 이동에서, 작은 레벨의 지식은 A다. 누군가 더 높은 레벨로 앞서기 전에. 그러나, 옆으로의 이동에서는 B 지식이 도움이 된다. 그러나 그것은 요구되지 않는다.

무슨 말인지 모르겠는가? 그건 나도 마찬가지다! 하지만 깊은 뜻은 몰라도 말 자체를 기억할 수 있도록 좀 더 반복하라!

- 수직적인(vertical) 이동에서, 작은 레벨의 지식은 A이군. 누군가 더 높은 레벨로 앞서기 전에 작은 레벨의 지식이 A군!
- 그러나, 옆으로의(lateral) 이동에서는 B 지식이 도움이 된다. 그러나 그것은 요구되지 않는다.

2. 선택지의 가짓수를 최대한 활용한다.

주제나 빈칸추론의 경우 준비되기 전까지 선택지를 함부로 먼저 보지 말라고 했다. 하지만 요약문은 다르다. 두 가지 구멍에 들어갈 말이 무조건 선택지에서 제시된 것 중 하나다. 그것들이 아주 많아봤자 5가지 중에 하나인데, 직접 '무'에서 '유'를 창조할 필요가 없다! 처음에 읽은 요약문의 내용과 어울리도록, 그 가짓수를 머릿속에 미리 상기시켜라. 그러면 본문에 들어갔을 때 답을 훨씬 쉽게 낼 수 있다.

예를 들어, 다음과 같은 선택지가 있다고 하자.

	(A)		(B)
①	essential	……	prior
②	practical	……	detailed
③	useless	……	relevant
④	practical	……	independent
⑤	essential	……	unbiased

📌 선택지 가짓수 상기하기

A) 수직적인 이동에서 작은 지식이- 필수적인가/ 실용적인가/ 쓸모가 없는가 셋 중 하나 이겠군!
B) 옆으로의 이동에서는 이전의 지식일까/디테일한 지식일까/관련있는 지식일까/독립적인 지식일까/편견없는 지식일까! 이 중 하나가 도움이 된다는 것이겠군!

3. 본문에 들어가서, '나를 가장 잘 도와주는 문장'을 찾는다.

주제를 풀 때는 아무리 어려운 문장이어도 첫 문장을 공들여서 휘어잡아야 한다고 했다. 그러나 다시 말하지만 요약문은 무에서 유를 창조할 필요가 없다. 이미 나와 있는 부분이 80퍼센트가 된다. 나는 이 구멍을 가장 친절하게 메꾸어 주는 문장을 고르면 된다. A/B 내용이 독립적으로 나뉘어 있다면 A B를 각각 채워주는 두 문장을, A/B가 연결되어 있다면 한 문장만 찾으면 되는 것이다. 이를 위해 위와 다른 예시로 알기 쉽게 설명해주겠다.

1) 요약문 내용이 'A에 따라 B가 달라진다'라고 해보자. 선택지에서 A는 분위기/지위/말투 중에 하나이고, B는 키/얼굴/사고방식이다.

2) 본문에 들어갔다. 첫 문장에는 의문문이다. 패스. 두 번째 문장은 구조도 어렵고 추상적인 내용이다. 패스. 세 번째 문장은 내가 모르는 어휘가 많다. 패스. 네 번째 문장을 보니 for example, 이러면서 내가 잘 읽을 수 있을 만한 문장으로 되어있다. 이 예시를 읽기로 한다. 이제 마음먹고 제대로 읽는다.

3) 예시 문장을 잘 읽어보니 "그가 내 동료인줄 알았을 땐 나와 비슷해보였는데, 교수님인 것을 알았을 때 5cm는 커보이더라" 오케이. 내가 궁금한 것이 이 예시에 쉽게 나와있었다.

4) A는 분위기/지위/말투 중 어떤 것이겠는가? 그렇다 지위다. B는 키/얼굴/사고방식 중 당연히 키다.

빈칸추론이나 주제찾기는 해석이 안되는 것도 곱씹어가면서 만들어가야 했지만 이렇게 요약문 완성은 날 도와주는 쉬운 문장 하나로도 풀린다. 이미 많은 것이 주어져 있기 때문이다! 그래서 요약문과 선택지만 잘 휘어잡으면, 그 안을 잘 채워 넣는 일은 절대 어려운 일이 아니다. 장문 전에 항상 부담스러웠던 요약문, 이제 오히려 나의 시간을 절약해주는 효자 문항으로 만들어보자. 이제 기출문제에 적용해보자.

Biological organisms, including human societies both with and without market systems, discount distant outputs over those available at the present time based on risks associated with an uncertain future. As the timing of inputs and outputs varies greatly depending on the type of energy, there is a strong case to incorporate time when assessing energy alternatives. For example, the energy output from solar panels or wind power engines, where most investment happens before they begin producing, may need to be assessed differently when compared to most fossil fuel extraction technologies, where a large proportion of the energy output comes much sooner, and a larger (relative) proportion of inputs is applied during the extraction process, and not upfront. Thus fossil fuels, particularly oil and natural gas, in addition to having energy quality advantages (cost, storability, transportability, etc.) over many renewable technologies, also have a "temporal advantage" after accounting for human behavioral preference for current consumption/return.

* upfront: 선행 투자의

Due to the fact that people tend to favor more ___(A)___ outputs, fossil fuels are more ___(B)___ than renewable energy alternatives in regards to the distance between inputs and outputs.

	(A)		(B)
①	immediate	......	competitive
②	available	......	expensive
③	delayed	......	competitive
④	convenient	......	expensive
⑤	abundant	......	competitive

🍃 요약문부터 완벽하게 해석해서 내 마음에 새긴다. (좀 시간을 들이더라도!)

Due to the fact that people tend to favor more ____(A)____ outputs, fossil fuels are more ____(B)____ than renewable energy alternatives in regards to the distance between inputs and outputs.

나름대로 반복해서 마음에 새기기

1) 사람들이 A의 결과를 더 선호한다는 사실 때문에, (A의 결과를 선호하는군)
2) 화석 연료는 새로운 재생가능한 에너지보다 더욱 B한다. (화석연료 특징이 B군)
3) 투입과 산출사이의 거리에 대해서!! (인풋과 아웃풋의 거리!!)

🍃 선택지를 최대한 활용하여 요약문의 가짓수를 상기한다.

	(A)		(B)
①	immediate	⋯⋯	competitive
②	available	⋯⋯	expensive
③	delayed	⋯⋯	competitive
④	convenient	⋯⋯	expensive
⑤	abundant	⋯⋯	competitive

'A'-사람들이 선호하는 것은 'A- 즉시의 결과/가능한 결과/지연된 결과/편리한 결과/풍부한 결과 중 하나다!

화석연료는 대체 에너지보다 'B'- 경쟁적이다 / 비싸다 중에 하나다!

🍃 이제 본문에 들어가서 내게 A와 B를 알려주는 친절한 두 문장을 찾아보자. 첫 문장부터 들어가서 누구를 읽을지 판단한다!

1) Biological organisms, including human societies both with and without market systems, discount distant outputs over those available at the present time based on risks associated with an uncertain future.

> 문장을 Scan하고 나를 도와주는 문장인가 판단하기
> : 글쎄 별로 눈에 잘 안 들어온다. 사람들이 화석연료에 대해 뭘 선호하는지도 안 나와 있는 것 같다. 패스!

2) As the timing of inputs and outputs varies greatly depending on the type of energy, there is a strong case to incorporate time when assessing energy alternatives.

> 문장을 Scan하고 나를 도와주는 문장인가 판단하기
> : '다양하다, 평가할 때…' 내가 원하는 것이 없는 것 같다. 패스!

3) For example, the energy output from solar panels or wind power engines, where most investment happens before they begin producing, may need to be assessed differently when compared to most fossil fuel extraction technologies, where a large proportion of the energy output comes much sooner, and a larger (relative) proportion of inputs is applied during the extraction process, and not upfront.

> 문장을 Scan하고 나를 도와주는 문장인가 판단하기
> 엑, 너무 길다. 하지만 fossil fuel이 관련되어 보이니 이 문장을 선택할 수도 있다. 편한 대로 선택하라.

➡ 화석연료가 어떤지 궁금하니까, fossil fuel가 나온 부분에 집중하고, fossil fuel extraction technologies, where a large proportion of the energy output comes much sooner, extraction technologies, where a large proportion of the energy output comes much sooner, 이 부분을 봤을 때, **(A) 즉시/가능한/지연된/편리한/풍부한 결과** 중 '즉시'를 고를 수 있다.

4) Thus fossil fuels, particularly oil and natural gas, in addition to having energy quality advantages (cost, storability, transportability, etc.) over many renewable technologies, also have a "temporal advantage" after accounting for human behavioral preference for current consumption/return.

세 번째 문장이 별로라고 판단하고 그냥 넘겼다면, 아마 이 마지막 문장을 선택했을 것이다. Thus fossil fuel이 나온 걸 보면 완전 내가 찾던 문장이니 말이다. 선택한 문장이 이렇게 길더라도 걱정할 것 없다. 선택지 가짓수에서 고를 수 있을 정도로만 해석하면 된다.

fossil fuel은 quality advantages를 갖고 있고, 또한 temporal advantage!를 갖고 있다고 한다. 우리는 이미 다섯 가지 선택지가 있다. **즉시/가능한/지연된/편리한/풍부한** 중 당연히 '즉시'다!

그럼 B는?? 이 경우 B를 콕집어 하는 문장을 찾지 않아도 A를 찾은 문장에서 자연스럽게 풀린다. **B'- 경쟁적이다 / 비싸다 중에 무엇이겠는가? 좋다는 이야기를 하고 있으니 '비싸다'를 고를 수 없지 않은가? 경쟁적이다를 고르면 된다! 답은 ①이다.**

※ 요약문 접근법을 알려줘도 잘 못 푸는 경우가 있는데, 그런 경우는 아래 두 가지다.

1. 요약문과 선택지를 공들여 작업하지 않았거나,
2. 지문에서 쉬운 것을 찾다가 그냥 아예 전부 패스 패스, 모두 안 읽어버려서 그렇다. 나에게 도움을 주는 문장이라고 판단하고 선택했으면, 그 문장은 훑어읽지 말고 잘 읽어주자!

다음으로 요약문 중에 비교적 낮은 정답률을 보였던 기출 문제를 보려고 한다. 가장 수험생스러운 사고의 풀이를 보여주겠다.

Over the past few decades, architecture as an idea and practice has increasingly limited its definition of itself. In the foreseeable future, the instrumentality of architecture in effecting actual change — that is, change that challenges the dominance of commercial institutions, their aims, and values — will diminish. While the present day seems to be a time of unparalleled innovation and freedom of choice, the reality is that architectural styles and forms are often the attractive packaging and repackaging of the same proven, marketable concepts. The speed with which "radical" designs by celebrity architects achieve acceptance and popularity demonstrates that formal innovation has itself become an important commodity. However, beneath the cloak of radicalism, the conventions of existing building typologies and programs, with all their comforting familiarity, still rule — and sell. What is needed desperately today are approaches to architecture that can free its potential to transform our ways of thinking and acting.

* cloak: 망토 ** typology: 유형학

Seemingly innovative, architecture has actually become _____(A)_____ in its own convention and commercialized environment, so efforts should be made to _____(B)_____ its power to change us.

	(A)		(B)
①	fixed	······	share
②	trapped	······	activate
③	standardized	······	control
④	localized	······	share
⑤	underestimated	······	activate

🗣 요약문부터 완벽하게 해석해서 내 마음에 새긴다. (좀 시간을 들이더라도!)

요약문 부분은 영어로 받아들이는 것 이상으로 문장구조까지 완벽하게 해석해서 마음에 심어야 한다!

Seemingly innovative, architecture has actually become __(A)____ in its own convention and commercialized environment, so efforts should be made to _(B)____ its power to change us.

: 겉보기에는 혁신적인, 건축은 (A)하게 되어왔다. 그것의 관습과 상업화된 환경 속에서. 그래도 노력은 이것의 힘이 우리를 바꾸도록 (B)하게 만들어져야 한다.

〈마음 심기〉

(A)관습적이고 상업적이고 겉보기에 혁신적인 '건축'이 어떤지 궁금하고!
(B)그래서 앞으로 어떻게 되어야 한다는 건지 궁금하다!!
+ 이미 A는 문맥 자체가 부정적 느낌이 있고, B가 앞으로 어떻게 되어야 한다는 것이므로,
A는 부정적인 단어가 와야한다는 것도 어느정도 예상할 수 있다.

🗣 선택지를 최대한 활용하여 요약문의 가짓수를 상기한다.

(A)		(B)
① fixed	······	share
② trapped	······	activate
③ standardized	······	control
④ localized	······	share
⑤ underestimated	······	activate

🫛 **이제 본문에 들어가서 내게 A와 B를 알려주는 친절한 두 문장을 찾아보자. 첫 문장부터 들어가서 누구를 읽을지 판단한다!**

Over the past few decades, architecture as an idea and practice has increasingly limited its definition of itself.

*시간단축은 이렇게 확신을 가지고 과감하게 풀었을 때 할 수 있는 것이다. 요약문은 더 그렇다. 어설픈 완벽주의자가 되려고 하지 말고, 차라리 틀리더라도 당당하게 틀리겠다는 생각을 하라. 자기 생각이 혹시나 틀리면 어쩌나 하고 두려워하면 절대 영어영역에서 시간이 남는 즐거움을 맛보지 못할 것이다.

In the foreseeable future, the instrumentality of architecture in effecting actual change — that is, change that challenges the dominance of commercial institutions, their aims, and values — will diminish.

문장을 scan하고 나를 도와주는 문장인가 판단하기

: 예상가능한 미래에, 건축의 수단은~~ 사라진다(diminish)

➡ 앞으로 어떻게 할 건지를 알아야 하는데 사라진다? 별로 도움안될 것이라 판단. PASS

세 번째 문장 읽을지 결정하기 위해 살짝 해석〉

While the present day seems to be a time of unparalleled innovation and freedom of choice, the reality is that architectural styles and forms are often the attractive packaging and repackaging of the same proven, marketable concepts.

문장을 scan하고 나를 도와주는 문장인가 판단하기

자, 영혼독해 실력이 좋아졌어도 이렇게 긴 문장을 한꺼번에 받아들이는 것은 어려울 것이다. 제대로 해석하려면 호흡을 몇 번 끊어서 보아야 하는 문장이다. 그러나 영혼독해를 꾸준히 연습했다면 이 문장을 전체를 한 번 읽었을 때, 그렇게 도움이 안될 것 같다는 것을 판단할 수 있다. 절대 다른 유형에서 이렇게 하지 않지만 요약문은 다르다. 필요 없을 것 같은 느낌이면 버리고 더 친절한 놈을 찾아야 한다. 이미 80%를 알고 있기 때문에 그렇다. 나는 건축이 지금 고정된/ 잡혀진/표준화된/국한된/과소평가 된 것인지 알고싶고, 앞으로 공유/활성화/통제 중에 어떻게 되어야 하는 건지 알고 싶다. 이 문장도 힌트가 될 수 있겠지만 일단 소재를 보았을 때 별로 나에게 의미있는 임팩트가 없다고 판단을 했다.

The speed with which "radical" designs by celebrity architects achieve acceptance and popularity demonstrates that formal innovation has itself become an important commodity.

그래 However! 이문장을 집중해서 읽어볼까! 하고 우선 문장 전체를 보았는데〉

However, beneath the cloak of radicalism, the conventions of existing building typologies and programs, with all their comforting familiarity, still rule — and sell.

: 그러나, 급진주의의 망토아래에 현재의 건축의 유형학과 프로그램의 관습이, 그들의 편안한 친숙함과 함께, 여전히 통치하고 있고 팔리고 있다.

what!? 말이 뭐 이래?! **however** 뒤에 오지만 별로 친절하지 않다. 영혼독해 하고도 '뭔소리야?'할 만한 문장이다. 어쨌든 처리를 하자면 급진주의 망토 아래에 건축에서 여전히 친숙한 기존의 것들이 잘나간다, 이 정도의 이야기를 할 수 있겠다. (이정도로 처리한 후 '그래서 뭔소리야?!'-다음 문장에 더 부연을 기대해야 한다.)
아무튼 요약문 풀고 있는 중이니까 너무 추상적인 문장은 넘기자. 아래 부연설명이 있으니 좀 더 기대를 걸고 확인해 보기로 한다.

마지막 문장이 보다 친절하다!〉

What is needed desperately today are approaches to architecture that can free its potential to transform our ways of thinking and acting.

: 현재 필사적으로 필요한 것은 사고와 행동의 방식을 변화시키는 이것의(건축의) 잠재성에 자유한 건축에 대한 접근이다!

그래! 최선은 변화,자유다!!

	(A)		(B)
①	fixed	……	share
②	trapped	……	activate
③	standardized	……	control

'변화', '자유' 라는 말은 없지만 적어도 'share'나 'control'이 아니라는 것은 알 수 있다. 답은 '가장 답' ②번이다.

보다시피 요약문은 다른 유형보다 상당히 기술적이다. 그래서 다들 처음에는 요약문의 접근법을 꽤 낯설어 하고, 적용을 어려워한다. 그러나 요약문이 어렵다고 하는 학생에게 요약문 접근법을 한번 더 단단히 상기시키고 시범을 보여준 뒤 유형 훈련 과제를 내주면, 며칠이 지나서 다른 유형보다 더 쉽게 정복이 된다는 것을 느낄 수 있었다. 요약문은 분명히 빈칸이나 문장삽입보다 쉬운 유형이며 대부분이 1분 30초 안으로 풀리는 효자 유형이다. 접근법을 다시 한 번 상기하고 자이스토리를 꺼내자. 오늘은 요약문을 성에 찰 때까지 풀어보는 날이다!

The End of the Reading Skills!

　이렇게 유형편까지 마무리한다. 이제 다시 독해편의 5장을 펼쳐보길 바란다. 우리는 명확한 방향성을 가지고, 커리큘럼을 진행해야 한다. 각 유형별로, 2-3일에 한 유형씩 집중 훈련하는 과정으로 2회독을 진행하라.

　각 유형의 접근법은 그냥 알아두기 정도가 아니라 툭 치면, 툭 나오게 입력되어야 한다. 적어도 내가 알려준 유형 접근법은 완전히 외우고 체화하도록 하라. 5장에서 안 내한 대로, 이렇게 2회독이 끝났으면 실전형 기출로 유형을 섞어서 훈련해야 한다.

　유형훈련을 시작하면 문제풀이에만 빠지는 경우가 많은데 절대 그러지 않길 바란다. 반드시 영혼독해에 50~60퍼센트의 비중을 두어야 한다. EBS 때문에 골머리 앓지 말고, 영혼독해 훈련의 도구로 써라. 문제 훈련은 기출로 해도 충분하다! (단 기출문제 가 모자랄 경우 EBS에서 주제, 제목, 요지, 주장, 요약문, 어휘, 일치/불일치, 장문 유형은 풀어도 좋다) 이 책을 여기까지 읽은 사람이라면 적어도 그저 그런 방법으로 자신의 1 년을 걸지 않길 바란다. 나를 믿고 여기까지 왔다면, 2달, 최소 2시간씩, 영일만을 시 작하라!

에필로그

오기를 가지면, 재미가 붙는다.

나는 수능을 한 달 반 남겨두고 하루에 10지문 정도를 순수하게 읽기 연습만 했다. 마치 내가 그냥 읽고 싶은 책을 독서 하듯, 어떤 재미있는 잡지를 읽는 마음으로 읽었다. 사실 수능 지문이라는 것이 상당히 범교과적인 다양한 지식을 다뤄주는 내용들이다. 읽으면 읽을수록 지식이 넓어지고 교양이 쌓이게 된다. 그리고 수능 지문에는 당연히 교육적인 내용이 담겨야 하기 때문에, 어느 정도 꽤 많은 지문을 접하고 나면 수능에 나오는 지문의 내용이 아주 익숙해져서 소화하기가 쉬워지고 그 내용이 그 내용이다. 읽으면 읽을수록 나에게 득이 된다.

하지만 그 때 나는 읽는 것이 너무 지루해서 내가 직접 출제자라면 어떻게 문제를 낼 것인지 생각해서 좋은 포인트들을 표시하곤 했다. '여기 빈칸이 뚫리면 훌륭한 문제가 되겠군, 이렇게 나누면 훌륭한 순서문제가 되겠군' 하면서 혼자 예상문제를 만들었다. (물론 공교롭게도 그 해 수능 EBS 체감률은 0퍼센트였다) 영어를 읽을 때는 유튜브에서 나승연님의 평창 올림픽 프레젠테이션 영상을 보고 따라하며 읽었다. 그리고 그 작업들은 수능이 얼마나 남았던 지와는 상관없이 상당히 재미가 있었다.

나는 순전히 재미로 몰두했다. 재미. 꾸역꾸역 공부했던 고3때와는 전혀 새로운 차원의 접근이었다. 정말 재미있었기 때문에 그 때의 나는 불안해하지도 않고 완전히 몰입할 수 있었다. 내가 이런 이야기를 하면 어떤 학생들은 "선생님 저는 영어가 모든 과목 중에 제일 싫어요. 어떻게 재미있을 수가 있나요?" 한다. 물론 나도 영어 지문 읽는 것보다는 인스타를 구경하는 것이 더 즐겁고, 드라마를 보는 것이 물론 더 재미있다. 하지만 그 때 영어를 읽는 것이 재미있었다는 것은 다른 종류의 재미였다. 마치 오랜 싸움 끝에 게임에서 상대를 쓰러뜨리는 쾌감이었다.

영어에 진정 한이 맺혀본 사람은 다르다. 적어도 이 책을 읽고 영어를 공부하고자 하는 사람은 영어에 대해서 한, 일종의 화, 오기를 갖길 바란다. '이까짓 게 뭐라고 날 시험시간마다 비참하게 하는가?' 하는 분노 말이다. 그런 분노와 답답함이 해결되고 있는데, 이제 영어가 보이는 데, 어렵긴 해도 상대가 쓰러질랑 말랑 하고 있는데 어떻게 재미를 안 느낄 수가 있는가. 나는 몇 개월을 가르친 고1, 고2 학생보다 2달을 가르친 고3 학생이나 재수생이 훨씬 더 성적이 빨리 오르는 경우를 많이 보았다. 분명 시작할 때 수준은 같았는데 말이다. 그것은 학년의 차이가 아니라 분노와 답답함을 느껴본 경험 차이였다. 특히 6월에 4등급을 맞은 재수생들을 여름에 가르칠 때, 그 아이들은 이미 독해에 대해 굉장히 신기해하고 재미를 느낀다는 것을 알 수 있었다. 그 아이들도 처음에는 어렵다고 한 학생들이었다. 그러나 그들은 내가 하라는 것을 정말로 온전히 따라했고 결국 1등급을 받아냈다.

"저는 입으로 읽는 게 잘 안되는데요?"

이렇게 말한다면 나는 당신에게 더 이상 해줄 말이 없다. 그렇게 생각한다면 그대로 돌아가서 원래 하던 대로 공부하면 된다. 나는 단지 모든 열쇠를 당신에게 쥐어주었을 뿐이다. 그 열쇠로 문을 열고 다음 세상으로 나아갈 것인가, 계속 그 자리에 있을 것인가는 이제 당신에게 달렸다. 3-4등급에 굴레에 빠진 당신, 선천적으로 가진 습관으로는 절대로 1등급을 맞을 수 없는 당신, 영어가 죽나 내가 죽나 한번 해보겠다는 오기를 가지고 있는가? 정말로 1등급이 되고 싶은가? 이제 내 말을 한번 믿고 시작해보라. 분명 재미가 붙고 몰입이 시작될 것이다. 이제 당신 차례다!

"분명 재미가 붙고, 몰입이 시작될 것이다.
이제 당신 차례다!"

Thank you. God bless you!♡

너를 영어1등급으로 만들어주마

초판 1쇄	2018년 7월 14일
2판 1쇄	2019년 5월 31일
2판 4쇄	2020년 4월 22일
3판 1쇄	2020년 5월 28일
3판 6쇄	2021년 1월 19일
4판 1쇄	2022년 10월 15일
4판 17쇄	2024년 9월 19일
5판 1쇄	2025년 1월 8일
5판 2쇄	2025년 1월 21일

지은이	송서림
발행인	송서림
내지디자인	김철수, 이소현
표지디자인	함지은
교정·교열	정예균 서혜원 한채영 황다연
검토단	조예진 (서울대 의대/민족사관고 졸업) 김지오 (서울대 국어국문학과) 이유진 (고려대 영어영문학과) 서지원 (연세대 국제학부) 이아현 (연세대 언론홍보영상학부) 이연송 (고려대 보건환경융합과학부)

발행처	메리포핀스북스
주소	서울특별시 영등포구 당산로41길 11, SK V1
등록	2018년 5월 9일
홈페이지	https://www.marypoppinsbooks.com/

질문에 대한 안내
네이버 카페 〈소울로리딩〉에 여러가지 대표질문&답변들을 올려놓았습니다.
공부하시다가 궁금하신 점이 있으시면 이곳의 자료들을 참고해주세요!